"十二五"国家立项重点专业和课程规划系列教材

员工培训与开发

李前兵　周昌伟　主　编
邓子鹃　王　勇　副主编

东南大学出版社
·南京·

内容提要

员工培训与开发是人力资源管理的一项重要职能。本书主要针对地方应用型本科院校的人力资源管理、工商管理等专业特点,详细阐述了员工培训与开发的基本概念、基本原理、工具方法和实际应用。主要的内容有:人力资源培训与开发概念、培训需求分析、培训项目设计与实施、培训方法、培训成果转化与评估、特殊员工群体培训、员工开发等。

本书内容新颖,详略得当,理论与案例相互支持,文字通俗简明,每章内容附有生动的培训案例、相关资料及思考练习题。书中内容增加了许多小阅读栏目,提供学生独立思考的空间,并增加学习的趣味性。内容突出应用性、技能性。本书适合于人力资源管理专业及管理类专业的学生作为教材使用,也可作为人力资源培训教材,同时可供理论工作者和实际工作者参考。

图书在版编目(CIP)数据

员工培训与开发/李前兵,周昌伟主编. —南京:东南大学出版社,2013.12(2021.1重印)

"十二五"国家立项重点专业和课程规划系列教材

ISBN 978-7-5641-4667-2

Ⅰ.①员… Ⅱ.①李… ②周… Ⅲ.①企业管理—职工培训—高等学校—教材 Ⅳ.①F272.92

中国版本图书馆 CIP 数据核字(2013)第 286360 号

员工培训与开发

主 编	李前兵 周昌伟		责任编辑	陈 跃
电 话	(025)83795627/83362442(传真)		电子邮箱	chenyue58@sohu.com
出版发行	东南大学出版社		出 版 人	江建中
地 址	南京市四牌楼 2 号		邮 编	210096
销售电话	(025)83794121/83795801			
网 址	http://www.seupress.com		电子邮箱	press@seupress.com
经 销	全国各地新华书店		印 刷	江苏省地质测绘院印刷厂
开 本	787 mm×1092 mm 1/16		印 张	15
字 数	384千字			
版 印 次	2013 年 12 月第 1 版 2021 年 1 月第 2 次印刷			
书 号	ISBN 978-7-5641-4667-2			
定 价	50.00 元			

* 本社图书若有印装质量问题,请直接与营销部联系。电话:025-83791830。

前　言

员工培训与开发是现代企业实施战略性人力资源管理的主要手段之一，在企业赢得竞争优势中扮演着越来越重要的角色。但笔者在多年的教学中，深感针对地方应用型本科院校人力资源管理、工商管理等专业特点的员工培训与开发教材还很少，许多教材难以适应具备较强创新实践能力人才的培养需要。为此，本书从体系到内容对此进行了有益的探索。

本书的特点主要包括如下三个方面：

1. 以创新、创业能力培养为主线，构建"问题/任务引入—归纳分析概念或原理—应用拓展—反思升华—形成知识体系"的新教材结构体系，实现学科和职业知识/技能的有机整合。

2. 内容体例安排创新。设计开篇、正文与章尾三个模块，其中开篇设立学习目标、关键术语、开篇案例三个子模块。正文采用归纳式方法总结概念或原理，以表格、图示、导读等形式引领内容，穿插有"观点聚焦"、"实践启迪"、"相关链接"、"情景故事"、"工具方法"、"方案设计"等专栏，以生动、丰富、有趣的背景资料与正文内容相互映衬、参照和呼应；同时，章尾设置了"本章精要"、"复习思考"、"案例分析"等栏目。

3. 突出实践导向、创业导向。本书从应用型人才培养的实际出发，坚持实践导向，重视实战环节，通过工作方法、操作流程、案例等环节，使学生系统掌握培训与开发的相关知识，并提高灵活运用理论知识的能力。同时，借助情景模拟、角色扮演、导读、个案研究等方面，突出了启发性和互动性。

　　本书的作者都是人力资源管理专业的博士,既有较为丰富的理论知识,又长期从事人力资源管理咨询实务工作,较好地把握了理论知识与实践之间的对接关系。书中内容穿插了许多小阅读栏目,能提供学生独立思考的空间,并增加学习的趣味性。李前兵负责全书的总体构思、框架设计和最后的统稿工作,全书的编写工作分工为邓子鹃负责第5、9、10三章的编写,周昌伟负责第6、7、8章的编写,李前兵负责第1、2、11章,以及第3、4章部分内容的编写,王勇编写了第3、4章的部分内容。本书可作为人力资源管理专业、工商管理专业高年级本科生教材,也适合于企事业单位人力资源管理从业人员阅读。书中引用和参考了诸多专家学者的观点,在此一并表示感谢。由于编写时间仓促,书中也存在许多不足之处,欢迎读者批评指正。

编者
2013.10

目 录

第1章　员工培训概述

学习目标

学完本章后,你应该能够:
1. 掌握培训的内涵和分类
2. 理解培训对组织和员工的作用
3. 理解培训的目标和原则
4. 理解培训的流程
5. 了解人类培训的历史演进
6. 了解一些培训的实践

关键术语

培训　培训目标　培训原则　培训流程　培训实践

开篇案例

IBM 在中国的培训

1997年,IBM在中国设置了培训经理。培训经理基本上有过经理的背景,在IBM工作了一段较长的时间,他们具有三个非常明显的特点:对IBM公司非常了解,对客户需求非常了解,对公司的产品和服务也非常了解。IBM认为培训经理一定要有这种经历和经验,才能让新员工学到东西。设置培训经理的原因是因为直接经理业务很忙,要跟客户谈判,还有许多工作内容,不可能有时间天天来培训下属。新员工刚开始不可能直接向直属经理汇报。IBM中国区培训中心总经理Joseph Wei说:"有这样一个培训经理来照顾新员工,也提高培训效率,使新员工感到有人来照顾自己,自己不是丢在一个大海里面,不知道谁是谁,哪个部门是哪个部门。"

IBM大体上有3类培训:一类是给内部员工的,称为Internal Education;第二类是给Business Partner和客户的,称为Customer Education;还有一类是专门针对经理的,称之为经理加速培训(Leadership Acceleration Education)。

在IBM常设的教师就是内部培训专员,在中国约有25位培训专员,这些培训专员在IBM是一个专门的职位,所以有非常明确和严格的职位技能需求。培训专员分为多种职位,在中国和全球都用统一的职位定义。到一个职位就需要相应的技能,类似销售专员和市场专员,有许多不同的需求。目前大陆的培训专员还比较初级,台湾和香港有一些高级的培训专员,他们会经常互相帮忙。IBM要求培训专员有基本的教育经验和基本的教学能力,而且通过各种培训提高他们教学的能力。亚洲人教学比较注重传授,大学教授自己主讲,学生听和记。IBM认为这不是成人的学习方式,成人的学习需要互动,鼓励他们去想,所以IBM对教员非常强调上课的方式要采用启发和互动的方法,以引起员工思考和交流。IBM的培训有两种课程:一种是基于知识的培训(Knowledge-base),教给员工应该懂得的IBM产品和服务的知识;另一种为基于能力的培训(Performance-base),是要去做,去运用,而不只是懂。

IBM的员工在工作中有许多学习的需求,也有很好的学习环境。IBM在Intranet上有个技能开发系统,员工在工作中发现自己的技能需要提升,可以申请学习。这个系统相当于是一个自我评估和提高的解决方案;在IBM的每一个员工都有一个级别,而且这个技能发展系统会列出你这个职位应该具备的技能。员工可以到网上去评估自己的技能,假如评估的技能与自己所在职位应该有的技能有差别,他就应该去发展自己的技能;这个系统帮助员工自己去评估自己的差距,然后选择培训的课程。这些培训的课程一般在北京、上海、香港等子公司分布着,而且上面列出了培训地点、日期、已报名人数等。这个入学报名系统连接到每个人的桌面,员工可以针对自己的需求在报名系统里观看当年的课程,然后选择自己需要的课程。这个信息与人力资源部的系统相连,人力资源部会将你的请求通过网络传到你的直接经理的电脑里,直接经理的回复很快就传到报名系统中,如果是同意,你的申请就加入了报名系统的名单里,你可以提前安排好自己的工作,到那一天你就可以去学习了。

因为通过报名系统报名的员工可能分布在全球,IBM的报名系统的培训经常是在宾馆等地集中进行,教员多是来自国外,所以费用比较高,这些预算全由各个业务部门出。员工如果临时有变化,必须5天前提出退出要求。这样培训部只会扣除一半的培训费,比如一个课程200元/人,就扣除100元。如果事先没有提出,培训时没有出席,就扣掉全部培训费。每个员工在1年中会有15~20天的培训机会,公司很支持员工接受培训,这是一种学习文化。有时候IBM也从中国员工中请某个方面的业务骨干来给员工讲课,这是免费的,但同样也是一种人力成本,所以员工都要认真对待。

(资料来源:吴必达.成功企业如何培训员工.北京:中国致公出版社,2001)

1.1 培训的内涵

1.1.1 培训的定义

在生活中,我们经常会遇到与培训相关的一些宣传,如农民工培训、创业培训、中小企业中高层管理者培训等。那么什么是培训?学者们从不同的角度解释培训。

McGehee & Thayer(1961)认为,培训是企业为了提高员工执行工作上所必要的知识、技能与态度,或培养其解决问题的能力。James W. Walker(1992)认为,培训可帮助员工学习与工作相关的技能,并获得改进工作绩效和促进实现组织目标,培训是开发员工技术和能力的主要手段,也是实施战略的重要途径,因为它影响到员工的价值观、态度和习惯,它也是管理者所控制的一个重要的沟通手段。Gao(2003)则提出,培训是与员工工作责任相关的职业、技术或其他方面的教育计划。Abiodun（1999）认为，培训是一个员工恰当地完成特定的工作或任务所需要的知识、技能和态度的系统化的开发。它可以通过多种方式完成，在职或离岗，在组织内或在组织外。伊万切维奇和赵曙明则把培训看成是一个过程，认为培训是为员工提供信息、技能和对组织及其目标理解的过程，设计培训系统的目的是为了帮助员工能够以良好的绩效继续做出积极贡献。克林格勒和纳尔班迪主张，培训是为员工的责任和义务而提供的学习，这种学习多数聚焦在技能的建构上；同时，也可能包括概念和理论的理解，并借此增进个人观念、态度、想法及行为的自我意识。

综合上述学者的观点，结合现代的培训理论和实践，我们认为更好的定义是：

培训是组织通过系统化的教育项目设计，提升员工的知识和技能，改变员工的观念、态度、价值观和心理素质，以促进组织目标实现的一种管理过程。

对于这个定义可以从以下几个方面加以理解：

（1）培训是借助于系统化的教育项目设计来完成。一个教育项目一般包括培训目的、培训对象、培训课程、培训讲师、培训方法、培训时间、培训地点等方面。为了保证培训的效果，人力资源部门必须和其他业务部门密切合作，精心选择和安排教育项目的各个要素。

（2）培训是由组织来推动。组织是指人们为了实现一定的目标，互相协作结合而成的集体或团体，既包括营利性组织也包括非营利性组织。除了企业组织外，其他类型的组织也都会面临员工培训的问题。如大学教师的入职培训、医生的职业道德培训、公务员的公文写作培训等。

（3）培训是要解决员工能干事和想干事的问题。因此，培训内容既包括员工的知识和技能，也包括员工的观念、态度、价值观和心理素质。在组织内部，员工经常会因为知识和技能的过时或老化而难以适应工作岗位的需要，培训的首要内容是要提升员工的知识和技能，帮助员工有能力做好自己的岗位工作。但是，员工能干事并不一定就会把事情做好，如果员工抱着做一天和尚撞一天钟的心理，无论他能力多么强，所承担的工作也不会做得很好。因此，在现代组织培训实践中，培训部门往往非常重视通过培训手段来引导员工的观念、态度和价值观的变化，并积极改进员工的心理素质。

（4）培训的目的是为了促进组织目标的实现。培训是组织获得竞争优势的源泉之一。管理大师彼得·圣吉指出，组织能够获得的"唯一持久的优势是有能力比你的竞争对手学习得更快"。对于许多组织来说，谁更重视培训、培训的方法更加得当，谁就能在人才、知识和能力竞争中居于领先地位。

1.1.2 培训的类型

组织培训与开发的对象应包括各个层次，各个岗位的所有员工。但在培训实施过程中，我们要考虑到员工的工作性质、工作方法，以及不同员工个人需求的个性，这样才能发挥出培训应有的效果。依据不同的培训需求，各个培训项目要有不同的侧重点，由此需要对培训进行一定的分类。

（1）根据员工进入组织的先后顺序分类

按照员工进入组织先后顺序划分,员工培训可以划分为新员工培训与老员工培训。组织在招聘新员工时,虽然运用了各种考试、测评等科学方法,选出了有发展潜力的人员。但是,所录用的新员工并非一开始就具备完成规定工作所必需的知识和技能,也缺乏在特定集体中进行协作的工作态度和行为习惯;为使他们尽快融入到组织中去,尽快掌握必要的知识、技能和应具备的行为方式,必须对他们进行培训;同时,组织是在一个不断变动的经济、技术、文化环境中生存和发展的,必须不断调整自己以适应环境。员工的知识、技能和行为方式,必须同不断变动的外部环境相适应,必须与组织不断的发展相适应。这同样需要通过培训来实现。

【实践启迪】

储备店长培训实施方案

一、培训目的:为了给公司快速发展做好人才储备梯队建设,同时为了营造积极进取的学习氛围,经公司研究决定举办储备管理人员培训班

二、培训主题:2009 年储备店长培训班

三、培训时间:2009 年 6 月 28～30 日（为期三天）

四、参与对象:1. 见习店长;2. 现任店助;3. 储备管理干部

五、培训地点:公司总部六楼会议室

六、培训力量:各部门负责人及专职培训讲师

七、培训内容类别:营运管理、公司规章制度及团队建设

八、考核方式:

1. 培训内容掌握情况考试:笔试及实操考核。

2. 培训现场纪律考核方式:以考核团队为主、考核个人为辅的考核方式,培养学员的责任意识,团队精神与换位思考意识。

九、授课方式:

理论授课为主,实操培训为辅。

十、时间安排:

时段	具体时间	项目安排
上午	08:00—08:15	签到
	08:15—12:00	集中授课
中午	12:00—13:25	中餐、休息
下午	13:25—13:30	点到（清查人数）
	13:30—17:00	集中授课
	17:00—18:00	晚餐、休息
晚上	18:00—18:05	点到（清查人数）
	18:05—20:30	集中授课

十一、物料准备：

横幅一条(特格尔储备店长管理培训班),手提电脑一台,考勤签到本,照相机一台,考试试卷(60 份)

十二、费用预算：

项目	费用标准	合计金额	责任部门	协调部门
授课费	30 元/讲	30×15＝450 元	人力资源部	其他各部门
横幅	20 元/条	20 元	企划部	办公室
总计		470 元		

十三、课程时间安排：

日期	具体时间	课程安排	考核方式
28 日	08：00—08：15	(学员签到)	迟到者罚款10元
	08：15—09：00	培训的作用及意义	
	09：00—11：00	公司发展战略及特格尔人特质	
	11：05—12：00	库存损耗管理、收银管理、费用管理	
	13：30—15：00	门店销活动的有效组织和实施	
	15：15—17：00	新店拓展与运营管理	
	18：00—20：30	赢在执行(看碟)	
29 日	08：00—08：15	学员签到	迟到者罚款10元
	08：15—10：00	门店现场 6S 管理及商品陈列管理	
	10：10—12：00	品类管理/数据分析	
	13：30—15：30	如何做一名优秀的团队领导	
	15：40—17：10	门店 GSP 认证实施操作标准	
	17：40—20：00	如何提升单店业绩	
30 日	08：00—08：15	学员签到	迟到者罚款10元
	08：15—10：00	商品定价战略	
	10：10—12：00	岗位职责及其他人事管理制度	
	13：30—15：00	顾客投诉处理与沟通技巧	
	15：10—16：10	如何做一名经营型店长	
	16：10—17：40	公司业务系统实际操作知识培训	
	18：20—20：00	考试	

（2）根据培训对象分类

从培训的对象看,培训有管理人员培训、专业技术人员培训、基层员工培训。管理人员培训主要让他们掌握必要的管理技能,以及新的管理知识与理论、先进的管理方法。专业技术人员培训是让他们提高专业领域的能力,旨在提高其新产品研制能力;同时培训财务、营销知识、时间管理、信息管理、沟通技巧、团队建设、人际能力、指导员工、外语等方面的知识与能力。基层员工培训让员工操作技能提高。培训是针对不同岗位所要求的知识与技能而言。

（3）根据培训内容分类

按照员工培训内容,组织培训一般分为知识培训、技能培训、态度培训、观念培训和心理培训。这五个方面的培训是由表及里、逐步深入的。知识培训的主要任务是对参加者所拥有的知识进行更新,其主要目标是解决"知"的问题。知识学习是员工培训的主要方面,包括事实知识与程序知识学习。员工应通过培训掌握完成本职工作所需要的基本知识。技能培训主要是解决"会"的问题。随着环境的变化,每个岗位都会有新的能力要求,因此,以胜任岗位工作能力为基础的培训越来越受到人们的欢迎。态度是影响能力与工作绩效的重要因素。员工的态度与培训效果和工作表现是直接相关的。管理者应通过培训改变员工的工作态度,促进员工工作效率的提升。员工有了知识和技能,但如果观念是落后的,则行动也必然是落后的。对于员工来说,观念是一种长期生活的沉淀。组织需要通过培训手段,实现员工观念的转变,以适应社会环境的急剧变化。心理培训的主要任务是挖掘参训者的潜能。帮助员工通过心理的调整,利用自己的显能去开发自己的潜能,以解决"悟"的问题。

（4）根据员工培训时间分类

从员工培训的时间看,培训有全脱产培训、半脱产培训与业余培训等。全脱产培训是受训者在一段时期内完全脱离工作岗位,接受专门培训后,再继续工作。半脱产培训是受训者每天或每周抽出一部分时间参加学习的培训形式。业余培训是受训者完全利用个人业余时间参加培训,不影响正常生产或工作的培训形式。

（5）根据培训实施主体分类

根据培训是由组织内部管理部门实施,还是由社会上的培训机构实施,可以分为内训和外训。内训是指由组织 HR 部门设计课程,由内部人员或外部专家到企业担任讲师,负责教育培训工作。内训既具有培训课程、培训方案的针对性,也具有培训时间、培训地点方面的充分灵活性。内训是世界 500 强普遍采用的一种培训方案。而外训则是组织外派员工到外部的培训公司或学校受训。外部培训可以利用社会上的培训资源,弥补企业内训的不足。外部培训不仅节省了金钱,更重要的是节省了时间,提高了效率。通常可以选择的方式有:聘请外部讲师、聘请专门培训机构、聘请咨询公司、聘请学校教育机构等。

1.2 培训的作用

培训正在成为组织适应不断变化和日趋复杂的环境过程中日益重要的核心职能;培训工作的质量,越来越直接地影响到组织的运营品质。毫无疑问,"向培训要效益"、"以培训谋求发展空间",目前正成为许多组织领导者的共识。越来越多的组织领导者都意识到培训的重要性。

1.2.1 对组织的作用

(1) 有利于组织获得竞争优势

员工培训就是要不断培训与开发高素质的人才，以获得竞争优势，这已为人们所认识。尤其是人类社会步入以知识经济资源和信息资源为重要依托的新时代，智力资本已成为获取生产力、竞争力和经济成就的关键因素。组织间的竞争不再依靠自然资源、廉价的劳动力、精良的机器和雄厚的财力，而主要依靠知识密集型的人力资本。员工培训是创造智力资本的途径。智力资本包括基本技能(完成本职工作的技术)、高级技能(如怎样运用科技与其他员工共享信息、对客户和生产系统了解)以及自我激发创造力。因此，这要求建立一种新的适合未来发展与竞争的培训观念，提高员工的整体素质。

(2) 吸引和留住优秀员工

吸引和留住人才是搞好组织的关键。诸多调查显示，"较多的培训机会"越来越成为吸引优秀员工加入和留住他们的重要因素，甚至是仅次于薪酬的要素。一些知名企业的实践证明，如果企业给员工提供良好的培训开发，就会减少抱怨，离职率也会降低。因此，科学完善的培训有利于在组织中构建引进、留住和使用人才的有效激励机制，可以避免组织的骨干流失，为组织的战略实施提供强有力的人力资源保障。

(3) 增强组织凝聚力

社会心理学家沙赫特曾就群体凝聚力对生产效率的影响这一课题进行过试验。在别的因素保持不变的状态下，组织的凝聚力越大，这个组织的生产效率就越高，组织也就越有活力。组织对员工进行培训，可以把组织的发展战略、经营理念、管理模式、价值取向、文化氛围等传递给员工，培养组织的团队精神，对员工产生吸引力和凝聚力，从而提升组织的经营效率。早在1945年，号称"经营之神"的松下幸之助就提出："公司要发挥全体员工的勤奋精神"，并通过培训不断向员工灌输所谓"全员经营"、"群智经营"的思想，让每一个员工都产生由衷的自豪感，为自己是这一团体的成员感到骄傲。这样的培训帮助松下公司迅速成为国际著名的企业集团。

(4) 高回报的投资

从经济学角度来说，培训是一种投资行为。统计数据表明：对员工培训投资1元，可以创造50元的回报。对于企业来说，很难获得精确的财务数据来计算每个培训开发的收益，但企业的收益和培训开发之间毫无疑问有着明确的逻辑关系：培训开发在一定程度上投入了资金和资源，但通过培训开发以后，可以看到的结果是员工的素质得到提高，企业的形象得到提升，内部管理成本减少，管理效率提高，企业效益提升，这就是培训给企业带来的回报。据美国培训与发展年会统计，投资培训开发的企业，其利润的提升比其他企业的平均值高37%，人均产值比平均值高57%，股票市值的提升比平均值高20%。在过去50年间，国外企业的培训开发费用一直在稳步增加。美国企业每年在培训上的花费约300亿美元，约占雇员平均工资收入的5%。目前，已有1 200多家美国跨国企业(包括麦当劳)都开办了管理学院，摩托罗拉则建有自己的大学。这些对中国企业来说，都是很好的培训范例。

（5）改善工作质量

毫无疑问,培训使员工素质、职业能力提高并增强,将直接提高和改善员工工作质量。培训能改进员工的工作表现,降低成本;培训可增加员工的安全操作知识;提高员工的劳动技能水平;增强员工的岗位意识,增加员工的责任感,规范生产安全规程;增强安全管理意识,提高管理者的管理水平。因此,组织应加强对员工敬业精神、安全意识和知识的培训,减少事故发生。研究发现,企业事故 80% 是员工不懂安全知识和违规操作造成的。通过培训开发,员工学到了安全知识,掌握了操作规程,自然就会减少事故的发生。培训可以降低损耗。损耗主要来自员工操作不认真和技能不高。通过培训,员工就会认同企业文化,认真工作,同时也提高技术水平,降低损耗。培训还可以提高研制开发新产品的能力,激励员工不断开发与研制新产品来满足市场需要,从而扩大企业产品的市场占有率。

1.2.2　对员工的作用

（1）增强就业能力

现代社会职业的流动性使员工认识到充电的重要性,换岗、换工主要倚赖于自身技能的高低,培训开发是刚走出校门的员工增长自身知识、技能的一条重要途径。因此,很多员工要求企业能够提供足够的培训开发机会,这也成为一些人择业中考虑的一个方面。

（2）获得较高收入的机会

员工的收入与其在工作中表现出来的劳动效率和工作质量直接相关。为了追求更高收入,员工就要提高自己的工作技能,技能越高报酬越高。培训为员工提供了增加知识和能力的机会,有利于员工获得更高的收入。

（3）增强职业的稳定性

从员工来看,他们把参加培训、外出学习、脱产深造、出国进修等当作是企业对自己的一种奖励。员工经过培训,素质、能力得到提高后,在工作中表现得更为突出,就更有可能受到企业的重用或晋升,员工因此也更愿意在原企业服务。

（4）更具竞争力

未来的职场将是充满了竞争的职场,随着人才机制的创新,每年都有大量的新的人才加入到竞争的队伍中,让员工每时每刻都面临着被淘汰的危险。面对竞争,要避免被淘汰的命运,只有不断学习,而培训则是最好、最快的学习方式。

（5）满足员工实现自我价值的需要

在现代组织中,员工的工作目的更重要的是为了"高级"需求——自我价值实现。培训不断教给员工新的知识与技能,使其能适应或能接受具有挑战性的工作与任务,实现自我成长和自我价值,这不仅使员工在物质上得到满足,而且使员工得到精神上的成就感。

【观点聚焦】

三洋公司总裁井植熏认为,一家成功的企业,必须注重人才的培养。公司应先培养优秀的人才,然后再由这批优秀的人才去开发、制造出优质产品,最后通过优秀的人才去推销优质的产品。井植薰曾对记者说:"三洋公司以人为本经营企业,但人不能长生不老,总有一天大限之期会到来,而且此前还有退休等问题。因此,公司要想保持长久的繁荣,就要注重培养造就下一代的干部和继任者。但他们不是在实验室真空条件下造出来的,而是靠经营者天长日久的熏陶培养出来的。"井植薰认为,员工的自我培训是最有效的培训。

1.3　培训的目标和原则

1.3.1　培训的目标

培训目标是指培训活动的目的和预期成果。目标可以针对每一培训阶段设置,也可以面向整个培训计划来设定。培训是建立在培训需求分析的基础上的,培训需求分析明确了管理人员所需提升的能力,评估的下一步就是要确立具体且可测量的培训目标。有了培训目标,员工学习才会更加有效。所以,确定培训目标是员工培训必不可少的环节。

培训目标确定的作用表现在:(1) 它能结合受训者、管理者、企业各方面的需要,满足受训者方面的需要;(2) 帮助受训者理解其为什么需要培训;(3) 协调培训的目标与企业目标的一致,使培训目标服从企业目标;(4) 也可使培训结果的评价有一个基准;(5) 有助于明确培训成果的类型;(6) 还能指导培训政策及其实施过程;(7) 为培训的组织者确立了必须完成的任务。

培训目标确定应把握三个原则:(1) 让受训者了解受训后所达到的要求,具有可操作性;(2) 目标应针对具体的工作任务,要明确;(3) 目标应符合企业的发展目标。

【实践启迪】

老子山温泉俱乐部 2011 年度培训目标

依据老子山温泉俱乐部"使宾客享受完美的温泉商务休闲之旅"的经营理念和未来发展目标,通过对员工的培训与开发,提高员工的工作技能、知识层次和综合素质,从整体上优化俱乐部人才结构,培养能够顺应俱乐部发展目标需求的高质量人才,增强俱乐部的凝聚力和综合竞争力。2011 年度培训目标如下:

(一)通过提升服务质量,实现俱乐部年度经营指标。

(二)有效改善员工的工作效能,提高综合素质。

(三)把培训塑造成一种企业文化,提高员工对公司文化的认同感。

(四)促进公司管理的规范化、科学化和现代化。

1.3.2　培训的原则

高校、医院、企业等不同类型的组织在培训内容、培训方法等方面存在很大的差异,如高校教师培训的内容更多的是职业道德、语言表达、教学艺术等方面,而企业管理者的培训内容是以管理理念、管理技能等为主。但不同类型的组织在员工培训上也有一些共同的原则需要遵守。

（1）战略性原则

培训的战略性原则包括两层含义：一是员工培训要服从或服务于组织的整体发展战略，要能够促进组织目标的实现，避免发生"为培训而培训"的情况。要做到这一点，需要我们在每一个培训项目实施前，必须认真分析组织发展战略，找出影响组织战略意图实现的一些人的因素，并努力通过培训帮助组织清除这些障碍。二是培训本身也要从战略的角度考虑，要以战略眼光去组织培训。不能只局限于某一个培训项目或某一项培训需求，要注意培训项目之间要有相关性。同时每一个培训项目本身都应由需求调查、课程设计、培训实施以及培训评估等一系列活动构成。要制定详细的实施计划，这样才能保证培训实施顺利进行。

（2）长期性原则

员工培训需要组织投入大量的人力、物力，这对组织的当前工作可能会造成一定的影响；有的培训项目有立竿见影的效果，但有的培训要在一段时间以后才能在员工工作业绩或组织绩效方面体现出来。因此，组织要正确认识人力资本投资的长期性和持续性，要用"以人为本"的管理理念来搞好员工培训；组织要摒弃急功近利的态度，坚持培训的长期性和持续性。IBM公司在坚持员工培训的长期性原则方面做得非常出色。IBM公司的员工，从刚进厂的新员工到临近退休的职工都是接受教育的对象。任何一名员工跨进IBM公司的第一件事就是接受新员工入厂教育，要求其大致了解公司的生产、设备、销售、管理情况。这种教育持续三个月的时间。IBM公司对进来时间为1～3年的员工进行一种"入厂教育"的再教育，以造就真正的IBM人。五年后，有能力的职工再接受特殊的骨干职工教育。八九年后，优秀职工又要参加"候补管理者教育"。当他成为一名管理人员后，仍要再一次接受进修。

（3）学以致用原则

员工培训的目的在于通过培训让员工掌握必要的知识技能，以完成规定的工作，最终为提高组织绩效而服务。因此，在培训项目实施中，要把培训内容和培训后的使用紧密结合起来。首先要根据员工的实际需求来确定培训内容，做到按需培训。其次要通过绩效考核和激励等手段，促进员工把培训内容应用到实际工作中去。这样培训才能达到组织的目标要求。如果培训与使用脱节，不仅会造成企业人力、物力的浪费，而且会使培训失去意义。

（4）培训方法多样性原则

公司不同层级的员工，从基层到高层，他们的岗位不同，所需要的知识和技能差异很大，从事的工作内容也不同，因此，他们通过培训获取的知识也有很大的差异。比如，对一线员工来说，基本操作能力应是其能力构成中最主要的组成部分；公司高层往往是决定公司命运的关键人物，要具有较强的战略决策、经营管理能力。由于员工培训需求的差异性，使得培训方式和培训方法也应有所不同。如一线员工操作技能的培训采用"师徒制"、"模拟训练法"等比较合适；管理人员管理技能的培训主要是用案例研究、课堂讲授、沙盘模拟等方法。

1.4　培训的流程

　　培训是一个系统的流程,包括培训需求分析、培训设计与实施过程、培训效果评估(也是培训重要环节),最后是培训反馈阶段,见图1-1。

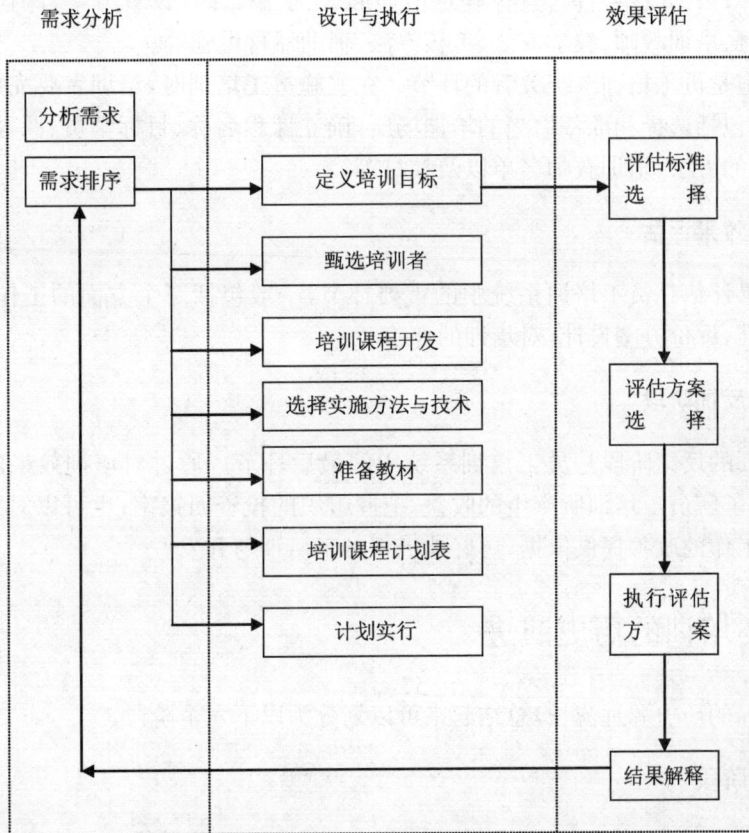

图 1-1　培训的流程

1.4.1　培训需求分析

　　培训需求是指特定工作的实际需求与任职者现有能力之间的距离,即理想的工作绩效－实际工作绩效＝培训需求。培训需求分析对是否需要进行培训来说是非常重要的。它包括组织分析、任务分析与个人分析三项内容。通过培训需求分析,确定有哪些培训需求、谁需要培训、哪些任务需要培训等。

1.4.2　培训设计与实施

　　培训需求分析工作完成后,就进入到培训项目设计与实施阶段。这个阶段组织首先要定义培训目标,这样员工学习才会更加有效。目标可以针对每一培训阶段设置,也可以面向整个培训计划来设定。培训目标一般包括三方面的内容:一是说明员工应该做什么;二是阐明可被接受的绩效水平;三是受训者完成指定学习成果的条件。通过培训目标来引领后面的培训方案设计。

培训方案的设计是培训目标的具体操作化,即告诉人们应该做什么,如何做才能完成任务,达到目的。它主要包括以下一些内容:选择设计适当的培训项目;确定培训对象;培训项目的负责人,包含组织的负责人和具体培训的负责人;培训的方式与方法;培训地点的选择;根据既定目标,具体确定培训形式、学制、课程设置方案、课程大纲、教科书与参考教材、培训教师、教学方法、考核方法、辅助器材设施等。

培训实施是员工培训系统关键的环节。在实施员工培训时,培训者要完成许多具体的工作任务,包括选择和准备恰当的培训场所,确立课程名称、目标学员、课程目标、培训的时间、培训的方法、培训教师名单以及教材等。

1.4.3　培训效果评估

培训效果评估是员工培训系统中的重要环节,一般包括三个方面的工作:确定培训项目评价标准,评价方案设计,对培训的评价。

1.4.4　培训反馈阶段

员工培训的反馈阶段是员工培训系统中的最后环节。通过对培训效果的具体测定与量比,可以了解员工培训所产生的收益,把握组织的投资回报率;也可以对组织的培训决策及培训工作的改善提供依据,更好地进行员工培训与开发。

1.5　人类培训的历史演进

人类培训的历史源远流长,总结起来可以划分为以下六个阶段。

1.5.1　早期阶段

当人类处于采集、狩猎、畜牧和农耕时期,培训就已经出现了。在培训形式上,主要是年长者或有经验的人在生产活动过程中,或者在休息时对年轻人或者新手进行相关内容的讲解或示范,而且常常是以讲故事的形式进行。年轻人或新手通过聆听、观察或模仿来掌握相关的内容,使前人的经验或教训能够代代相传,不断积累,保证了人类知识、经验或技能的延续并且不断提高生产效率。这种原始的培训方式没有固定的教材,施教者和被教者之间也没有明确的师徒关系,培训往往是无意识、无明确组织的。

1.5.2　师徒制阶段

这个阶段,手工业出现了。与农牧业不同的是,手工业有明显的技术性,这些技术必须通过一定的训练才能够掌握,于是就出现了师徒制。例如,一些铁匠铺、衣服店、理发店等为了满足不断增长的业务需求,需要雇佣工人,但由于当时没有职业学校或技术学校,店主无法找到合适的工人,只好自己做师傅传授技术,培训这些被雇佣来的新工人。培训内容和培训阶段都比较明确,直到出师,这期间徒弟可能没有工资或者只有非常少的工资。随着经济的发展,师傅带徒弟的培训方式越来越流行,并逐渐正规化,尤其在那些需要特定技能的行业,这种培训方式得到了广泛的应用。即使在今天,师傅带徒弟这种培训形式在一些行业或岗位也被普遍采用。

"师徒制"老树开新花

在现代社会,"师徒制"往往被认为是一种比较原始的培训机制,历经了几千年的传承和延续后,只有传统手工业中才能见到这种"师傅言传身教带徒弟"的景象,一般企业往往对其不屑一顾。但是在今年"质量提升"活动中,苏州上声电子科技有限公司却已悄悄重拾这种"祖传"法宝。

2010年是上声电子的质量提升年,公司把加强现场管理工作作为提升产品质量的重中之重。据该公司品质部丁部长介绍,除了加强现代企业管理中一般意义上的现场管理内容外(如5S管理、质量体系训导等),公司把"师徒制"作为加强现场管理的一项重要内容来实施。"以前一个新进员工,至少要经过3个月的实习才能比较熟练地进行操作,现在我们在生产现场通过以老带新、以熟带生、以能者为师的方式,强弱搭配,结成对子,一对一或一对多地帮助指导新员工,使他们的操作水平得以迅速提高,新进人员的培训周期明显缩短,因操作原因而造成的产品残次率也明显降低。"丁部长这样介绍道。老王是车间打T铁AB胶工段的一个熟练工,他在谈到现在实行的师徒制时,表现得很兴奋:"不仅带了徒弟,厂里还根据我的技术和带徒弟的表现,帮我评了一级工,每月工资比以前多了150元。"

上声电子实行的"师徒制"实际上包括培训机制和评价激励机制两部分。公司通过在整体层面上进行需求分析,根据工人的技能状况和工种特点,找出最需要培训的工种,通过师徒传承方法来减少或者消除实际情况与企业期望之间的差距;通过师傅的口传手授,使技工能力在较短时间内达到企业要求的水平。一方面使新员工的培训周期大大缩短,培训成本随之减少;另一方面,也避免了因操作不熟练而造成的产品不合格,使产品质量的稳定有了保障。此外,公司还对师徒双方进行考核,结合考核情况进行评级,对优秀师徒进行表彰和物质奖励,既增加了老员工的荣誉感和责任感,又使新老员工都得到了实惠,同时还在公司内部起到了良性带动作用。

上声公司"师带徒"这一传统的员工培养方法,根据企业内部的发展需要,与时俱进,辅以科学有效的考核和激励机制,形成富有生命力的现代"师徒制"培训模式,有效提升了员工整体技能水平,保证了公司产品质量的稳定性。

(资料来源:李晨田.中国质量新闻网,2010-08-27)

1.5.3 手工技能学校阶段

工业革命的爆发使企业大量涌现,企业对技术工人的培训就显得非常重要和迫切,传统的师傅带徒弟的培训方法已经不能满足企业对员工数量和技术细分的需要了。1809年,美国人戴维德·克林顿在纽约建立了第一所私人职业技术学校,这是一所手工技能培训学校。克林顿建立这所学校的目的是给失业的年轻人提供职业培训。随后,类似的手工技能培训学校在美国普遍建立,尤其是在中西部各州。这种手工技能培训学校可以看做是职业技术教育的雏形。此阶段的出现,预示着培训已经迈向了专门化和正规化的阶段。这个时期培训的特点是标准化、高效率,培训的个性化逐渐消失。

1.5.4 工厂学校阶段

工业革命发生后,新机器和新技术得到了广泛应用,作坊式的传统生产方式被打破,新工人不具备操作新机器的知识和技能,老员工也需要重新进行培训,学徒制培训已经不能适应需要了。随着工厂数目的增加,对技术工人的需求量超出了手工技能学校的供给量,而且手工技能学校培养的学生也不能完全符合各工厂个性化的要求,为此,各个工厂开始尝试自行建立培训机构,即工厂学校。

第一个有文字记载的工厂学校 1872 年建立于美国 Hoe and Company 公司,这是纽约的一家印刷机制造商。后来,1888 年威斯汀豪斯、1901 年通用电气和包德文机车、1907 年国际收割者,以及后来的福特、西部电力、固特异等公司都建立了自己的工厂学校。工厂学校和学徒制培训不同,它倾向于要求工人在短期内掌握完成某项特定工作所需要的技术。

1.5.5 管理培训开发阶段

20 世纪 50 年代以来,世界经济经历了深刻的变革,新技术成果层出不穷。知识成为社会发展的主要推动力量。此前,西方国家的培训主要是技能培训。企业强调对生产工人开展与岗位相关的工作技能培训,目的是提高劳动生产率。其后,由于科学技术的进步,企业生产的自动化水平大大提高,大量重复性的工作逐渐由机器完成,同时企业的规模越来越大,企业的组织系统越来越复杂,企业对于管理的需求越来越迫切,企业的生存和发展越来越依赖于其管理水平,因此,管理因素逐渐受到关注,培训的重点由工作技能转向管理能力。

1956 年通用电气公司成立了克罗顿培训部门,它的对象是公司的中高级管理人员,这在当时显得与众不同,在此之前企业培训开发的对象主要是一线员工技能方面的培训,管理人员主要依靠经验和实践自我成长。因此,克罗顿培训部门的成立是培训史上一个标志性事件,它拉开了企业管理培训开发的序幕。从某种意义上讲,克罗顿培训部门具备了企业商学院的某些性质。

1.5.6 企业大学阶段

克罗顿培训部门成立后,企业商学院的发展并没有掀起高潮,这种局面直到 1974 年摩托罗拉大学的成立才被打破。严格意义上讲,GE 的克罗顿培训部门成立之初并没有和公司的战略相联系,直到 30 年后才开始对其战略进行支持。摩托罗拉大学的成功运作以及它对企业战略价值的贡献,引起了全世界企业大学的兴建高潮,企业大学让培训成为企业发展的战略伙伴,演变为战略培训。

企业大学不仅仅是名称的改变,更在于职能的真正转变。1992 年,摩托罗拉大学又完成了一次重要转型,从企业内部培训为主转变到内外兼顾的全价值链的培训,摩托罗拉大学实现了真正意义上的全价值链培训,成为真正意义上的"综合性的企业大学"。

【超级链接】

位于不列颠哥伦比亚省温哥华市的波士顿比萨国际是加拿大顶级快餐连锁企业,它在美国西部和加拿大拥有 172 家连锁店。最近,公司的培训总监意识到连锁店的经理存在技术上的缺陷。大部分经理能理解公司的经营理念,却缺乏成为真正成功的经理人员所必备的技术。于是,波士顿比萨学院应运而生。在这所企业大学里,经理们学习并不断实践作为一个连锁店经理所必备的技能,包括职业化管理技能和指导技能。波士顿比萨大学获得了成功。消费者匿名反馈的信息和暗中进行的质量调查结果证明培训的开展使公司业绩有了提高。连锁店的营业额比培训开展前增加了 200%。

1.6　培训实践扫描

2008 年 8 月至 2009 年 4 月,中国企业教育百强评选组委会开展了"中国企业培训指数的调研"。调研采取企业调研、问卷调查和座谈会等形式,调研期间重点走访了北京、山东、江苏、辽宁、天津、广西、内蒙古等地的企业 20 家,召开企业有关领导、培训管理者和一线职工座谈会 7 次,专门调查了解企业职工教育经费提取、使用情况及企业培训的情况。该调研向全国 30 个省市共发调查问卷 3 000 份,此次调查的 1 430 家样本企业包括煤炭、石化、汽车、冶金、钢铁、房地产、家电、电力、机械制造、烟草、服装纺织、零售商业、食品、交通运输等多个行业。

从调查结果来看,所有企业均制定了与企业发展战略相结合的企业培训制度,其中 51% 的企业制定情况很完善,46% 的企业基本完善,只有 3% 的企业不够完善。从执行情况看,企业培训制度在 52% 的企业中被有效执行,在 31% 的企业中被基本执行,只有少部分企业执行较差或没有执行,分别占 9% 和 8%。65% 的企业拥有很完善的新员工岗前培训或见习制度,25% 的企业基本完善,仅有 6% 和 4% 的企业不够完善或缺乏。从执行情况看,该制度执行情况良好。72% 的企业有效执行该制度,22% 的企业基本执行这一制度,只有 6% 的企业较差执行或没有执行。

大部分企业建立了以专任师资为骨干、兼职师资为主体的结构合理的职业教育培训师资队伍。千人以下企业平均内部培训师为 0.8 人、高级技能讲师 3.4 人;1 000~5 000 人企业分别平均为 2.4 人和 9 人;5 000~1 万人企业分别平均为 3.5 人和 12 人,万人以上企业分别平均为 5.4 人和 13.7 人。从调查结果看,样本企业中有 93% 的企业与多所院校建立人才培养关系,主要体现在订单培养、学历教育、在职进修、实训基地、科研攻关等形式。在样本企业中有 6% 的企业已建立企业大学(企业商学院),9% 的企业正在筹建,85% 的企业没有建立。

本章精要

培训是组织通过系统化的教育项目设计,提升员工的知识和技能,改变员工的观念、态度、价值观和心理素质,以促进组织目标实现的一种管理过程。根据不同的标准培训可以分为不同的类型。按照员工进入组织先后顺序划分,员工培训可以划分为新员工培训与老员工培训。从培训的对象看,培训有管理人员培训、专业技术人员培训、基层员工培训。按照员工培训内容,组织培训一般分为知识培训、技能培训、态度培训、观念培训和心理培训。从员工培训的时间看,培训有全脱产培训、半脱产培训与业余培训等。根据培训是由组织内部管理部门实施,还是由社会上的培训机构实施,可以分为内训和外训。

培训对组织获得竞争优势、吸引和留住优秀员工、增强凝聚力、高回报和改善工作质量都有着直接的促进作用。同时,培训也有利于员工增强就业能力,获得较高收入,增强职业的稳定性和满足实现自我价值的需要。

培训目标是指培训活动的目的和预期成果。目标可以针对每一培训阶段设置,也可以面向整个培训计划来设定。在培训实施过程中,有一些基本原则必须遵守,包括战略性原则、长期性原则、学以致用原则、培训方法多样性原则。另外,培训是一个系统的流程,它包括培训需求分析、项目设计、培训实施过程,培训效果评估等环节。

人类培训的历史源远流长,总结起来可以划分为六个阶段:早期阶段、师徒制阶段、手工技能学校阶段、工厂学校阶段、管理培训开发阶段、企业大学阶段。

复习思考

1. 什么是培训? 培训的类型有哪些?
2. 培训对组织和员工的作用是什么?
3. 培训的基本原则有哪些方面?
4. 简要概述培训的流程。
5. 人类培训的历史演进可以分为哪几个阶段? 每个阶段的特点是什么?

案例分析

恒伟公司的培训困境

1998 年,中国的微波炉行业有几家大型的厂家竞相角逐,竞争趋向白热化。每个厂商都面临着如何加大培训力度,以在未来的竞争中获得优势。恒伟在进行 ISO 9001 认证前已进行了多年的培训,并对部分管理人员进行了 MBA 的课程培训,但公司总感到已有的培训效果不理想,培训总是缺乏主动性,常常跟着业务变化及公司大的决策变动而变化,计划性较差,随意性和变动性很大,而且公司也感到将来竞争优势的取得要依靠人员素质的大幅度提高,同时在公司的经营与发展中也遇到了一些现实的问题,希望能够通过培训加以解决。鉴于此,公司决定开展为期 3 年的公司全员大培训。

在培训计划的制定方面,每年年底由各部门、各分厂及车间分别上报自己下一年度的培训计划,由人力资源部汇总,并根据公司整个培训的资源与发展需要进行一定的调整,从而制定出下一年度的培训计划。但在执行培训计划时,还会根据公司业务经营的需要进行适时的调整与改变。公司还与安徽大学合作,建立恒伟经济学院与恒伟未来学院,每年都要为公司人员,尤其是中高层管理人员进行培训。

培训存在和面临的问题:

(1) 中层管理人员工作繁忙,工作量大,对他们进行培训是一个难题,即培训与提高没有时间进行。如公司在1997年初实施的中层管理人员 MBA 培训，由于他们都是各部门的骨干，所以很多人常常没时间参加，效果自然也就不理想。公司对管理人员进行培训时还面临一些其他困难：部门之间的工作职责与人员的专业都不一样，放在一起培训，缺乏针对性，单独培训成本又太高。

（2）技术人员分为两块：一块在技术研究与开发部，另一块则是分布在车间里，是车间的技术员。研究与开发部的技术人员重在研究与开发，而车间技术人员重在解决车间里的技术问题，但两类人员还会相互流动。对这两类人员的培训该不该有所区别呢？此外，还有新老技术员培训的差异问题。

（3）公司的一线员工有正式工与临时工。临时工大多是农民，流动性很强，对他们的培训往往由于频繁的流动而无法收回成本。

（4）销售人员常年在外分散于全国各地。因此，由公司其他部门与岗位转过去的部分人，对公司的文化有一定的认同感；但另一部分新进入公司的员工，一般只接受一个月的业务培训与文化的教育，对恒伟没有很深入的体验和认识。当他们在工作中遇到问题，需要学习新的知识与技能时，由于工作地点较为分散，很难进行集中培训，这就导致一些问题反复出现而得不到解决。如，有的问题在同一个地方反复出现，有的问题在此地解决了，在彼地又出现。

（5）对成批进来的员工可以一下子集中培训，但对分散的、零星进来的员工却不能对他们进行及时培训，只能等人数凑到一定数量以后再集中培训。这会产生有些人进厂以后很长时间对企业都不甚了解的情况。

由于过去的培训系统性不强，效果不理想，计划常常因情况变化而变化，没有形成一个培训方面的有效制度，激励与监督机制也没有建立起来，培训往往有走过场的味道。培训完了就完了，没有效果。到底怎样培训才能起到理想的效果，一直是困扰公司的难题。

（资料来源：http://wenku.baidu.com/view/133ba5757fd5360cba1adb9b.html）

问题：

1. 恒伟出现上述问题的根本原因是什么？

2. 假如你是恒伟人力资源部的员工，你认为恒伟要改善目前的问题应该从哪些方面着手？

第2章 战略性培训

学完本章后,你应该能够:
1. 理解战略性培训的内涵
2. 理解影响培训的因素
3. 掌握企业不同战略的培训需求
4. 了解企业培训与企业核心竞争力的关系
5. 理解培训与其他人力资源管理职能的关系

战略性培训 组织特征 企业战略 核心竞争力 人力资源管理职能

如何根据企业的发展战略确定培训的策略

如何根据企业的发展战略确定培训的策略?摩托罗拉的 LEAD 项目、CAMP 项目和 SOE 项目就是非常典型的案例。早在摩托罗拉(中国)电子有限公司成立初期,为了吸引人才、不断培养人才和长期拥有人才,公司明确规定:每个员工每年必须参加 40 h 的培训,并作为对员工及其直接主管或经理工作绩效的评价指标之一。随着员工素质的提高,学习型组织的不断完善,公司将"培训"政策改为"学习"政策。新的政策规定:每个员工每年的学习时间为 40 h,不再作为对员工及其直接主管或经理工作绩效的评价指标之一,真正使员工的学习成为员工自己的事情,而公司只为员工创造学习的环境和提供相应的资源(如,40 h 可以由员工自由支配)。而对于重点培养的核心人才,根据他们自己的职业生涯规划计划以及企业发展的需要,有计划地在合适的时候为他们提供合适的管理人员培训项目。

20 世纪 90 年代摩托罗拉确定了在华发展的四项指导原则,其中包括管理人员本土化策略和原材料本土化策略。为了实现管理人员本土化的目标,即扩大本土高层管理人员比例,该公司制定的培训策略是:对有潜力的管理者提供全面培训,为此设计了《领导者培训项目(初级班),LEAD》、《企业强化管理培训项目(中级班),CAMP-E》、《企业强化管理培训项目(高级班),CAMP-A》和《总监学院项目(顶级班),Director Institute》。除此之外,对于业绩优秀且极具发展潜力的经理人员,根据他们的个人职业生涯计划,以及他们的实际情况和需要,公司(与国内外著名大学合作)可以为他们提供高质量的工商管理硕士学位或博士学位课程。

摩托罗拉领导者培训项目(LEAD)旨在为中国的中初级经理人员提供他们所需要的核心技能和解决中国企业实际问题的技巧,以便最大限度地强化中国经理人员的管理能力,并为他们走上中高层管理岗位打下良好的基础。该培训项目是一个全球性的管理和领导艺术培训项目,它为学员提供大量的工具、技巧和相互了解的机会,使他们有效地掌握作为经理人员应该掌握的核心知识和技能。该培训项目将教师讲授、网络教学、模拟教学、体验教学、现场标杆学习、讲授课程、领导艺术讲座等多种教学手段融为一体,最大限度地保证学员的参与性和学习效果。

目标学员是企业一线经理和主管人员、中级经理人员。培训目标是希望本培训项目结束后,学员能够:

(1) 描述企业的核心信息(如企业的远景规划与战略等)对自己的工作会产生怎样的影响;

(2) 阐述现代企业对经理人员的期望;

(3) 运用核心的管理技能:包括有效的授权技巧、及时恰当的反馈技巧、聆听技巧、有效会议技巧、有效宣传技巧、有效谈判技巧、基本的人力资源管理和财务管理技巧、关系营造和影响他人的技巧、设定可以实现的/可衡量的目标的技能等;

(4) 制订个人发展计划,不断缩短技能方面的差距。

而企业强化管理培训项目(简称 CAMP 项目)则旨在为中国的中高级经理人员提供他们所需要的核心技能、帮助他们解决中国企业的实际问题,以便最大限度地强化经理人的管理能力。该培训项目将教师讲授、网络教学、模拟教学、体验教学、现场标杆学习、学员讲授课程、领导艺术讲座等多种教学手段融为一体,最大限度地保证学员的参与性和学习效果,同时提高学员互相交流、相互合作和分享经验的能力。

目标学员为企业中高级管理人员。培训的目标是希望本培训项目结束后,学员将能够:

(1) 辨别经理在部门层次上应该扮演的四大主要角色,并且展示激励、团队领导的技能;

(2) 运用有效的指导、辅导和督导技能;

(3) 界定人力资源、财务和其他部门的管理政策、工具和程序;

(4) 明确中国企业面临的机会和挑战;

(5) 向成功的领导者学习,并以积极而热情的态度来运用这些技能。

(资料来源:徐芳.培训与开发理论及技术.上海:复旦大学出版社,2009)

2.1 战略性培训的含义

培训开发的价值取决于它是否与组织的战略相一致,是否紧密围绕着组织的战略进行。

战略性培训就是将培训提升到战略层面,围绕组织的战略进行培训,它强调培训与组织的愿景、使命、价值观的协调一致,根据战略要求对员工进行培训,以顺利实现组织的战略目标。战略性培训具有高杠杆性,可以给组织带来更高的价值。图 2-1 表示了战略性培训的含义。

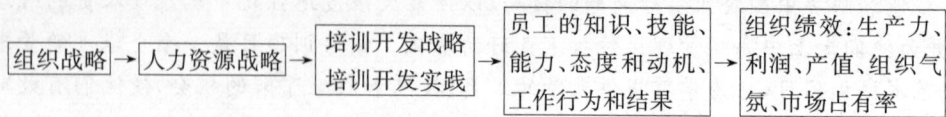

图 2-1　战略性培训

培训的战略性主要表现在以下两个方面:(1)战略制定时,要考虑员工素质存量和可能的增量,即:现在员工具有哪些素质? 通过培训手段能获得或提高哪些素质? 基于此,制定出来的战略规划才有可行性。(2)战略实施时,会对员工的素质提出要求,培训要能适应战略落实对员工素质的各种要求。自 1990 年以来,许多公司都开始将培训开发和公司战略、人力资源战略相联系,如表 2-1 所示。

表 2-1　公司战略与培训开发的联系

公司名称	公司战略 (以 20 世纪 90 年代为例)	人力资源战略	培训开发
通用汽车	成本有效性	裁员、人工成本控制、提高生产力、工作再设计等	岗位培训、专业培训
英特尔	成长	招聘甄选、快速增长的工资	广泛的培训开发项目、专业培训、团队合作、人际技能
肯德基	利基市场战略(Niche focus)	专门化工作设置	专业培训项目
通用电气	并购	有选择性地裁员、再安置	培训系统整合、导向培训、文化融合、团队合作

人力资源管理的价值主要体现在要围绕公司的战略进行,否则其价值要大打折扣,培训亦是如此。培训负责人要深刻理解培训的战略导向,并切实贯彻执行,在此过程中,组织领导的支持和其他资源的配合也是非常重要的。

2.2　影响培训的因素

2.2.1　员工的工作角色

传统上,员工的角色就是根据管理者的指令履行工作任务,提供辅助性服务。一般不鼓励员工参与提高产品和服务质量的活动,这些活动被认为是公司质量控制部门的工程师和专家们的职责。但是,随着提倡团队概念的高绩效工作系统的应用,今天的员工开始扮演着许多管理性质的角色(如安排工作计划、同顾客和经销商打交道)。例如,团队概念被伊顿公司(Eaton)设在艾奥瓦州贝尔蒙德的专为小轿车和卡车生产发动机阀的工厂所广泛应用。在该厂内不同车间和不同班组的角色在生产过程中执行各自的工作,每个不同的工作班组拥有自己的工作职责,但所有的班组成员都知道如何操作班组内的其他各项工作,他们每 2 h 轮换一次工作,并且每个班组内都有 1 个人承担通常由监督者担当的责任(如完成新部件的订单、阅读新订单方案、安排工作计划)。

要使团队有效率,必须具备几个条件。第一,成员们必须理解并赞同团队的目标与使命。第二,团队成员必须明白并接受他们各自的角色。这些角色包括提合理化建议、支持正确决定、组织预算和工作计划及开拓新思路。例如,团队成员要就谁将负责收集信息并与其他成员共享信息(咨询者角色)达成共识。第三,各成员要对如何完成工作取得一致意见。最后,团队成员要具有很强的处理人际关系的技巧(如沟通和解决冲突的技巧)。

对于利用团队来生产产品和提供服务的企业来说,培训是确保团队成功的很重要的因素。团队成员要在人际关系的沟通、解决问题的能力和团队技巧(如怎样处理冲突、决策和反馈技术)上进行培训以使得他们能真正作为一个集体来共同发挥作用。在团队训练中,还经常要求雇员负责评估产品与服务的质量,他们需要利用数据来作出决策,这就包括进行统计过程控制技术的培训。例如:团队成员要清楚通过计算一个小时内出现错误次数的平均值和标准差能从生产过程中获得何种信息。再比如,团队成员还要经常接受团队其他岗位所需的技能培训(如跨专业培训),而不仅仅限于他们所从事的某一特定工作。为鼓励跨专业培训,公司可能会采用技能工资体系,它将员工的工资率建立在他擅长的技能数量上而不是他在当前岗位上所应用的技能。

2.2.2　经理的工作角色

研究表明经理在传统的工作条件下应该从事下列工作:

(1) 管理个人绩效。激励雇员提高绩效,提供绩效反馈并安排培训活动。

(2) 开发雇员潜能。向雇员阐明工作任务,提供技术咨询。

(3) 计划和分配资源。将战略计划转换为具体工作安排并制定完成该计划的目标期限。

(4) 协调各独立小组的工作。说服其他单位为本工作小组提供必要的产品和资源,并理解其他单位的目标和计划。

(5) 管理小组绩效。明确责任范围,与其他经理共同讨论他们变革的经验,以减少变革的阻力,实现公司经营战略目标。

(6) 分析和监控经营环境。开发并维持与新老客户的关系,参与项目小组以发现新的经营机会。

(7) 代表某工作单位。与其他经理建立联系,就本部门的需要与其他部门进行沟通,向其他部门提供本部门工作情况的信息。

无论在公司中处在什么位置(如高级经理),所有的管理者都应该同时作为本部门的发言人、经理和推销商(即部门的代表)。当然,管理者扮演这些角色所花费的时间与他们所处的位置有关。直线经理在管理个人绩效和开发雇员方面花费的时间要比中层管理人员或执行总裁多。对于中层管理人员和执行总裁来说最重要的是计划和分配资源,协调各部门之间关系及管理小组绩效(特别是管理变革)。执行总裁还要通过分析市场趋势来监督经营环境,开发与客户的关系并监控市场的经营、销售状况。

为适应团队的管理工作,要培训经理人员的"人际关系技巧",包括敏感性训练、谈判、指导、冲突解决和沟通的技巧。因为人际关系技巧的欠缺会导致经理人员职业生涯的失败。

2.2.3 组织特征对培训的影响

与培训职能部门一样,培训的类型和数量也要受以下因素的影响:具体包括各经营单位间的整合度;公司全球经营状况;经理、雇员和人事部门员工对培训与开发活动的参与等。

(1) 经营单位的整合

一个公司各部门和各种业务的整合程度影响着培训的类型。在整合度较高的企业中,雇员要了解公司内的各个部门、服务和产品。培训将包括雇员在不同的工作岗位上的轮换,以使他们能了解每个经营环节的业务状况。

(2) 公司全球经营状况

全球产品和服务市场的发展对公司来说是一个非常重要的挑战。那些在全球进行经营的公司,要利用培训使雇员做好临时或长期在国外执行任务的准备。此外,正因为雇员分散在本国以外的各地区,公司需要决定是将培训通过一个以本国为中心的机构来执行并发挥协调作用,还是由海外机构附近的卫星装置进行等。

(3) 经营条件

经营条件决定了特定的人力资源需求。对以紧缩投资战略为特点的公司,培训可能被取消,或者只是进行短期的培训,比如,仅仅提供纠正技术失误的培训课程而不是让员工做好执行新任务的准备。这些计划注重开发必要的技能与个性(如,怎样面对变革)而不考虑公司的结构,培训甚至可能并不是有计划的工作。那些留在紧缩投资公司中的雇员常常会发现他们现任的工作具有了不同的职责,且这些职责需要新的技能。对于成长中的公司(即对其产品和服务的需求呈上升趋势)的雇员可能会由于销售、营销和生产经营的扩张或者建立新的经营部门而有更多的工作调动和晋升的机会。这些雇员通常十分热衷于参加开发活动,因为新的岗位能提供更高的工资,更富有挑战性的工作。

当公司处于重新调整业务的时候,通常员工的收入水平比较稳定。结果将导致参与培训的动力(如晋升和加薪)不足。在许多情况下,公司是通过裁员来降低成本的。这种条件下的培训活动的重点是确保雇员能填补由于退休或更换工作产生的职位空缺。培训还包括帮助雇员避免技术老化。

(4) 经理人员、雇员和人力资源部门的职员对培训与开发活动的参与

一个公司培训项目的开展程度及培训效果取决于培训过程中经理人员、雇员和人力资源部门的参与程度。如果经理人员不参与培训过程(如确定培训需求,充当培训者),那么培训将会脱离经营需要。经理如果未承担保证培训有效性的责任(如在工作上给受训者以反馈),培训在辅助公司实现目标方面发挥的作用就会受到局限,因为这些经理人员会觉得培训只是培训部门给他们"强加的恶魔",而不是有助于实现经营目标的手段。

【实践启迪】

人才六级培训系统 ——美国通用电气的培训体系

世界500强公司中排名前列的美国通用电气公司之所以持久而强大,很重要的原因在于人才培训,尤其是在培训管理人员上的一贯投入。美国通用电气公司每年花在培训

方面的费用超过 6 亿美元,约为它研究与开发费用的一半。美国通用电气公司的培训体系可概括为"六级人才、五大法则"。

美国通用电气公司管理发展学院是公司最重要的"领导者培养基地",公司每年向该学院拨款 10 亿美元,每年在此接受培训的人数超过 1 万人,包括新任经理和高级管理人员。韦尔奇曾说:"美国通用电气公司是由人才经营的。我的最大成就就在于发现一大批这样的人才。他们远比大多数公司的总裁更优秀、更精明。这些一流领导人才在美国通用电气公司中如鱼得水。"

第一级:是"领导基础"课程。参加培训的是在美国通用电气公司工作了 6 个月至 3 年、有培养前途的 20 来岁的年轻职员。该课程每年举办 16 次,约有 800 多人参加,具体内容有:答辩技巧、与不同国籍的学员组成小组顺利开展教学活动的方法、财务分析方法等。

第二级:是以未来经理为培养对象的"新经理成长"课程。参加者都是具有较高潜力、在公司内达到"A"级的 30 岁左右的职员。这一阶段主要学习经营决策的方法、成功案例分析、评价下属的方法、财务知识等。

第三级:则是进入了美国通用电气公司首席执行官韦尔奇亲自参与执教的现任经理培训队伍。这个课程每年举办 7 次,由六七十人组成一个班,进修期为 3 个星期。参加学习的是在通用工作 8~10 年、持有本公司股份购股权资格的职员,其中大约有 30% 是来自美国以外的员工。主要学习:经营战略的制定方法、如何管理国际性集团、为解决目前通用面临的问题提供思路等。

第四级:是以来自世界各地的美国通用电气公司下属企业负责人为对象的"全球性经营管理"课程。每年举办 3 次,每届 3 个星期,一个班级 40 人,学员要求至少在通用工作 8 年。

美国通用电气公司在全世界拥有 30 余万名员工,每个人平时都随身携带一张卡,名为"美国通用电气价值观"卡。卡中对管理人员的警戒是:(1)痛恨官僚主义;(2)开明;(3)讲究速度;(4)自信;(5)高瞻远瞩;(6)精力充沛;(7)果敢地设定目标;(8)视变化为机遇;(9)适应全球化。这些价值观都是美国通用电气公司进行培训的主题,也是决定公司职员能否晋升的最重要的评价标准。

如果直线经理意识到了开发活动给他们带来的好处,如能缩短填补职务空缺的时间,那么他们就会更愿意参与进来。同时只有让他们看到参加培训能有某种收获那么他们才会更愿意参加培训。在施乐公司,绩效评价与工资增长直接挂钩。对经理人员的绩效评价包括他们培训和开发妇女及少数民族的活动(如,让妇女和少数民族担任重要职务从而向他们提供晋升为高级管理人员的机会)。

雇员必须先经过培训再进行工作已成为一种趋势。一个公司越是注重持续学习的理念,它越有可能进行开发规划。公司会支持培训与开发活动(例如报销经费、支持开设培训班、举办研讨会、学习小组),而且要求雇员规划自己的发展方案。培训与开发规划包括认清需要,选择预期效果(如行为的改变、知识的扩充),明确应采取的行动,决定目标实现进度状况的衡量尺度,建立进度日程表。为了能够认清自身的优势和劣势及培训需求,雇员们要分析自己想要做什么,能够做什么,怎样引起别人注意,别人对自己有哪些期望。需求可能产生于雇员现有能力、兴趣与他们将来想要从事的工作类型之间的差距。

2.3 不同战略的培训需求

表2-2描述了四种经营战略:集中战略、企业内部成长战略、外部成长战略和紧缩投资战略,并指明了与每种战略相应的培训活动。每一种战略是根据不同的经营目标制定的。集中战略侧重于提高市场份额,降低成本或者使产品和服务保持鲜明的市场定位。美国西南航空公司采用的就是集中战略。它注重提供短途、廉价、密集的空中运输业务。公司只使用了一种类型的飞机(波音737),并且不预留座位,不提供餐点。这使西南航空公司保持了低成本,高利润的经营业绩。内部成长战略侧重于新的市场和产品的开发、革新与联合。例如,美国麦格劳—希尔(McGraw-Hill)和理查德·欧文(Richard D. Irwin)两家出版公司合并成为美国甚至国际大学教材市场上的一个实力雄厚的公司。外部成长战略强调的是通过发展更多的经销商和供应商或通过收购以使公司进入新的市场领域,例如,苏宁电器在全国的连锁扩张。紧缩投资战略强调经营的财务清算和业务剥离,例如,通用磨粉厂(General Mills)卖掉了其餐馆经营部分的事例。

表2-2 经营战略对培训的启示

经营战略	重点	如何实现	关键事项	培训重点
集中战略	·提高市场份额 ·减少运营成本 ·开拓并维持市场定位		·技术交流 ·现有劳动力的开发	·团队建设 ·交叉培训 ·特殊培训项目 ·人际交往技能培训 ·在职培训
内部成长战略	·市场开发 ·产品开发 ·革新 ·合资	·提高产品质量 ·提高生产率或革新技术流程 ·按需要制造产品或提供服务 ·销售现有产品/增加分销渠道 ·拓展全球市场 ·调整现有产品 ·创造新的或不同的产品 ·通过合伙发展壮大	·创造新的工作任务 ·革新	·支持或促进产品价值的高质量的沟通 ·文化培训 ·培养创造性思维和分析能力 ·工作中的技术能力 ·对管理者进行的反馈与沟通方面培训 ·冲突调和技巧培训
外部成长战略(兼并)	·横向联合 ·纵向联合 ·发散组合	·兼并那些处于产品市场链条上相同经营阶段的公司 ·自己经营那些提供或购买产品的业务 ·兼并那些与兼并者处于不同领域的公司	·整合 ·富余人员 ·重组	·判断被兼并公司的雇员的能力 ·联合培训系统 ·合并公司的方法和程序 ·团队建设

经营战略	重点	如何实现	关键事项	培训重点
紧缩投资战略	·节约开支 ·转产 ·剥离 ·债务清算	·降低成本 ·减少资产 ·创造利润 ·重新制定目标 ·卖掉全部资产	·效率	·革新、目标设置、时间管理、压力管理、交叉培训 ·领导技能培训 ·人际沟通培训 ·向外配置的辅助培训 ·寻找工作技能的培训

2.4　培训与企业核心竞争力

2.4.1　什么是核心竞争力

　　核心竞争力的概念是美国经济学家普拉哈拉德和哈默于 1990 年在《哈佛商业评论》中提出的,他们认为:"就短期而言,公司产品的质量和性能决定了公司的竞争力;但长期而言,起决定作用的是造就和增强公司的核心竞争力"。此观点一提出,就得到了学术界和企业界的广泛认可,并引起了企业家的高度重视。

　　何谓企业核心竞争力?企业的核心竞争力是指能够为顾客带来特殊价值的一系列的知识、技能、技术的组合。简单地说,就是企业在经营过程中形成的不易被竞争对手仿效的能带来超额利润的独特的能力。它是企业在生产经营、新产品研发、售后服务等一系列营销过程和各种决策中形成的,具有自己独特优势的技术、文化或机制所决定的巨大的资本能量和经营实力。核心竞争力主要包括核心技术能力、组织协调能力、对外影响能力和应变能力,其本质内涵是让消费者得到真正好于、高于竞争对手的不可替代的价值、产品、服务和文化。全世界人力资源部的职能正在由传统的人事管理向基于战略的人力资源开发与管理的方向转变。之所以出现这种变化的趋势,其原因在于企业的竞争优势越来越取决于组织和员工的素质与学习能力。20 世纪末,《财富》杂志曾预言 21世纪最为成功的企业将是那些学习型组织,而一些跨国公司也称自己"唯一长久的竞争优势,是比对手学习得更快的能力"。

【观点聚焦】
支撑小企业发展战略的培训重点

　　(1) 小企业关注点在生存上,立足于细分市场上,相比内部团队建设而言,更加关注行业环境的变化。行业资讯传播、趋势研讨对小企业管理者非常有用。

　　(2) 因为小企业目前的任务是活下去,因此,培训更应该集中于商业定位、市场区隔、业务开发等方面,这样就需要咨询式培训、顾问式管理。

　　(3) 小企业的培训可以多关注政府为宣传上级扶持中小企业的政策培训的公益培训,再联系相关咨询公司辅导通过内训用好国家扶持政策与资金,提升自己的核心竞争力。

　　(4) 小企业的特点就是"短—平—快",太复杂和系统的东西行不通,培训要以解决实际问题为中心。

2.4.2 培训与企业核心竞争力的关系

随着知识经济时代的来临,人力资本对于促进经济增长的贡献日益突出,已经成为企业取得竞争优势的最主要来源,在企业发展中发挥着越来越关键的作用。为此,企业的竞争优势将依赖于人力资本——知识、经验、技能等"软"资本,而不再是它们的厂房、设备等"硬"资产。员工的技术、知识、能力以及同顾客间的相互关系,会创造出一种核心竞争力,这种能力远比可购买到的现成的科技能力更加有效,企业可以持续拥有这种竞争优势。

所以在大多数企业里,人力资本被作为最重要的资本来看待。企业在发展和实施战略的过程中,既要拥有有形资源(如楼房、资金),同时也要拥有无形资源(如人力资本和品牌知名度)。有价值的、独特的、难以模仿的资源才是企业赢得竞争优势的基础,无形资源(人力资本)是最有可能为企业赢得竞争优势的资源,因为它是稀缺的、复杂的以及难以被竞争对手模仿的。尽管说人力资本可能会有某种程度的改变,某些能力对企业也许不再有价值了,但是人力资本中特定能力是基于企业的特定知识,个人所拥有的其他知识如果能与企业的资源整合起来,则又会产生新的价值,因此总体上讲不会有太大的变化,企业可以持久地拥有这种竞争优势。从以上综述中,我们可以发现人力资本是企业赢得核心竞争力的最主要来源。企业要想获得竞争优势,就必须将人力资源培训与开发视为一种更广泛意义上使人力资本增值的途径。

目前许多企业已经开始意识到人力资源开发对于改善生产率、提高产品质量以及强化竞争力所起到的重要作用。对员工的技术、知识、才能进行培训与开发,可以使固定形态的人力资本增值,从而提高员工对企业的人力资本付出量。尤其通过对企业的管理人员进行管理技能培训的投资,使他们能够激发下属的工作热情,将员工个人目标与企业目标紧密结合在一起,培养员工的忠诚度和献身精神,提高员工士气和工作满意度。这种提高员工的努力程度的投资要比提高他们的能力和行为方面的投资更见效,从而有利于提高员工的人力资本付出量。因此从这个角度来讲,人力资源培训与开发的战略管理职能主要就体现为通过开发员工的核心专长与技能,以及培养员工的组织承诺感和组织认同感,帮助企业获得核心能力和提高竞争优势。

现在,随着知识经济时代的到来,人力资源培训与开发对企业生存与发展起着举足轻重的作用,人力资本已超过物质资本,成为最主要的生产要素和社会财富,成为社会经济增长的源泉。据有关统计,从 1929—1982 年,美国生产力的提高中有 26% 是由于对员工和管理者进行人力资源开发所导致的。美国国会技术评估办公室 1990 年的统计数据表明,美国企业每年为正式员工培训的花费约 300 亿～440 亿美元,平均为每个员工花费 385 美元,相当于美国雇主支付其员工工资的 1%～2%。像美国通用电气公司每年用于员工培训和管理开发的费用高达 10 亿美元,占其工资总额的 3%～5%。并且大多数的培训项目旨在改进工作所必需的操作技能。可以说,对培训与开发投资的重视对于企业在日益激烈的国际竞争中生存尤为重要。

2.5 培训与人力资源管理各职能的关系

随着现代企业人力资源管理的系统化趋势越来越明显,企业的人力资源培训开发体系设计也越来越需要与其他人力资源管理职能模块对接,因此深入研究人力资源培训开发职能与其他职能模块之间的关系就变得越来越重要和富有意义。

从上面的分析中我们可以看到,人力资源培训是企业战略性人力资源管理中的一个模块。在某些组织中,培训与开发是通过一个独立的职能部门来完成的,但在大多数组织中培训或人力资源开发部门则是更大的人力资源管理部门中的一个组成部分,它与人力资源规划、薪酬管理等相并列,作为人力资源部门下的子部门而存在。图 2-2 给出了有代表性的人力资源管理部门的组织结构图。

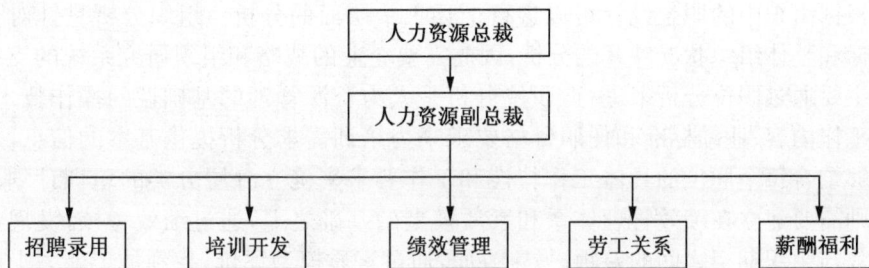

```
              人力资源总裁
                  │
              人力资源副总裁
                  │
   ┌──────┬──────┼──────┬──────┐
招聘录用  培训开发  绩效管理  劳工关系  薪酬福利
```

图 2-2　有代表性的人力资源管理部门的组织结构图

在研究人力资源开发与人力资源管理各项职能的关系中,最具代表性的是派特·迈克莱甘的研究成果。派特·迈克莱甘在其"人力资源开发实践模型"一文中提出了一种研究人力资源开发的新方法,该项研究应用了"人力资源车轮"模型(图 2-3),确定了人力资源的主要领域并重点展示了人力资源开发领域在其中的地位和作用。

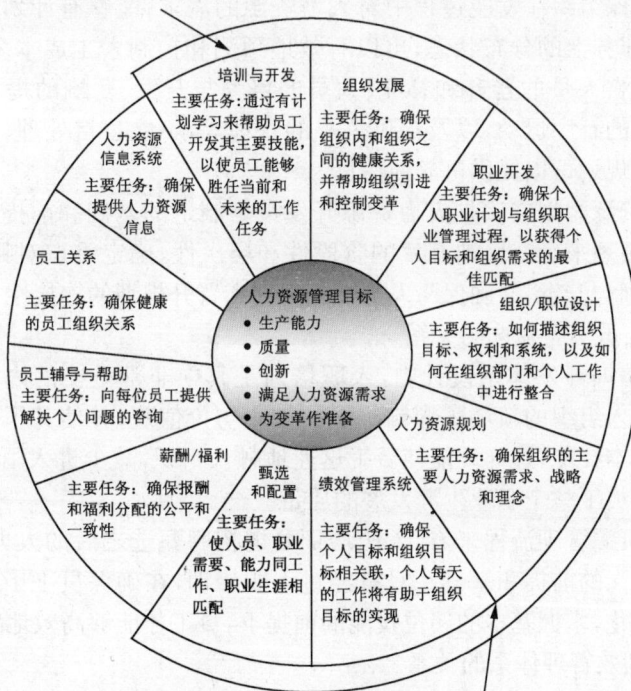

图 2-3　人力资源车轮

资料来源:P. A. McLagan(1989). Models for HRD practice,Training and Development,41:53.

正如图 2-3"人力资源车轮"所展示的那样:培训与开发、组织发展和职业开发是相互联系的三个领域,其中每一项都是人力资源开发的关键组成部分。从该模型中我们可以看出,人力资源车轮上的各个方面都是相互关联的。但相对来说,培训与开发、组织发展、职业发展与组织/职位设计、人力资源规划、绩效管理系统、甄选和配置等方面的联系更为紧密。

(1)培训与职位设计的关系

培训需求分析主要建立在三个层面的分析之上,包括组织分析、任务分析和人员分析。而根据组织中的职位设计可以进行上述三个层面的分析。组织分析是针对企业的战略目标和整体组织状况展开的分析,因此需要企业的战略和组织研究系统的支持。任务分析主要通过职位分析来进行,职位分析是人力资源管理的基础性的操作技术,它通过明确工作内容、业绩标准和任职资格要求来为培训需求分析提供基本的信息,从而使企业能够结合每个职位的具体工作特性和工作要求来确立分层分类的培训计划。而人员分析则需要建立在绩效管理体系和素质模型的基础之上,通过绩效考核,发现员工的工作绩效与组织期望之间的差距;另一方面,通过素质模型评价,找到员工能力上的不足与短板。两个方面相互结合就可以得到员工具体需要通过什么样的培训来提升自己的能力与业绩。

(2)培训与人力资源规划的关系

人力资源规划是预测未来组织任务和环境对组织的要求以及为完成这些任务与满足这些要求而提供人力资源的过程。组织结构的复杂性要求组织必须制定人力资源规划,因为它可以确保组织在发展过程中对人力资源的需求;能够有计划地在预测基础上调整人员在未来职务上的分布状态,可以有效地预测和控制人工成本。在大型组织中,人员的需求与供给、人员的晋升和补充、人员的培养与开发、薪酬的提升速度与成本控制、人员在组织中的有序运动,以及提供公平的管理等,不能盲目处理,必须进行有计划的指导,人力资源规划可以提供可靠的信息。

组织的人力资源规划应该是人力资源开发策略制定的基础和前提条件。通过组织的整体人力资源规划来确定培训开发的阶段性和层次性,确定重点对哪些人员、重点进行哪些内容的培训与开发,并确保与人员补充规划和晋升规划的连接性等。

(3)培训与人员招聘甄选的关系

在人力资源培训开发体系设计中,入职培训是其中非常重要的内容。通过入职培训,企业向刚刚进入组织的新员工灌输组织的文化与价值观,并使其了解组织的基本状况,传授职位的基本技能,这样便能使员工迅速地融入组织,减少进入陌生的组织环境所带来的冲击,提高员工整个职业生涯发展的质量。

从整个人力资源管理流程来看,入职培训是继招聘甄选之后的人力资源管理环节,同时,它是员工上岗的前提和基础。只有经过入职培训,在确保员工了解组织的基本情况,认同组织的文化,掌握基本的岗位技能的前提下,员工才能够高效地融入组织。

(4)培训与绩效管理体系的关系

绩效管理就是管理者和员工双方就目标及如何达到目标而达成共识,并增强员工成功地达到目标的管理方法。绩效管理是一个由绩效计划、绩效过程监控、绩效考核、绩效反馈和绩效改进等环节组成的一个完整的系统。绩效管理与人力资源培训体系的接口主要体现在绩效考核与绩效改进这两个环节。其中,绩效考核为培训需求分析中的人员分析提供了基本的数据和信息,另一方面,培训与开发作为员工绩效改进的重要手段和工具,为提升员工的绩效水平提供了重要的支撑。

本章精要

战略性培训就是将培训提升到战略层面,围绕组织的战略进行培训,它强调培训与组织的愿景、使命、价值观的协调一致,根据战略要求对员工进行培训,以顺利实现组织的战略目标。

在组织内部,有许多因素影响培训。既包括员工的工作角色、经理的工作角色,也包括一些组织特征的变量影响,如各经营单位间的整合度、公司全球经营状况、经理、雇员和人事部门员工对培训与开发活动的参与等。

不同组织发展战略对培训有不同的需求。集中战略的培训需求重点是团队建设、交叉培训、特殊培训项目、人际交往技能培训、在职培训;企业内部成长战略的培训需求重点是高质量的沟通、文化培训、培养创造性思维和分析能力、工作中的技术能力、对管理者进行的反馈与沟通方面培训等;外部成长战略的培训需求重点是联合培训系统、合并公司的方法和程序、团队建设;紧缩投资战略培训需求重点是领导技能培训、人际沟通培训、向外配置的辅助培训等。

人力资源培训与开发对企业生存与发展起着举足轻重的作用,人力资本已超过物质资本,成为最主要的生产要素和社会财富,成为社会经济增长的源泉。随着现代企业人力资源管理的系统化趋势越来越明显,企业的人力资源培训开发体系设计也越来越需要与其他人力资源管理职能模块对接,派特·迈克莱甘的"人力资源车轮"模型对此进行了深刻的描述。

复习思考

1. 什么是战略性培训?
2. 影响培训的因素有哪些?
3. 对应不同的公司战略,培训内容应如何选择?
4. 企业培训对企业核心竞争力有什么影响?
5. 企业培训与其他职能的关系是什么?

案例分析

思科系统公司的人力资源培训

思科系统公司(Cisco Systems Inc.)建造其王国的方式,是在过去六年半里有条不紊地兼并了 51 家公司。去年,它收购了一家生产光纤设备的公司 Cerent Corp,收购价格是 72 亿美元,是迄今为止最大的一项并购事项。

8 月 25 日下午,Cerent 公司的员工聚集在一个饭店的舞厅中。他们大多以为要宣布公司 IPO 计划的新消息,但 Cerent 公司的首席执行官鲁索先生向他的员工宣布的是思科公司收购了 Cerent 公司。员工们目瞪口呆,会场一片沉静,有些人认为从此要受排挤。

随后,鲁索先生公布了收购价格:1.445 股思科的股票兑换 1 股 Cerent 股票。全场的计算器飞速地打开:思科前一天的收盘价为 66.375 美元,粗算下来一股 Cerent 要值 96 美元。一个 27 岁的工程师到 Cerent 公司大约有 18 个月,他持有 3 万股 Cerent 股票,现在市值近 300 万美元。那位软件工程师罗伯逊先生持有更多的股份,他说:"我可以靠它生活了。"

当 Cerent 公司的员工还在为此欢庆的时候,思科公司的兼并同化专家吉哥格斯小姐立即开始工作。她和两个助手发给 Cerent 员工每人一个文件夹,其中有思科公司的基本资料,加上七个思科公司负责人的电话号码和电子邮件地址,以及共有八页的 Cerent 和思科两个公司的假期、医疗、退休等待遇的对照表。比如,思科公司每年发一副眼镜或隐形眼镜,而 Cerent 公司是两年发一次。两天之后,思科公司主持了几次对话会。目的都是为了减少 Cerent 员工的疑虑,全力投入工作。钱伯斯先生要求他们每个人都留下来工作,从而打消了他们的最大疑虑。同时鲁索先生告诉他们,没有他的同意,他们中没有任何人会被解雇或者工作做重大变换。还有,思科提高了工资,修改了各种费用补贴,甚至允许员工预约休假,这些条例在正常情况下是不会给予的。吉哥格斯小姐说:"我的基本准则是:要整体保留这些员工。"

金钱又起了作用。当思科的股票从 8 月 25 日的 68.625 美元上扬到周二的 132.187 5 美元时,一些持怀疑态度的人开始兴奋了。工程师帕特里克·加尔文(Patrick Garvin)是生产第一线的检查员,他在听到公司被收购的消息时曾感到"很羞辱",多少有些被出卖的感觉。三个星期后他说拥有思科的股票比 Cerent 公司的 IPO 可能要好得多。

Cerent 公司是思科收购的公司中比较大也是比较成熟的公司,因此两者的合并是一场挑战。Cerent 有 266 名员工,包括一个制造队伍和一个销售队伍,再加上产品和客户。在宣布并购后的六个星期内还有约 100 名其他员工进入思科。9 月 25 日,思科公司 23 人的合并班子与 Cerent 的各位负责人第一次聚会,作出了一些有关 Cerent 前途的重大决定。Cerent 将继续在一个以前不是为思科服务的工厂内生产它的产品。销售力量保持独立。Cerent 的销售人员仍然保持他们的账号,虽然思科的销售人员已统一在公司的同一账号上。

据 Best Practices 咨询公司的调查,一个公司在被收购后,总有三分之一的经理人员和重要的技术人员会离职而去。九月底,完成了对 Cerent 员工的工作安排。大多数人保持了工作和职位。销售人员的收入平均增长了 15% 到 20%,从而与思科的销售人员的收入相差不多。大约有 30 名员工重新分配了工作,原因是思科已经有人在干相同的工作。有 8 名员工同意调到有 90 英里远的思科总部工作。使 Cerent 一班人马感到惊奇的是,思科的一切方法都非常奏效。

兼并一年后,Cerent 公司的 400 名员工中只有 4 个人离开了公司,而公司正越来越兴旺。每星期的销售额已经翻了倍。今天来看这次收购是便宜的,因为光纤行业正被看好,而在宣布收购时,都认为价格高得惊人。

(资料来源:[美]雷蒙德·A·诺伊.雇员培训与开发.徐芳,译.北京:中国人民大学出版社,2001)

问题:

1. Cerent 公司的员工反应在宣布收购之时和收购之后是怎样的?

2. 思科系统公司在人力资源培训方面主要做了哪些事?

第3章　培训需求分析

学习目标

学完本章后,你应该能够:

1. 掌握培训需求和培训需求分析的内涵
2. 理解培训需求分析的流程
3. 掌握培训需求分析的信息搜集方法
4. 掌握培训需求分析方法

关键术语

培训需求　培训需求分析流程　信息搜集方法　培训需求分析方法

开篇案例

孙哲绩效下降的原因是什么

孙哲是某知名软件公司开发部的高级工程师,自1995年进入公司以来,表现十分出色,每次接到任务时总能在规定时间内按要求完成,并时常受到客户方的表扬。在项目进行时他还常常主动提出建议,调整计划,缩短开发周期,节约开发成本。但在最近的几个月里情况发生了变化,他不再精神饱满地接受任务了,同时他负责的几个开发项目均未能按客户要求完成,工作绩效明显下降。开发部新上任的方经理根据经验判断导致孙哲业绩下降的原因是知识结构老化,不再能胜任现在的工作岗位了,立即向人力资源部提交了《关于部门人员培训需求的申请》,希望人力资源部能尽快安排孙哲参加相关的业务知识培训,让孙哲开阔一下思路。人力资源部门接到申请后,在当月即安排孙哲参加了一个为期一周的关于编程方面的培训、研讨会。一周的培训结束后,孙哲回到公司的表现并没有任何改观。

人力资源部主动与孙哲进行了面对面的沟通,发现了问题的关键:孙哲对新上任的方经理的领导方法不满意,同时认为自己是公司的老员工,不论是工作能力还是技术能力都可以胜任部门经理的工作,但公司没有给他晋升的机会。导致孙哲工作绩效下降的真正原因是:与新任经理的关系不太融洽,并且认为自己没有得到晋升的机会,而不是知识结构的老化。

(资料来源:徐芳.培训与开发理论及技术.上海:复旦大学出版社,2005)

3.1 培训需求分析概述

3.1.1 培训需求

培训的目的是为了更好地完成组织的使命,而组织的使命对员工的能力有着特定的需求。员工现有的能力是否满足这样的需求? 如果不能满足就存在培训需求问题。因此,培训需求可以定义为特定工作的实际需要与任职者现有能力之间的差距。简言之,培训需求就是要求具备的能力减去现在已经具备的能力。

3.1.2 培训需求分析

早在 1961 年,麦基(McGehee)和泰勒(Thayer)等人就提出培训需求分析(Training Needs Analysis)的概念,他们所提出的是基于组织层面的培训需求分析,重点考查组织的战略、组织中的资源及资源配置状况。20 世纪 70 年代后,培训需求分析的内涵得到了进一步的发展与完善。针对"培训需求分析"的概念,国外的众多学者都有过相关的界定,其中比较有代表性的有:

凯瑟琳(Catherine M. Sleezer,1996)的定义是:培训需求分析就是由培训专业人员对培训需求进行排序,将进行培训所需的资源和实际可用的资源进行调整与匹配,从而设计出切实可行的培训方案。

斯蒂芬(Steven Cook,1994)认为培训需求分析主要是寻找理想的绩效标准与实际绩效表现之间的差距,它是人力资源开发的基础工作,是进行有效培训的前提条件,它有助于培训计划的顺利实施,同时也是衡量培训方案的标准。

切斯特(Chester Delaney,2002)认为培训需求分析是寻找组织中谁需要学习什么,以帮助其更好地完成工作,有助于提升组织绩效,并排列出培训需求的优先顺序。它是力求在对缺乏培训而可能引发的后果与通过培训改善现有业绩上建立的一种相关关系。

戴维・哈里斯和兰迪(David M. Harris & Randy L. DeSimone,2002)认为培训需求分析是明确组织目标,找出普通员工实际具备的技能和业绩与优秀员工所需具备的技能之间的差距、现有技能和未来能够使工作做得更好的绩效所需的技能之间的差异、掌握企业人力资源开发活动的情况的一个过程,它是企业人力资源开发与培训的起点。

综上所述,培训需求分析是整个培训有效进行的前提,也是制订培训方案的基础。它是指在需求调查的基础上,由培训主管部门、部门主管人员以及员工个人等采取各种方法与技术,对组织内部各部门及其成员的目标绩效与能力结构以及现有绩效和能力结构等进行比较分析,以确定是否需要培训、谁需要培训、何时需要培训、需要何种培训等的一种活动或过程。

3.1.3 培训需求分析的作用

培训需求分析的作用主要体现在以下四个方面。

(1) 保证培训工作的有效进行

首先,通过培训需求分析,可以明确企业需要培训的内容,是技术上的还是管理上的,是企业文化上的还是员工个人态度上的,等等。其次,培训需求分析可以使得培训做到量体裁衣,能根据员工的特殊需求来设计培训方案,这样可以使培训更有针对性。最后,有利于培训效果评估。通过需求分析,使得培训组织者对于目标有了更为清晰的了解,可以很清楚地确定出评估标准和指标。

（2）获得相关信息

通过培训需求调查,可以了解培训对象的全面信息。例如员工学历、年龄、岗位、兴趣等个人信息,这些信息对于更好地安排培训有很大帮助。还可以全面了解员工对培训的态度。如果员工认为没必要培训或者他们不需要某一方面的培训,那么他们的参训态度以及参训效果不仅不会很好,而且会影响整个工作的积极性。

（3）估算培训成本

通过培训对象、内容以及方案等调查分析,可以初步估算出整个培训的成本。这些成本主要包括人、财、物等培训要素的花费。另外,根据分析得出的有效需求,可以节约培训成本,保证每一个环节的有效性。

（4）有利于获得管理者的支持

通过培训需求分析,可以获得很多有价值的信息,这些信息对管理者制定政策有很大帮助,因此,有利于得到管理者的支持。

3.1.4 影响培训需求分析的因素

在培训需求分析过程中,往往会不可避免地受到各种因素的影响。这些因素可以分为常规性因素和偶然性因素。

常规性因素,是指在确定培训需求时需要考虑的一般性因素,主要包括社会发展环境、组织战略和使命、同类组织培训情况、员工个人职业生涯设计、员工考核与评价,以及组织资源状况对培训需求的限制。这些因素是在分析、决定培训需求时必须考虑的因素,只有将培训需求与这些因素结合起来,才能保证培训有效、顺利地进行。例如,如果培训内容与员工个人职业生涯规划相悖,则可能导致培训工作不顺利。

偶然性因素,是指由特殊事件影响培训需求的因素,主要包括新员工加入、职位变动、员工绩效下降、顾客投诉增加、发生生产事故、技术水平提高、生产设备更新等。这些事件的依次发生或者突然发生都是培训需求的标志,也是决定培训需求的指标之一。

3.2 培训需求分析的流程

3.2.1 前期工作准备

在进行培训需求分析之前,培训管理者要做一些准备工作,为下一步的培训需求分析工作打好基础。准备工作包括三个方面。第一,收集员工资料,建立员工培训资料库。员工资料应当包括培训档案,员工的人事变动情况,绩效考核资料,个人职业生涯规划以及其他相关资料等。员工培训资料库可以帮助培训管理者很方便地寻找员工的背景资料,为员工的个人培训需求分析提供材料。第二,及时掌握员工的现状。培训部门的职责相对于其他业务部门来讲,更像是提供服务的部门。培训管理者应当把培训对象看做是服务对象,及时掌握服务对象的动态,才能更准确及时地提供有效培训。因此,培训管理者要和其他业务部门保持密切联系,及时更新和补充员工培训资料库。第三,建立收集培训需求信息的通道。培训管理者为了及时掌握员工的培训需求,就必须建立起通畅有效的培训信息交流通道。例如,可以通过建立"培训信箱"、"培训信息公告牌"、制定"培训申请规定"等方式与员工和部门交流培训信息。有条件的公司还可以利用公司内部网络搭建培训信息交流平台,更方便快捷。第四,做好分析前动员。从培训需求分析到培训实施,再到培训效果评估,是一个随时与员工沟通的过程。因此,每一步都要做好沟通工作。为了保证培训需求调查得出的结果的真实性与完整性,要做好调查前的动员,让员工了解到此培训的重要性、此需求调查对于他们的好处等,这样培训需求调查才能成功。

3.2.2 制定培训需求分析计划

在正式开展培训需求分析之前,培训管理者有必要制定一个培训需求分析计划。计划应当包括培训需求分析工作的目标、时间进度、分析方法、责任人员、各项具体工作在执行时可能会遇到的问题及应对方案、应当注意的问题等。

3.2.3 开展培训需求调查

有效开展培训需求调查是确定培训需求的前提。培训需求调查即通过一系列的方法和渠道全面、公正、客观地收集与培训主题相关的需求信息。这就要求调查者明确调查对象、调查方法和渠道以及调查主题等。与此同时,也可以对培训对象、培训方式、培训时间、地点等做一些相关调查。培训需求调查既可以由企业高层管理者、培训主管等发起,也可以通过部门自我申报等形式来收集需求信息。

3.2.4 分析总结培训需求数据

调查所获得的培训需求信息,往往会受到外在或内在因素的影响而真伪共存。因此,培训管理者需要对收集来的培训需求信息进行数据分析,加以鉴别。同时,由于组织的培训资源有限,不可能满足所有的培训需求,因而也需要培训管理者对培训需求做优先程度的排序,加以取舍。这一阶段的工作包括:把收集到的信息进行分类、归档和分析总结,从中找出培训需求。这里要注意处理好个别需求和普遍需求、当前需求和未来需求之间的关系,结合组织的实际情况,根据培训需求的重要程度和紧迫程度对各类培训需求排序。

3.2.5 撰写培训需求分析报告

培训需求分析报告是培训需求分析工作的成果表现。它的目的在于对培训需求做出解释和评估结论,并最终确定是否需要培训和培训什么。因此,培训需求分析报告是确定培训目标、制定培训计划的重要依据和前提。

【实践启迪】

培训需求分析报告的内容

1. 报告提要。简明扼要介绍报告的主要内容。
2. 实施背景。阐明产生培训需求的原因,说明培训需求的意向。
3. 目的和性质。说明培训需求分析的目的,总结以前培训需求分析的缺陷。
4. 实施方法和过程。介绍培训需求分析所使用的方法和具体的实施过程。
5. 培训需求的分析结果。阐明通过培训需求分析得到了什么结论。
6. 分析结果的解释、评论。论述培训的理由、培训方法的经济性、可以采取哪些措施改进培训以及培训是否充分满足了需求。
7. 附录。分析中用到的图表资料。

3.3 培训需求信息的搜集方法

培训需求信息的搜集方法有很多,主要包括观察法、问卷法、访谈法、关键事件法等。每种方法都有其适用的情形和优缺点。当组织进行培训需求信息搜集的时候,通常不会只是使用一种方法,而是会针对组织内不同职位,综合使用多种方法,以求全面、客观地搜集到培训需求信息。

3.3.1 访谈法

(1) 概念

访谈法是通过与被访谈人进行面对面的交谈来获取培训需求的信息的一种方法。培训需求的分析可以通过与企业管理层面谈,了解组织对人员的期望;也可以与有关工作负责人面谈,从工作角度了解需求。访谈法是经常使用的信息收集方式之一,它的形式应根据对象与内容的不同而灵活变化。它可以是正式的或非正式的,结构性的或非结构性的,或者两者兼而有之。访谈对象既可以是单个个体,也可以是某个特定群体,如董事会、委员会等。可以在工作现场进行,也可以在远离工作场合的任何方便之处进行。可以采用面对面的方式,也可以采用打电话等其他方式。

(2) 优缺点

访谈法的优点:

① 有利于发现培训需求的具体问题及问题的原因和解决办法。

② 为调查对象提供最大的自然阐述其观点和主张的机会(尤其是在无限制、非指令方式采访时)。

访谈法的缺点:

① 一般费时较多。

② 整理任务繁重,分析难度大,且多为定性材料,很难将其量化。

③ 需要水平较高的访问者,否则容易使被访谈者紧张、不自然而影响所得信息的真实性、可靠性。

（3）访谈法的实施步骤

① 确定访谈方式和选取受访者。

② 设计访谈提纲。无论是哪一种形式的访谈，一般在访谈之前都要设计一个访谈提纲，明确访谈的目的和所要获得的信息，列出所要访谈的内容和提问的主要问题。

③ 正式访谈。正式访谈开始，访谈人首先要与受访者建立一定的信任关系。访谈法收集资料的主要形式是"倾听"。"倾听"需要特别遵循两个原则：不要轻易地打断对方和容忍沉默。另外，访谈过程中，访谈人还要通过恰当的提问来获取所需资料。提问在表述上要求简单、清楚、明了、准确，并尽可能地适合受访者。访谈人还要及时做好访谈记录。

④ 访谈结束。访谈结束后，访谈人要及时对访谈记录作出整理，撰写访谈报告。另外，要总结自己在访谈中的得失，以期下次访谈做得更好。

3.3.2 观察法

（1）概念

观察法是培训者亲自到员工工作岗位上去了解员工的具体情况。可以观察员工工作表现，从而发现问题，获取信息数据。观察法一般是在非正式的情况下进行的，否则易造成被观察者的紧张和不适应。观察法比较适用于操作技术方面的工作，对于管理类工作也具有一定的帮助价值，但却不适于技术开发（无明显的外部行为特征，主要以内隐方式完成工作）、销售（成本过高，可行性差）等工作。由观察法得到的结果一般都是表面的，要想得到真正有效的结果，还必须与其他方法配合使用，才能收到良好的效果。第一：进行现场观察，应不干扰工作者的正常工作，应注意隐蔽。第二：采用观察法的人员必须对要进行观察的员工所从事的工作有深刻的了解，知道其行为标准。运用观察法，首先要对所需信息做到胸有成竹，然后决定通过观察谁来获得所需信息。为了取得良好的观察效果，应该设计一份观察记录表，用来核查各个要了解的细节。

（2）优缺点

观察法的优点：

① 最大限度地减少日常工作或群体行为的干扰。

② 所得的资料与实际培训需求之间相关性较高。

③ 当与反馈步骤相结合时，在观察者与被观察者的推断之间提供了对照物。

观察法的缺点：

① 只能在工作时收集资料，造成一定的局限性。

② 观察者个人成见对观察结果影响较大。

③ 观察者必须十分熟悉被观察对象所从事的工作程序及工作内容。

④ 观察对象有可能把观察活动误认为"间谍行为"。

⑤ 在进行观察时，被观察对象由于意识到自己被观察而可能故意做出种种假象，这会加大观察结果的误差。

（3）观察法的实施步骤

① 确定观察对象。

② 了解观察对象的基本情况，为观察研究顺利进行提供背景性资料。

③ 编制观察记录表。根据观察目的和观察对象的特点编制相应的观察记录表,使得观察更为有效,所获得资料更详尽。

④ 记录观察资料。既要记录表中所列的内容,也要记录那些突发的但没在记录表中列出的事件。

⑤ 分析资料。整理原始记录,分析观察结果,撰写观察报告。

3.3.3　问卷调查法

(1) 概念

问卷调查法是当今收集培训需求资料最流行且最有效的方式之一。问卷调查法是以标准化的问卷形式列出一组问题,要求调查对象就问题进行打分或进行是非选择、程度选择。在进行问卷调查时,问卷的编写尤为重要。

(2) 优缺点

问卷调查法的优点:

① 灵活的形式和广泛的应用面。

② 可在短时间内收集到大量的反馈信息。

③ 成本较低。相对于面谈和调研等形式,可投入较少的时间、人力和资金。

④ 自主性。填写者可以随时随地在有时间的情况下完成,而培训部门不必投入大量人力进行控制、解释和管理。

⑤ 无记名方式可使调查对象畅所欲言。

⑥ 所得到的信息资料比较规范,容易分类汇总处理。

⑦ 所得结果相对比较客观,因为是在标准条件下进行的。

问卷调查法的缺点:

① 针对性太强,无法获得问卷之外的内容。问卷是统一模式,缺乏个性发挥空间,不能照顾到每一个回答者的特性。

② 需要大量的时间和特定的技术,例如,问卷设计技术和统计分析技术。

③ 深度不够。因问卷的简明性而不适用于探索深层次、较详尽的问题。

④ 易造成低回收率,夸大性回答,无关性回答和不适当的回答等问题。当回答者需要通过邮寄等较麻烦的形式返回问卷,或者当回答者对题目不感兴趣或者设计说明不清晰都可能造成较低的返回率。

⑤ 很多人不愿意提供太具体的回答,因此很难收集到问题产生的原因和解决问题的方法。

【实践启迪】

某公司技术工人培训需求调查问卷

第一部分:基本情况

年龄:　　　　　　　　　　　性别:

目前的工种:　　　　　　　　技术等级:

在本公司工作年限:　　　　　从事本工种年限:

第二部分:培训需求

请您在与您观点相符的项目括号内打"√"

1. 培训对帮助我做好工作非常重要：

　　同意（　　　） 中立（　　　） 不同意（　　　）

2. 培训对个人发展很有帮助：

　　同意（　　　） 中立（　　　） 不同意（　　　）

3. 总体说我接受的培训不够：

　　同意（　　　） 中立（　　　） 不同意（　　　）

4. 以往参加培训的原因：

　　自己主动提出（　　　） 领导指派（　　　）

5. 请说明您近两年参加培训的情况：

6. 您目前在工作中遇到哪些问题和困难：

7. 您希望通过学习哪些课程和知识来帮助解决您目前的困难：

8. 您目前工作中主要压力来源于：

　　技术水平跟不上（　　） 活儿很难干（　　）

　　活儿太多干不完（　　） 零件差，质量很难把握（　　　）

9. 如果利用业余时间开展技能培训您愿意参加吗？

　　非常愿意参加（　　） 不愿意参加（　　）

　　短期业余时间培训愿意参加，如果占用过多业余时间就不愿意参加（　　　）

10. 希望学到的主要方面：

　　与工作相关的基本知识和原理，具体操作技巧工作中可摸索（　　　）

　　与工作相关的操作技巧，基本知识和原理作用不太大（　　　）

　　基本知识原理和操作技巧两个方面相结合（　　　）

其他方面：

11. 希望得到的培训方式：

　　配高水平的老师传授（　　） 送出去集中时间参加学习（　　）

　　就工作中普遍问题难点请教师来公司讲授（　　）

　　公司内按高级技校课程设置要求，系统培训（　　）

12. 就本公司知识型技术工人培训工作的建议：

（3）问卷调查法的实施步骤

① 确立调查对象。

② 列出希望了解事项的清单。

③ 设计封闭式问题和开放式问题形成问卷。

④ 对问卷进行编辑，并最终成文。

⑤ 请别人检查问卷，并加以评价。

⑥ 在小范围内对问卷进行模拟测试，并对结果进行评估。

⑦ 对问卷进行必要的修改。

⑧ 发放问卷，实施调查。

⑨ 对问卷进行回收并做统计分析，得出结论，撰写报告。

3.3.4　档案资料法

（1）概念

档案资料法是指利用组织现有的有关组织发展、职位工作和工作人员的文件资料来综合分析培训需求。组织系统数据通常包括组织发展规划文件、人力资源规划文件、人力资源信息等，组织的总体培训方案就得利用这些资料。员工的培训需求，可以利用工作分析文件、工作日记表、人事档案、会计记录、项目报告等资料进行分析，把工作分析文件对任职资格的规定与各项记录中反映出来的员工的实际情况作一比较，由此确定员工的培训需求。

（2）优缺点

档案资料法的优点如下：

① 成本很低，且便于收集，归类齐全。

② 耗费的时间少，资料都是现成的。

③ 资料的质量一般都很高，真实性、准确性好。

档案资料法的缺点如下：

① 资料一般都表示的是过去的状况，对现在和将来的情况一般很少涉及。

② 资料不能直接显示造成问题的原因和解决问题的办法。

③ 要从技术性很强、纷杂的原始材料中整理出明确的模式和趋势，需要技术熟练的分析专家。在这一点上需要耗费人力、物力。

（3）档案资料法的实施步骤

① 确立调研问题。

② 搜集相关档案资料。

③ 资料分类整理，并进行分析总结。

④ 撰写调查报告。

3.3.5　测验法

（1）概念

测验法是指用一套标准的统计分析量表，对各类人员的知识熟练程度、观念、素质等进行评估。根据评估结果，确定培训需求。

（2）优缺点

测验法的优点如下：

① 能够容易知道问题形成的原因。

② 结果容易量化与比较，哪里有问题或者哪个员工不行，通过比较就一目了然。

测验法的缺点如下：

① 如果测验的项目数量少，则有效程度有限。

② 测试项目数量多，则费时费力。

③ 需要专家来进行项目设计，否则可能效果不佳。

（3）测验法的实施步骤

① 确立测验对象。

② 选择统计量表。

③ 实施测验。

④ 对测验进行总结,撰写报告。

3.3.6 关键事件法

(1) 概念

关键事件法是指通过对组织目标起关键性积极或消极作用的事件进行分析来确定培训需求的一种方法。当组织内部或外部发生对员工或客户影响较大的事件时,往往采用这种方法来收集培训需求信息。确定关键事件的原则是,工作过程中发生的对组织绩效有重大影响的特定事件,如系统故障、获取重要大客户、重要大客户流失、产品交货期延迟或事故数量过高等。

(2) 优缺点

关键事件法的优点:

① 能够很容易判断问题能否由培训来解决。

② 易于分析和总结,容易抓住产生问题的根本原因。

关键事件法的缺点:

① 虽然发生的是关键事件,但它具有偶然性。

② 易造成以偏概全,并且有将一般事件误判成关键事件的问题。

(3) 关键事件法的实施步骤

① 识别岗位关键事件。

② 识别关键事件后,调查人员应记录以下信息和资料:a. 导致该关键事件发生的前提条件是什么? b. 导致该事件发生的直接原因和间接原因是什么? c. 关键事件的发生过程和背景是什么? d. 员工在关键事件中的行为表现是什么? e. 关键事件发生后的结果如何? f. 员工控制和把握关键事件的能力如何?

③ 将上述各项信息资料详细记录后,可以对这些信息资料作出分类,并归纳总结出相应的培训需求,撰写调查报告。

表 3-1 对各种信息搜集方法作出了比较。

表 3-1　培训需求信息收集方法比较

方　法	被培训者参与程度	管理者参与程度	分析过程耗时程度	培训需求分析成本	分析过程量化程度
访谈法	高	低	高	高	中
观察法	中	低	高	高	中
问卷调查法	高	高	中	中	高
测验法	高	低	高	高	高
档案资料法	低	中	低	低	高
关键事件法	高	低	中	低	高

(资料来源:赵曼. 人力资源开发与管理. 北京:中国劳动社会保障出版社,2002)

3.4 培训需求分析的方法

3.4.1 Goldstein 模型

20 世纪 80 年代，I. L. Goldstein、E. P. Braverman、H. Goldstein 三人经过长期的研究将培训需求评价方法系统化，指出培训需求评价应从三个方面着手，即组织分析、任务分析和人员分析，如图 3-1 所示。

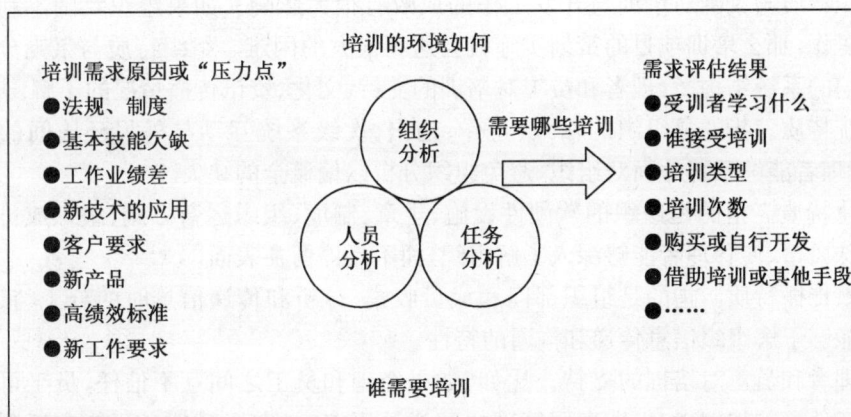

图 3-2 Goldstein 模型图

（1）组织分析

培训需求的组织分析主要通过对组织的目标、资源、特点、组织氛围、环境等因素的分析，准确地找出组织存在的问题和问题产生的根源，以确定培训是否是解决这类问题的最有效的方法。一般而言，组织分析主要从以下几个方面入手：

① 组织战略目标分析

组织目标和战略规划是评价组织绩效的重要标准。明确、清晰的组织目标既对组织的发展起决定性作用，也对培训项目的设计与执行起决定性作用。因此在进行培训需求分析前，必须充分了解组织目标和战略规划。那些实现了组织目标的领域也许不需要培训，但那些没有达到组织目标的领域则需要进行深入的分析，并采取相应的人力资源培训计划或管理方面的干预措施，使培训项目目标与组织目标一致。比如，实行紧缩性经营战略的企业会比实行其他战略目标的企业更看重诸如重新寻找工作的技能方面的培训。

② 组织资源分析

在分析培训需求时，了解组织的资源条件非常有必要。明确可被利用的组织资源才可以确立培训的目标。组织资源分析包括对组织的资金、时间、人力等资源的描述。

资金。组织所能够提供的经费将影响培训的范围和深度。

时间。对组织而言，时间就是金钱，培训是要一定时间的，如果时间紧迫或安排不当,极有可能使得培训达不到预期的效果,造成资源浪费。

人力。对组织人力状况的了解非常重要,这是决定是否需要培训的关键因素。人力状况包括:工作人员的数量、工作人员的年龄、工作态度、技能水平、知识水平、工作绩效等。

此外,知识资源条件,比如组织的设施、现有的相关资料以及组织内部的专业力量也会影响培训的开展。可利用的资源数量会在一定条件上限制培训与开发工作的开展,以及影响各种培训需求的优先次序。

③ 组织特质与氛围分析

组织特质与氛围对培训与开发工作的成败有很大影响。如果组织氛围不利于培训与开发工作,那么培训项目的策划实施就会遇到很大的困难。组织特质与氛围分析主要是对组织的系统结构、管理者和员工对培训的支持、文化、资讯传播情况的了解。

系统特质。指的是组织的输入、运作、输出、次级系统互动与外界环境间的交流特质,使管理者能够系统地面对组织,避免组织分析以偏概全的缺失。

文化特质。指的是组织的软硬件设施、规章、制度、组织运营方式、组织成员待人处世的特殊风格,使管理者能够深入了解组织,而不是停留在表面。

资讯传播特质。指的是组织部门和成员收集、分析和传递信息时的分工与运作,使管理者能够了解组织信息传递和沟通的特性。

管理者和员工对培训的支持。比如,如果经理和员工之间互不信任,员工可能无法全心全意地参加培训;如果中高层管理之间意见不统一,中层管理者可能会抵制培训或不予以全面的配合,从而使培训的成本增加,效果减弱。

④ 外在环境限制

外在的环境限制条件包括组织面对的法律、社会、政治、经济问题。这些外界因素会影响对某些培训的需求。例如,法律规定要保障弱势群体的工作权利,组织就要针对弱势群体员工实施必要的培训,促进其能力的发展。同样,市场竞争的激烈程度,也可能对人力资源开发产生影响,因为组织有时必须精简部分员工,以节约人工成本。为此,组织就有可能需要对在职员工进行培训,使之完成那些被精简下来的员工先前的工作,以应付组织突发的员工减少带来的风险。

除上述要素外,组织结构、业务流程也是组织分析考虑的因素。另外,下面的实务指南里,提供了一些组织分析的信息来源。

【实务指南】

组织分析的信息来源

一级要素	关键因子	信息来源	采集方法
组织目标	战略目标	公司战略规划	档案资料分析
	年度目标	公司年度经营计划	档案资料分析
	年度培训目标	公司人力资源年度计划	档案资料分析
	发展阶段	战略规划,访谈结果	档案资料分析、访谈

续表

一级要素	关键因子	信息来源	采集方法
组织资源	人事信息	人力资源部数据库	档案资料分析
	组织设施	行政部	档案资料分析
	培训预算经费	财务计划	档案资料分析
组织氛围	企业文化	人力资源部	档案资料分析、访谈
	员工满意度	员工培训满意度问卷	问卷调查
外部环境	市场培训信息	培训机构网站、报纸杂志	信息检索
	国家政策	网站、政策文件	档案资料分析
	竞争对手	行业协会等	信息检索

（2）任务分析

任务分析是指系统地收集关于某项工作或者工作组信息的方法，其目的是明确要达到的最优绩效，确定重点的工作任务以及从事该项工作的员工需要学习的内容，还有影响员工工作绩效的阻碍因素。任务分析主要有以下五部分内容组成：

① 工作分析

工作分析是现代组织实现管理科学化、制度化的最基础的工作。通过对一项工作进行系统的工作信息收集和分析，掌握它的主要任务和职责，以编制工作说明书。由于在本书中，工作分析的目的是为更有效地进行培训需求分析，因此在工作说明书中应重点关注任职资格和绩效标准的信息。在分析的过程中，除了工作说明书提供的信息以外，仍有必要对实际的工作操作进行观察，这样可以使分析人员对工作包含的任务和员工的实际工作条件有更清楚的认识。

② 确定绩效标准

绩效标准是衡量一项工作中什么任务是应该做的，如何去做以及任务完成时应达到什么样的结果。绩效标准的确定来源于工作分析中任务的评价，通常运用关键事件法来收集信息。它是分析任务的任职资格的基础，是分析实际绩效与理想绩效差距的依据，对有效的培训需求分析有着至关重要的作用。

③ 明确任职资格

任职资格是员工必须具有的知识、技术、能力、态度以及其他素质组成，人力资源开发必须确定每项工作的任职资格条件，因为这些是员工在培训中必须发展和学习的。有效获取员工所必备的基本技能和认知能力的信息，对于培训需求分析具有重要价值。

④ 可行性分析

可行性分析的对象是与该工作的任职要求相对应的知识、技术、能力和其他要素。因为并不是所有的要素都适合用培训的方式去实现或改善，有时候要使任职者掌握或是具备某些要素，采用其他的方式可能比培训更加有利于实现。可行性分析的重点就在于区分哪些是需要培训的要素，哪些是无需培训的要素，从而决定培训项目中应该包括哪些知识、技术、能力的要素的内容。为了使结果更具科学性、合理性，可行性分析需要从工作任务的多个维度进行全面的评估。

⑤ 需求程度排序

需求程度排序是指对具有培训可行性的知识、技术、能力及其他要素进行需求的优先程度排序。方法是根据上一步骤的结果,对具有培训可行性的要素按照重要性进行排序,然后计算各要素的培训需求程度,由此得到培训需求的优先排序。在进行需求程度排序时,要充分考虑未来所发生的工作变化,因此,应有一定的前瞻性,从而减少组织在不断发展过程中衔接或过渡出现的问题。

【实务指南】

任务分析的信息来源

任务分析内容	信息来源	采集方法
工作分析	工作说明书	档案资料分析
	任职者及其上级	访谈
明确绩效标准	绩效考核方案	档案资料分析
	工作说明书	档案资料分析
明确任职资格	工作说明书中的任职资格要求	档案资料分析
	任职者上级、任职者	访谈
	招聘档案	档案资料分析
	绩效考核方案	档案资料分析
需求可行性分析	分析维度权重	访谈
	任务分析的需求要素可行性分析	访谈
	调查表	问卷调查
需求优先排序	培训需求优先排序调查问卷	问卷调查、访谈
	员工业绩档案	档案资料分析
	工作记录	观察法
	工作测试结果	测验法

（3）人员分析

人员分析主要是通过分析工作人员个体现有状况与应有状况之间的差距,来确定谁需要和应该接受培训以及培训的内容。人员分析过程中的一项重要工作是针对员工个人的绩效评估。绩效评估是进行人员分析的一个非常有价值的信息来源。绩效评估模式如图 3-2。

该模型分以下几个步骤:

① 进行全面准确的绩效评估,获取现有资料。

② 确认员工行为、特质与理想的绩效标准之间的差距。

③ 确认差距的成因。

④ 选择合适的措施消除差距。

⑤ 经过干预措施实施后,反馈到第一步重新评估。

绩效评估操作模型有一定的用途,但需要注意的是对绩效评估的结果并非是准确无误的和全面的。由于评估方法使用错误或产生误差,许多评估结果都会出现问题。导致绩效差距的因素很多,必须发掘真正的原因。因此,在寻找绩效差距的原因时,可能既要考虑从组织分析、任务分析中得到的信息,又要考虑员工技能或能力测验反馈结果。尽可能综合考虑是绩效评估所必须的。

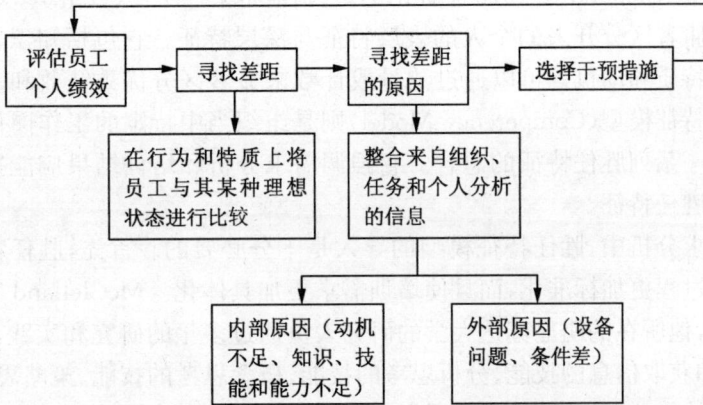

图 3-2　人员分析绩效评估模型

3.4.2　培训需求差距分析模型

培训需求差距分析模型是由美国学者汤姆. W. 戈特提出的,如图 3-3 所示。该模型通过对"理想技能水平"和"现有技能水平"之间关系的分析来确认培训需求。模型表明,只要"理想状态"形成,"现实状态"便会与之构成差距——包括现有知识程度与希望达到的知识程度之间的差距,现有能力水平与希望达到的能力水平之间的差距,现有认识、态度水平与希望达到的认识、态度水平之间的差距,现有绩效与预期的绩效之间的差距,已经达到的目标与要求达到的目标之间的差距,现实中的劳动者素质与理想中的劳动者素质之间的差距等等。随之,以差距的形成而产生"培训需求"。

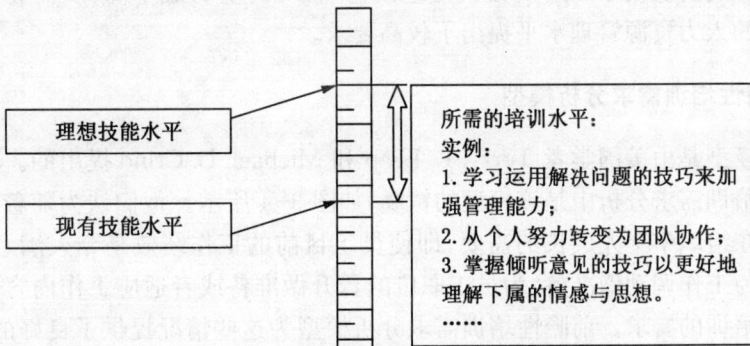

图 3-3　培训需求差距分析模型

应该说,培训需求差距分析模型较好地弥补了 Goldstein 模型在人员分析方面存在的操作性不强的缺陷。然而,我们同样可以看到,该模型未能对企业战略和培训需求的影响给予足够的关注。

3.4.3 胜任特征模型

确定特定职务的胜任特征(Competency)是培训需求评价的新趋势之一。胜任特征这一概念是由 McClelland 于 1973 年提出的,它指能将某一工作(或组织、文化)中表现优异者与表现平庸者区分开来的个人的表层特征与深层特征。它包括知识、技能、社会角色、自我概念、特质和动机等可以通过测量或计数来显著区分优秀绩效和一般绩效的个体特征。胜任特征模型(Competency Model)则是组织当中特定的工作岗位所要求的与高绩效相关的一系列胜任特征的总合。它强调需求分析和培训结果应能提高受培训者对未来职务的胜任特征。

在培训需求分析中,胜任特征模型的导入是十分必要的。首先,胜任特征的可测量性可以使分析过程更加标准化,而且使培训需求更加具体化。McClelland 特别强调对胜任特征的测量,他所在的明尼苏达大学的研究人员通过多年的研究和实践,提出了 20 多种胜任特征,如获取信息的技能、分析思考的技能、概念思考的技能、策略思考的技能、人际理解和判断技能、帮助或服务定向的技能、对他人的影响技能、对组织的知觉技能、建立和管理人际关系的技能、发展下属的技能、指挥技能、小组工作和协作技能、小组领导技能等等。这些胜任特征的提出,对于改进培训需求评价的内容结构设计有重要的价值。其次,该模型较好地弥补 Goldstein 模型在任务分析方面存在操作性不强的缺陷,它有助于描述工作所需的行为表现,以确定员工现有的素质特征,同时发现员工需要学习和发展哪些技能。模型中明确的能力标准,也使组织的绩效评估更加方便。第三,胜任特征模型也使员工能容易理解组织对他的要求,建立行动导向的学习。

然而,与差距分析模型一样,该模型同样未能足够重视企业战略对培训需求的影响。企业经营战略的变化会产生新的胜任特征需求或改变原有的胜任特征要求,给企业员工培训需求的带来变化。另一方面,由于胜任特征是个复杂的概念,某项工作所需胜任特征的确定需要长时间的资料积累以及丰富的专业经验来判断,因此,建立胜任特征模型要求相当专业的访谈技术和后期分析处理技巧,且耗时费力成本高,从而导致该模型的运用对企业的人力资源管理水平提出了较高要求。

3.4.4 前瞻性培训需求分析模型

前瞻性模型是由美国学者 Terry. L. Leap 和 Michael. D. Crino 提出的。将"前瞻性"思想运用在培训需求分析中是该模型的精髓,如图 3-4 所示。他们认为随着技术的不断进步和员工在组织中个人成长的需要,即使员工目前的工作绩效是令人满意的,也可能会因为需要为工作调动做准备、为员工职位的晋升做准备或者适应工作内容要求的变化等原因提出培训的要求。前瞻性培训需求分析模型为这些情况提供了良好的分析框架,在确定员工任职能力,跟进个人职业发展方面极有实用价值。

然而,该模型的"前瞻性"只关注员工的未来发展,忽视了企业的发展需求,因此根据

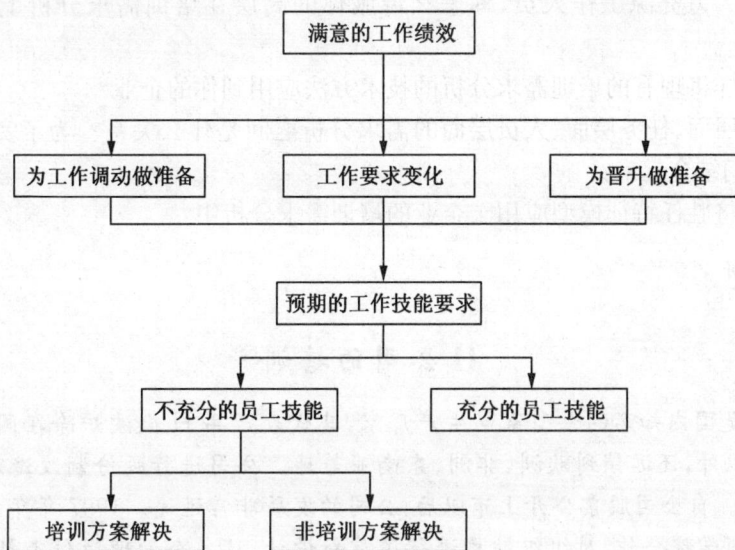

图 3-4　前瞻性培训需求分析模型

模型得到的需求结果未必都能与组织战略与业务发展要求相适应,模型的设计存在着与企业战略目标相脱节的问题。如果企业因缺乏明确战略规划,直接依据企业战略规划书或经营管理报告等企业文献得出前瞻性的实质内容,这种风险将更大。

本章精要

　　培训需求可以定义为特定工作的实际需要与任职者现有能力之间的差距。简言之,培训需求就是要求具备的能力减去现在已经具备的能力。培训需求分析是指在需求调查的基础上,由培训主管部门、部门主管人员以及员工个人等采取各种方法与技术,对组织内部各部门及其成员的目标绩效与能力结构以及现有绩效和能力结构等进行比较分析,以确定是否需要培训、谁需要培训、何时需要培训、需要何种培训等的一种活动或过程。

　　培训需求分析的作用主要体现在四个方面:(1)保证培训工作的有效进行。(2)获得相关信息。(3)估算培训成本。(4)有利于获得管理者的支持。在培训需求分析过程中,往往会不可避免地受到各种因素的影响。这些因素可以分为常规性因素和偶然性因素。

　　培训需求分析的流程包括:前期工作准备、制定培训需求分析计划、开展培训需求调查、分析总结培训需求数据、撰写培训需求分析报告。

　　培训需求信息的搜集方法有很多,主要包括访谈法、观察法、问卷调查法、档案资料法、测验法、关键事件法。培训需求分析的方法包括 Goldstein 模型、培训需求差距分析模型、胜任特征模型、前瞻性培训需求分析模型。

复习思考

　　1. 培训需求分析对培训项目的成功设计和实施的重要意义是什么?

2. 作为人力资源工作人员,你怎么说服你的高层在培训需求分析上投入时间和资金?

3. 你怎样将现有的培训需求分析的技术方法应用到你的企业?

4. 组织层面、任务层面、人员层面的需求分析之间是什么关系? 为了实现企业的目标怎样将它们结合起来?

5. 如何将胜任特征模型应用于企业的培训需求分析中?

案例分析

H 公司的培训

H 公司是国内知名的大型家电生产厂家,其代表产品 H 微波炉除在国内市场上占有很大份额以外,还远销到欧洲、非洲、东南亚等地。公司进行股份制改造后,现有人员 3 400 人左右。自公司股票公开上市以后,公司的发展非常迅速。1997 年年底,公司与中国科技大学商学院合作,对组织结构进行了重新设计,从各个管理岗位上精简了 200 多人,使得企业机构更加富有效率。1998 年,公司又与中国科技大学商学院合作,研究公司下一步人员培训该如何做的问题,其目的是将公司建成学习型组织,将公司的发展建立在人员素质的普遍提高之上。因为目前国内微波炉行业的竞争已经白热化,几家大型微波炉厂家竞相角逐,如何在未来获得竞争优势,是每个微波炉厂家都面临的课题。公司在进行 ISO 9001 认证前后已进行了多年的培训,并对部分管理人员进行了 MBA 的课程培训,但公司总感到已有的培训效果不理想,培训总是缺乏主动性,常常跟着业务变化及公司大的决策变动而变化,计划性较差,随时性和变动性很大,而且公司也感到将来竞争优势的取得要依靠人员素质的大幅度提高,同时在公司的经营与发展中也遇到了一些现实的问题,希望能通过培训加以解决。鉴于此,公司决定开展为期 3 年的公司全员大培训。

(资料来源:http://wenku.baidu.com/view/133ba5757fd5360cba1adb9b.html)

问题:

如果你是该公司人力资源部门负责人,结合本章所学知识说明你将如何解决该公司的培训问题。

第4章 培训项目设计与实施

学完本章后,你应该能够:

1. 理解培训目标的内涵
2. 掌握培训计划的制定方法
3. 掌握培训课程的设计方法
4. 掌握培训师甄选与培养的方法
5. 理解培训项目实施的过程

关键术语

培训目标 培训计划 培训课程设计 培训师 培训项目实施

开篇案例

五月花公司的培训

五月花制造公司是美国印第安纳州一家生产厨具和壁炉设备的小型企业,大约有150名员工,博比是这家公司的人事经理。这个行业的竞争性很强,五月花公司努力使成本保持在最低的水平上。

在过去的几个月中,公司因为产品不合格问题已经失去了3个主要客户。经过深入的调查,发现次品率为12%,而行业平均水平为6%。副总裁提米和总经理考森在一起讨论后认为问题不是出自工程技术上,而是因为操作员工缺少适当的质量控制培训。考森使提米相信实施一个质量控制的培训项目将使次品率降低到一个可以接受的水平上,然后接受提米的授权负责设计和实施操作培训这一项目。提米很担心培训课程可能会引起生产进度问题,考森强调说培训项目花费的时间不会超过8个工时,并且分解为4个单元、每个单元2小时进行,每周实施1个单元。

然后,考森向所有一线主管发出了一个通知,要求他们检查工作记录,确定哪些员工存在生产质量方面的问题,并安排他们参加培训项目。通知还附有一份讲授课程的大纲。在培训设计方案的最后,考森为培训项目设定了培训目标:将次品率在6个月内降低到6%。

培训计划包括课程、讨论、案例研讨和一部分电影。在准备课程时,教员把讲义中的大部分内容印发给每个学员,以便学员准备每一章的内容。在培训过程中,学员花费了相当多的时间来讨论教材中每章后面的案例。

由于缺少场所,培训被安排在公司的餐厅中举办,时间安排在早餐与午餐之间,也就是餐厅的工作人员清洗早餐餐具和准备午餐的时间。

本来每个培训单元应该有大约50名员工参加,但是平均只有30名左右出席。在培训过程中,很多主管人员向考森强调生产的重要性,有些学员对考森抱怨说,那些真正需要在这里参加培训的人已经回到车间去了。

考森认为评价这次培训最好的方法是看在培训项目结束后,培训的目标是否能够达到。结果,产品的次品率在培训前后没有明显的变化。考森对培训没有能够实现预定的目标感到非常失望。在培训结束6个月之后,次品率与培训项目实施前一样。考森感到自己压力很大,他很不愿意与提米一起检查培训评估的结果。

(资料来源:http://www.chinacpx.com/zixun/3320.html)

4.1 培训目标与计划

4.1.1 培训目标

培训目标是关于受训者在完成培训后应该表现出的行为,及行为赖以发生的特定环境条件以及组织可以接受的业绩标准的表述。一个完整的培训目标包括的基本要素有:行为(能力)表现、行为发生的环境条件和行为绩效标准。设置培训目标必须和组织的长远目标相吻合,目标的制定应具体、可操作,并且培训目标一次不要过多。

【实践启迪】

编写培训与开发项目目标的操作指南

1. 培训目标是文字、符号、图画或图表的组合,指出了受训者应该从培训中取得的成果。

2. 培训目标应该从三个方面来传达培训的意图:

(1) 受训者在掌握了需要学习的内容后应该表现什么样的行为。

(2) 受训者学会的行为应该在哪些情况下表现出来?

(3) 评价学习成果的标准是什么?

3. 在编写培训目标时需要不断修改初稿,直到以下的问题有了明确的答案:

(1) 组织希望受训者能够做什么?

(2) 组织希望他们在哪些特定的情况下表现出这些行为?

(3) 组织希望他们的作业水平达到什么标准?

4.1.2 培训计划

(1) 概念

培训计划是指从组织的战略出发,在全面、客观的培训需求分析基础上做出的对培训时间、培训地点、培训者、培训对象、培训方式和培训内容等的预先系统设定。培训计划必须满足组织及员工两方面的需求,兼顾组织资源条件及员工素质基础,并充分考虑人才培养的超前性及培训结果的不确定性。

（2）培训计划的类型

培训计划按时间跨度划分，可分为长期培训计划、中期培训计划和短期培训计划。从图 4-1 可以看出，它们之间是一种从属的包含关系，中期计划并不是长期计划之外的计划，而是长期计划的进一步细化或具体化，同样，短期计划是中期计划的进一步细化。

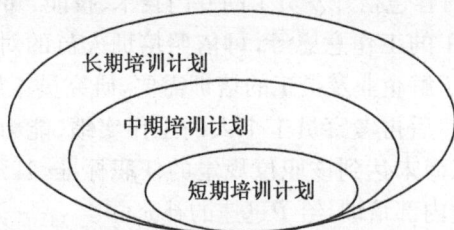

图 4-1　培训计划的纵向结构

① 长期培训计划。长期培训计划的重要意义在于充分分析了企业内外环境的发展趋势，在充分考虑组织以及员工个人的长远目标（个人职业生涯设计）的基础上，明确培训所需达到的目标与现实之间的差距和培训资源的配置等方向性和目标性的问题。因为培训的方向、目标与现实之间的差距以及培训资源的合理配置是影响培训最终结果的关键性因素，需要引起企业决策者和培训管理者的特别关注。一般培训长期计划期限为 1 至 3 年，时间过长有些变化因素无法预测，而时间过短则长期计划的制定就失去了意义。

② 中期培训计划。中期培训计划是长期培训计划的进一步细化，同时又为培训实施计划提供指导和依据，实质上具有承上启下的作用。因此，中期培训计划的实践意义重大，绝不是可有可无的计划。

③ 短期培训计划。短期培训计划所必须考虑的两个要素是可操作性和培训效果，因此短期培训计划实施的前期准备工作非常重要。这些准备工作必须要保证计划中的每一项都得到实施。

（3）培训计划的制定

① 培训计划的内容

对于培训计划包括的信息，可以透过 5W1H1B 的原理来加以分析。5W1H1B，由 Why（为什么）、Who（谁）、What（培训的内容是什么）、When（时间）、Where（在哪里）、How（如何进行）、Budget（预算）个英文单词的第一个字母组成。

培训的目的（Why）。在培训前，一定要明确培训的真正目的，并将培训目的与公司的发展、员工的职业生涯紧密地结合起来。在组织一个培训项目时，要将培训的目的用简洁明了的语言描述出来，使其成为培训的纲领。

培训的负责人和培训讲师（Who）。规模较大的企业，一般都设有负责培训的专职部门，如培训中心等，对公司的全体员工进行有组织、有系统的持续性训练。在设立某一培训项目时，一定要有明确具体的培训负责人，使之全身心地投入到培训策划和运作中去，避免出现培训组织的失误。在甄选培训讲师时，实行内部优先原则，也可聘请外部讲师。

培训对象（Who）。人力资源培训开发的对象，按人员级别可分为普通操作员级、主管级及中高层管理级;按职能可分为生产系统、营销系统、质量管理系统、财务系统、行政人事系统等项目。组织、策划培训项目时,首先应该决定培训对象,然后再决定培训的内容、时间限制、场地以及授课讲师。培训学员的选定可由各部门推荐,或员工自行报名再经甄选程序决定。

培训内容(What)。内容包括开发员工的专门技术、技能、知识,改变员工的工作态度的企业文化教育,改善员工的工作意愿等,可依照培训人员的对象不同而分别确定。通过培训需求的分析调查,了解企业及员工的培训需要,研究员工所担任的职务,明确每项职务应达到的任职标准,然后再考察员工个人的工作实绩、能力、态度等,并和岗位任职标准相比较。如果某员工尚未达到该职位规定的任职标准,其不足部分的知识或技能,便是要培训的内容。通过内部培训,给予迅速的补充。

培训时间(When)。可根据培训的目的、培训的场地、讲师、受训者的能力及上班时间等因素决定。一般新入职人员的培训(不管是操作人员还是管理人员),可在实际从事工作前实施,培训时间为 1 周至 10 天,甚至 1 个月;而在职员工的培训,则可以以培训者的工作能力、经验为标准来决定培训期限的长短。

培训的场所(Where)。培训的场所可分为利用内部培训场地及利用外部专业培训机构和场地。内部培训场地的训练项目主要有工作现场的培训和部分技术、技能或知识、态度等方面的培训,主要是利用公司内部现有场地实施培训。其优点是组织方便、节省费用;缺点是培训形式较为单一,且受企业环境影响较大。外部专业培训机构和场地的培训项目主要是一些需要借助专业培训工具和培训设施进行的培训项目,或是利用其优美安静的环境实施一些重要的专题研修等培训。其优点是可利用特定设施,并离开工作岗位而专心接受训练,且应用的培训技巧也比内部多样化;缺点是组织较为困难,且费用较大。

培训的方法(How)。选择哪些方法来实施教育训练,是培训计划的主要内容之一,也是培训成败的关键因素之一。根据培训的项目、内容、方式的不同,所采取的培训技巧也有所区别。

培训预算(Budget)。在制定培训计划时,还要考虑预算问题。确定培训预算的一般操作流程如下:

第一步,当公司进行年末总结和下一年度计划时,应该由公司高层领导确定培训预算的投放原则和培训方针,以保证培训预算"名正言顺"、"钱出有因"。

第二步,接着由专业培训机构或培训人员对方针进行分解、分析,确定初步的年度培训计划。财务人员和培训项目负责人根据设定好的计划分解培训预算的项目。

第三步,培训受益部门则根据培训预算项目和年度培训项目拟定本部门下一年的培训费用总额。

第四步,培训管理部门收集培训预算审核方案,组织专业管理人员就培训预算的额度、效果、对象、范围等方面进行评估,确定、调整方向并让培训受益部门、培训实施部门进行充分沟通,设定合理费用额度。

第五步,培训费用预算方案审定完毕并修改后,报送培训受益部门存档,标志着培训预算已被审核批准。

第六步,培训受益部门、培训实施部门根据预算方案修改年度培训计划,重新设定培训项目。

② 培训计划的制定程序与修正

培训计划的制定程序可用图 4-2 来表示。计划在实施过程中可能会遇到一些问题,产生这些问题的原因可能是计划并不完全适合企业的实际情况,也可能是企业的外部环境和内部条件在计划实施过程中发生了变化。因此,要对计划进行修改,并不断完善。

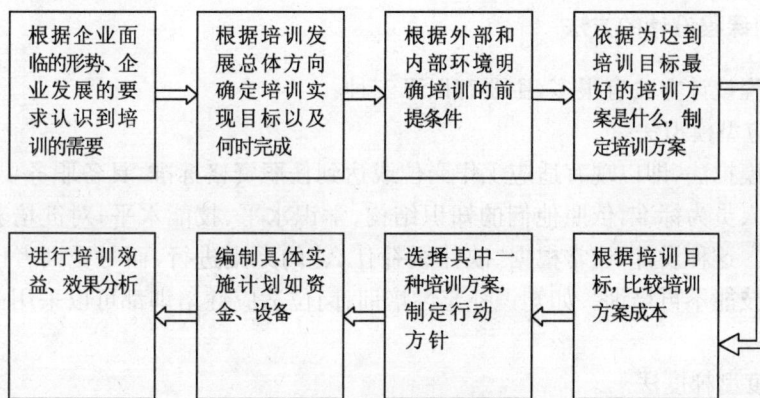

图 4-2 培训计划制定程序

4.2 培训课程设计

4.2.1 培训课程的内涵

培训课程是为实现培训目标而选择的培训内容的总和,与教育的学科课程相比,其功利性非常突出。管理人员在进行培训课程的内容安排时要按照一定的流程执行,如图4-3。

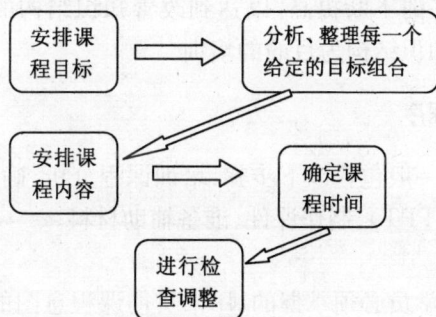

图 4-3 课程内容排序流程

(1) 安排课程目标。每一课程不应该包含太多的课程目标,例如一个小时内要完成五六个目标是不可取的。

(2) 分析和整理每一个给定的目标组合。确定每个目标所包含的内容,这些内容是为了达到目标所必须学习的。

(3) 安排课程内容。将各个单元的若干目标和每个目标的几部分内容按照要求排列起来。同时,添加授课细节(如培训方式、教学工具等)。

(4) 确定课程时间。确定课程的开展时间以及所用的时间长短。

(5) 检查每一单元的初步编排,进行必要的调整。

4.2.2　培训课程设计的方法

培训课程设计方法有很多,主要有以下三种:

(1) 适应型模拟法

适应型模拟法,即以现有适应工作岗位或达到任职资格标准、具备职务要求的学识、技能水平的人员为标准,依照他们的知识结构、学识水平、技能水平,对欲培养的员工进行课程设计。这种设计,通常根据"缺什么补什么"的原则进行,而对受训者已经掌握的某些知识和技能不再培训。如知识补充性培训、岗位适应性培训都可以采用此法进行课程设计。

(2) 深度型梯度法

深度型梯度法,是指把一个深度的培训目标分解成一个个台阶,选择几个由浅到深的不同的课程对员工分步实施培训。经过边进修、边实践、边提高的学习过程,逐步完成一个个台阶的学习任务,分步达到培训目标。用此法设计的课程,既符合成人学习深度层次的专业知识的智力特征,又可以缓解工作与学习的矛盾。如新增知识的培训、加深专业知识的培训,都可采用梯度法进行课程设计。

(3) 结构型优化法

结构型优化法,是一种不断优化知识结构的课程设计,使学员的知识结构更加合理。由于知识结构的优化是一个整合的过程,所以这是一项系统工程。由于受知识结构个体差异的影响,因而在设计这类培训课程时应遵循这样的原则:在开始阶段,从基础知识、关键知识、急需知识入手,达到初步适应的目的;完成开始阶段任务后,从专业知识结构的深度入手,促进综合水平的不断提高,以达到改善知识结构的目的。结构型优化法的课程设计,最适合以更新知识结构为目的的培训。

4.2.3　培训课程设计的程序

培训课程设计的程序一般包含以下步骤:培训课程分析、确定课程目标、撰写课程纲要、编写培训教材(含制作 PPT)、制作课件、准备辅助材料。

(1) 培训课程分析

培训课程分析是确定学员必须掌握的、用来贯彻课程意图的工作知识和技能。它是培训开发流程的首要步骤,也是培训课程的调查与研究阶段。

在培训课程分析过程中,要确定:① 受训者培训需求是什么;② 培训结束后,受训者应该根据项目规定的课程意图做些什么;③ 受训者需要学习哪些知识和技能来弥补差距。

通过培训课程分析,可以识别教学环节中的瓶颈问题,教学工具的适用性、师生互动情况,以及开发成果与预期成果之间的绩效差距。分析阶段搜索的资料主要用于:① 为课程内容提供事实依据;② 说明培训内容的设计结构;③ 揭示培训项目与计划的差距;④ 说明培训中必需的知识与技能;⑤ 使培训开发人员为培训开发流程的下一阶段制订绩效目标做好准备。

分析阶段的工作内容包括:资料收集、资料说明和资料应用。资料收集涉及面谈、研究文件和观察工作中的人,在收集资料的过程中要求做到客观、真实和准确。资料说明是对收集到的资料加以整理和排列,根据资料在培训课程中的应用规律和使用价值,进而划分资料的优先级别。资料应用是将资料提交给课程开发设计,编入课程内容和完成课程交付的过程和适当方法。

（2）确定课程目标

确定课程目标是整个培训课程设计流程的重点和难点。课程目标决定课程内容,也是培训效果评价的指标。制定课程目标,其实就是为学员制定在培训课程结束时可以实现的行为方向指针和程度标准。严谨的课程目标才能作为合理测试的依据,合理的测试反过来可以科学地指导课程设计和课程内容选择,进而保证所开发的课程对绩效产生积极的影响。

课程目标是一种文字陈述,其中包括构成目标的三个组成部分——绩效、条件和标准。绩效是指学员在接受培训后可以完成的任务的量和质的标准。通常,陈述常用的开头语是"学员将能……"由于绩效应该体现在行为方面,所以,应该用"说明"、"执行"、"计算"等这样的行为动词来描述绩效。条件是指绩效产生的环境,如"在角色扮演期间"、"在模拟工作条件下"或"在接受观察期间"等,应该尽最大努力设计出产生或取得绩效所需要的实际条件。标准描述的是预计学员执行目标的优劣程度。例如,"以 80% 的精确度"或"每一项都要达到最低的满意程度"。

（3）撰写课程纲要

在编写课程纲要的时候,一般按如下步骤进行:根据课程目的和目标确定课程主题,搭建课程框架,界定课程主要内容,选择授课方式,修改或调整培训内容。其中,有四个重点环节。

① 设计适用的内容

设计适用的内容要考虑课程的外观特征、适用性、可行性、一致性、互动性、关联性、实用性、进度,以及内容与学员已有知识水平的协调性。内容开发是培训开发流程中最具创造性的阶段,也是最耗费时间的步骤。

② 决定内容优先级

内容的编排要符合课程的目标和学员的需求。有时根据这样的要求分析出需要学习的内容很多,但是考虑到实际的需要,考虑到组织培训投资效益的因素,有必要对所需培训的内容做一个优先的排列,通过排列把所包含的很多不切实际的历史资料和其他不适用或无用的内容剔除掉。在决定内容优先级的时候,一般应按照下列指导原则使内容适合课程的目标和学员的需求:根据互为依据的课题进行编排;按照问题由易到难的顺序来编排;按照问题的出现频率、紧迫性和重要性进行编排;按照在工作中应用课程内容的顺序进行编排。

③ 设计作业的内容

作业是指各种学习活动。培训师应该为作业作出说明,如作业的目标、完成作业的时间、作业的管理方式和参考答案。如果作业说明对于有效地安排作业时间和完成作业至关重要,那么就应该把它纳入课程之中。千万不要假定培训师和学员会自动意识到作业的存在,或者假定培训师一定会知道正确答案。

④ 选择授课方法

培训师可以根据授课内容的需要,灵活选择不同的授课方法。只要能有效地达到授课目的,就可大胆自由地选择下面这些授课方法:演讲、讨论、专家座谈会、角色扮演、小组讨论、头脑风暴、户外游戏、案例讨论、现场体验等。需要注意的是,上述几种方法在一次授课过程中往往不是单一使用的,可以加以组合应用。

(4) 编写培训教材

培训教材是指提供给参与团体培训的学员所使用的学习材料,有时又称为讲义。通过培训教材,学员可以熟悉培训课程的整体框架,掌握培训的主要内容。通常培训教材由下列内容构成:课程意图、学习目标、主要课程、成功完成该课程的要求、其他可能的参考资料等。培训教材是无定式可言的,只要做到知识要素齐全,能体现知识点的逻辑联系和理论体系即可。下面是销售人员培训的讲义示例。

【实践启迪】

销售人员的十堂专业必修课讲义

课程名称:销售人员的十堂专业必修课

课程学习目标:掌握专业的销售技巧

课程进度安排:

第一天

(1) 追求成为顾问式的销售人员。

(2) 你是一位优秀的销售人员吗?

(3) 如何给客户留下美好的第一印象?

(4) 如何寻找客户的需求——探询篇。

(5) 如何寻找客户的需求——聆听篇。

(6) 满足顾客的需求——陈述利益。

第二天

(7) 获取承诺(订单)及跟进工作。

(8) 如何处理顾客的负反馈——不关心,怀疑?

(9) 如何处理顾客的负反馈——误解、拒绝、产品缺陷?

(10) 寻找正确的客户——客户评估。

(11) 销售拜访前的准备工作。

(12) 销售拜访的回顾与评估。

(5) 制作教学课件

制作教学课件的工作主要有以下两项:

① 制作课件

在培训中经常要用到的课件主要有五类：理论知识、相关案例、测试题、游戏和故事。作为一个培训课程设计人员，要在生活中随时随地留意并积累这五类资料，要注意厚积薄发，做个有心人。只有做到平时多积累、多学习，在课堂上才能左右逢源、出口成章。

a. 理论知识

理论知识是培训课程的中心内容。因此，培训师在做收集工作时可以围绕培训的主题，从相关书籍、杂志、网络上去寻找这部分资料。理论知识有大和小之分。所谓大的理论知识是指能够统领整个培训架构的，可以将这个理论的每一个部分拆解为培训大纲中的每一讲，并以此为基础铺设课程的逻辑架构；而小的理论知识则是指仅仅可以证明某一个论点，或者作为一个简单工具来使用的理论。一般来说，这两类理论都是在资料收集中应加以注意的。

在培训课上用好了一个理论，往往就会给培训增加不少权威性，同时也会给学员带来深刻的印象和丰富的启迪。如果理论知识浅显易懂、结合现实，学员还会自觉地将它应用到实际生活当中去。

比如说，在"沟通技巧"里面，就有一个经典的"沟通的过程"理论。将沟通从发送者到接收者的过程分为六个环节——意图、编码、传递、译码、反馈和再反馈，并一一详细分解。这样的一个理论就把生活中无时无刻不发生的现象——"沟通"给科学化、程序化和模块化了。掌握了这个理论，以后学员们在沟通中出现了问题，就不会再笼统地归结为"我的问题"或"对方的问题"，而是追究到底哪个"环节"出了问题。

b. 相关案例

案例以及对案例的评述和分析是培训课上必不可少的内容，它往往会引发出比较热烈的讨论和学员之间激动人心的辩论，从而将培训课程推向高潮。在开始一个新的专题时，用案例来引导进入是一个好的办法；在论述一个论点时，对真实案例的分析与讨论，将会加深学员对知识的理解和记忆；在课程的任一部分，符合实际的案例都会调动学员的思维，引起他们的思考，取得良好的效果。

案例可以通过与相关同事的交流、平时的观察和积累来获得。当然，如果培训师有足够的能力，也可以根据课程开发的需要，自己设计相应的案例。无论是从哪里获得的案例，都要有针对性，即案例的场景确实是学员在日常工作中经常会遇到的。更重要的是，对案例的分析要准确而全面，这是整个课程的精华和亮点之一。

c. 测试题

培训课的精华就在于互动，而测试题是一种让学员心身都完全投入的好方法。通过测试题，对学员状况做到大致摸底，培训师就可以有的放矢地加以指导，学员也因为了解了自己的不足转而主动学习。

比如说，在"演讲技巧"的培训课上，可以发放"测测你的言辞智商"的测试题目来衡量学员的语言能力；在"团队精神"的课程上就可以用"看看你的个人魅力有几分"的题目让学员发掘自己在领导能力上的潜力；在"认识企业"的课程上就可以用"你对工作的了解有多深"，来测试学员对目前工作的认识和热爱程度。当然，这样的测试题有很多，关键是要与培训主题切合，使学员能更清楚地了解自己在该方面的现状和尚待发展的空间。

d. 游戏

在培训中,游戏是必不可少的部分,它是一种很好的活跃课堂气氛、启发学员深入思考、加深理解和强化记忆的方式。

游戏分为两种,第一种是破冰游戏和暖场游戏。破冰游戏的作用主要是在培训开始时使学员打破隔阂,增进互动,加深了解;暖场游戏的作用则是在课程中调动大家的积极性,活跃课堂气氛。这样的游戏适用于各种各样的培训课程,是培训师随身的百宝箱。这类游戏有"数字接龙"、"戳气球"、"松鼠搭窝"等。作为培训师,要掌握一定数量的这类游戏,以便在课程设计中灵活运用。

另一种是与培训主题密切相关的游戏,只适用于特定主题或特定内容,一般会固定在某一类型的课程中应用。如在"人际沟通"中的"传话游戏","团队精神"中的"背摔游戏","领导艺术"中的"空方阵游戏"等。这些游戏必须根据课程内容事先做好准备,可以从各种资料中获取,也可以根据课程的需要发挥创造力来创新设计。

e. 故事

好的故事最能打动学员,给学员留下深刻印象。一些道理,通过讲故事的方式,能够长久地留在人们的心中,并且还能够使人们自觉地思考,深刻地加以总结。在选用故事的时候,切记要紧扣主题,有的放矢,这对说明和强调培训的内容和要点大有帮助;而不是漫无目的地讲一些奇闻轶事和小道消息,使学员群情激昂地听了一场,结果却没有任何意义。

② 组织课件

课件制作的目的,就是让培训师在培训的过程中能够系统地演绎所要传播的知识。课件就是培训师讲课的信息产品,但是没有经过精心组织的零散课件难以起到作用,因为它不能有效帮助培训师阐述所要传授的内容。一套完善的课件,应该具有内容的完整性和逻辑的严密性。在课程设计过程中,课程设计人员应该根据课程大纲的需要将课程有序地组织起来。通过课件的组织,既可以保证各种课件之间的逻辑性联系,也可以发现和暴露课件内容的不足之处。

组织课件包含以下步骤:

第一,找出所制作的各种课件和课程大纲的对应关系。

第二,对全部的课程进行模拟分析,发现各种课件是否短缺和重复。

第三,去掉重复的、不必要的课件,并补充制作所短缺的课件。再次系统地对全部课件进行整体组织和连贯。

(6) 准备辅助材料

为了达到培训开发的目的,需要了解什么能够帮助学员记忆。学员往往容易记住那些出现频率高的信息。一项研究表明,学员接受课程的信息 20% 来自听到的,30% 来自看到的,50% 来自看到并听到的,70% 来自做过的。因此,为了使得培训开发真正有效,必须使学员能够看、听,并同时让他们参与到课程中,在培训开发过程中创造条件让他们参与。下面的辅助材料有助于达到上述目的。

① 阅读材料。阅读材料要和幻灯片保持一致;提供给学员可以帮助他们做笔记。

② 视觉材料。包括幻灯片、场景、图形、标语、图表、照片、图画、录像片、令人愉悦的环境等。好的视觉材料要满足三个基本规则，即 3B 原则：字体足够大（Big）、醒目（Bold）、美观（Beautiful）。

③ 听觉材料。包括令人感兴趣的词汇、音乐、声音、幽默、重音、故事、对话等。要保证听觉材料很好的音调、节奏，合适的音量，准确的发音等。

④ 感觉材料。感觉材料包括可以闻的、可以品尝的、可以触摸的等等。

4.3 培训师的甄选

4.3.1 培训师素质和能力要求

在培训实践中，培训师对员工培训效果的影响是十分重要的一个因素。要做好一个培训师，培训者就必须具备一定的基本素质和能力。

培训师的基本素质要求包括：① 灵活性。短时间内有能力调整方向、应变的能力。② 幽默感。使教学气氛变得轻松的能力。③ 真实性。己所不欲，勿施于人。④ 成熟性。辨别是否必须回答问题，若问题不需回答就不回答。⑤ 鼓励性。感染别人的热情。

另外，培训师还应具备一定的能力：① 控制能力。有能力使受训者及团队朝着目标前进。② 创新能力。协调任务和进程的关系，使团队高效。③ 评估能力。明白什么样的信息和反馈对于整个团队发展至关重要。④ 转换能力。帮助学员把学习经验应用在能力的提高上。⑤ 沟通能力。高度的敏感性和理解能力，能够转达准确的意思。

4.3.2 培训师的甄选与培养

（1）培训师的甄选

企业内部的培训讲师应该是企业培训师资队伍的主体。内部讲师能够以企业欢迎的语言和熟悉的案例故事诠释培训内容，能够总结、提炼并升华自身和周围同事有益的经验和成果，能够有效地传播和扩散企业真正需要的知识与技能，有效实现经验和成果的共享和复制。

人力资源部门在培育内部讲师时要重视选拔和培养工作。人力资源部门应制定切实可行的内部讲师选拔和培养制度，需要明确内部讲师的选拔对象、选拔流程、选拔标准、上岗认证、任职资格管理、培训和激励约束机制等，使得每一项工作都具体、可操作。

调查结果表明：各级管理人员是企业内部讲师的天然候选人，各类职业的业务骨干是企业内部讲师的重点对象，所以内部讲师的甄选主要针对这些群体。

外部讲师的选拔也应遵循一定的程序，要有接受申请、试讲、评价、续聘或晋级等流程的管控。为了促进外部讲师培训成果的实现，可以建立"外部讲师助手"制度，为每一个外部讲师配备专门的内部助手，内部助手的主要任务是提供给外部讲师本企业的案例故事和实际素材，丰富外部讲师的讲课内容，强化授课的针对性、实用性。然后就是对外部讲师的授课提出建议，收集评价和反馈信息给外部讲师，从而促进外部讲师授课成果的有效转化。内部助手在帮助外部讲师的过程中也提高了自身的专业知识和授课水平，有利于企业内部讲师队伍的成长。

（2）培训师的培养

企业内部选拔的讲师，在业务方面很优秀，但在有关课程的设计、授课方法、课程组织等方面相对培训的要求来说比较欠缺。所以人力资源部门需要专门对培训讲师进行培训，或者有选择地参加授课技巧好的教师组织的公开课，让这些选拔的培训讲师自己研究、揣摩和学习其他教师的授课方法。

对内部讲师人员的激励，应该以精神激励为主，物质激励为辅。事实上，许多企业的实践也证明了这一点。为内部讲师开设职业发展通道，免费提供更多的外培机会，授予荣誉证书等都是很有效的激励手段。

对培训者进行培训（TTT-Train The Trainer），就是找出精通培训内容但缺乏培训技能的内部专家，对他们进行培训，把他们培养成优秀的培训者。对培训者进行培训的目的是让组织内部的专家掌握在培训项目设计和实施方面的知识和技能。

4.4 培训项目的实施

培训项目的实施工作主要是由人力资源培训与开发人员来完成。当准备工作进展到一定阶段的时候，培训组织者就要把这些前期工作的成果汇总起来，并付诸实践。为了使培训能够顺利实施，还有一些需要注意的问题。

4.4.1 培训场所的选择与布置

与培训设计有关的一个重要问题是如何布置培训的物理环境。对在职培训来说，这个问题尤其重要，因为只有在舒适的环境中受训者才有可能集中精力学习。如果在职培训现场有很多干扰培训的分心刺激，比如噪音和电话铃声，那么受训者就必须设法消除或尽量减少这些分心物。在职培训也经常由于各种原因被打断，尤其是当受训者是上级领导的时候，这种情况就更为常见了。而培训的中断也是一种干扰。为了减少这种干扰，培训者可以在每天专门留出一段培训时间，或将培训安排在一个不会受干扰的地点来进行。此外，如果受训者是上级领导，他还可以在培训时间专门安排一个不接受培训的人来替他处理电话和各类请示。

如果培训是在教室里进行的，那么在布置环境的时候就要考虑很多因素了。首先，座位的安排就是一个重要的问题，因为它会在培训者和受训者之间形成一种空间关系。比如说，如果教室里的椅子是纵向固定的，那么培训者在这种环境下的活动就会受到很大的限制，不过这种座位安排对讲座来说是很合适的，因为它有利于将受训者的注意力集中到讲座人身上。如果教室里的椅子是可以随意挪动的，那么培训者就可以根据具体的学习目标来安排座位。按一定的角度将椅子排成排，或者排成三角形或半圆形，这样在课堂讨论过程中受训者就可以看到对方，这种安排可以促进相互间的交流和反馈。一般来说，有扇形、U形、方桌形和圆桌形等座位摆放方式，目的是为了双向沟通与交流。

其次，受训者生理上的舒适程度对学习效果的影响也很大。室温过高或过低都不利于学习。待在一个闷热的房间里会让人感到疲倦，而屋子里太冷不仅会分散注意力，还会降低手指的灵活性。

在布置培训环境时需要注意的第三个问题是如何减少物理分心物,比如昏暗的照明和物理障碍。关门或悬挂提示牌("培训进行中,请保持安静")通常能够控制那些包括室外活动引起的噪音。如果室内光线不好,受训者在记笔记、阅读印刷物或辨认投影图像的时候就会觉得很困难。另外,如果可能的话,培训者最好事先巡视一下培训的场地,看看有没有像柱子、固定隔板之类会妨碍培训的物理障碍。如果无法解决这些问题,最好是换一个更合适的地点。除此以外,培训者还需要考虑墙壁和地板的颜色及覆盖物,一般来说,铺地毯的房间会更安静一些,另外还要考虑椅子的款式,有没有反光的问题,有没有窗户(窗外的景色也是一种分心物),室内的音响效果如何,有没有必需的电源插座等等。另外,只要可能的话,投影屏幕的位置最好与书写板或活动挂图的位置错开,这样就可以同时使用投影和书写板或活动挂图。表 4-1 说明了组织在布置培训场所时应考虑的细节问题。

表 4-1 培训场所布置应考虑的细节

噪　音	检查空调系统噪音;检查临近房间和走廊及建筑物之外的噪音
色　彩	轻淡柔和的色彩
房间结构	使用近于方形的房间。过长或过窄的房间会使受训者彼此难以看见、听见和参与讨论
照　明	光源应主要是日光灯。白炽灯应分布于房间的四周,并且在需要投影时用作弱光源
墙与地面	会议室应铺地毯,使用相同的色调,避免分散注意力。只有与会议有关的资料才可以贴在墙上
会议室的椅子	椅子应有轮子、可旋转,并有靠背可支持腰部
反　光	检查并消除金属表面、电视屏幕和镜子的反光
电源插座	培训者应能够方便地使用电源插座
音　响	检查墙面、天花板、地面和家具反射或吸音的情况,与三四个人共同调试音响,调节其清晰度和音量

4.4.2 项目启动

当一切与培训有关的前期工作都已准备就绪的时候,下一步就要正式实施培训了。培训的前期工作包括准备可行的课程计划、装备视听或电脑设备、布置培训环境。到这个时候,培训者需要完成的一项重要工作就是让培训有一个良好的开端,并且一直保持下去。如果培训是分多阶段进行的,那么初始阶段的培训将会为后面的培训奠定基调。培训者应该让受训者对培训有一个明确的预期。首先需要给他们提供一份课程大纲,说明培训的目的、学习目标、内容主题,其次要说明要求大家遵守的课堂行为规范,比如不能迟到、要积极参与讨论、相互之间要多交流等等。在培训刚开始的时候就应该将课程大纲发到每个受训者手上,并加以详细地解释,如果需要的话,再在后续的培训过程中还要定期加以重申和强化。

如果培训者事先不了解受训者的水平和学习动机,那么在培训刚开始的时候,除了要让受训者对培训形成一定预期,还要了解他们当前的专业水平和学习动机。一种办法是进行培训前测验或做预备练习,看看大家的起点如何。对于在职培训来说,这项工作尤为重要。与单纯了解受训者的动机相比,最好是同时能够做一些增强学习动机的工作。比如说,可以问问受训者他们希望达到的目标是什么、实现这些培训目标有什么益处,对受训者关心或担心的问题表示关注,或者让受训者签署一份学习协议。

很多培训项目在刚开始的时候都会进行一些"打破坚冰"的小练习,让大家相互熟悉并建立起和谐的人际关系。至少从两点来看这项工作是很重要的。首先,许多培训都有这样一个"副产品",就是让受训者有机会一起协同工作,结识其他部门的同事。其次,就像团队工作一样,参加人力资源发展培训项目的人通常也会寻求社会对他们的接纳。比如说,如果班里只有一两个"少数派"(在民族、职位或性别等其他方面与别的受训者不同),他们可能会感到自己有些孤立,而这种感觉将对他们的学习造成负面的影响。对培训者来说,善于体察受训者的社会需求并能迅速采取措施增强他们的归属感,是一种很重要的能力。

最后,培训者应竭尽所能营造一种相互尊重和开放的氛围。这样,受训者能更容易地得到自己需要的帮助。要想成功地组织群体会议、完成教学任务或更好地促进学员的学习,需要多种多样的技能。培训者需要多参考一些关于培训内容的资料,积极为受训者搭建学习平台、培养人际交往能力创造机会。

4.4.3　培训日程安排与其他准备工作

日程安排妥当与否直接关系到培训的效果,甚至决定了培训活动能否预期举行。企业在总结培训效果的时候,很少从培训日程安排的角度去反思,认为日程安排与培训教师、培训教材、资金资源等要素比较起来,似乎算不上什么,无需特别关注。事实上,培训日程安排绝不是所谓的"无足轻重,何须挂齿"之事,培训工作者应该高度重视。

(1)工作时间内与工作时间外的培训日程安排

培训安排无外乎工作时间内和工作时间外。企业在安排培训日程的时候,除了考虑成本以外,更主要的是要考虑培训的实际效果。通常来说,如果一味将培训活动安排在八小时工作时间以外,员工容易产生抵触心理,导致缺勤率高,参与程度低,培训活动过于被动;如果经常将培训活动安排在八小时工作时间以内,势必影响企业正常工作的开展,延迟了工作进度,造成企业整体运营成本增加。作为培训活动的组织者来说,应该掌握的基本原则是,在保证企业正常生产与经营活动照常进行的前提下,力求降低实施培训活动的成本(尤其是受训者的机会成本),提高培训活动的有效性,因此,培训活动安排在正常工作时间内抑或是安排在八小时工作时间外,并无定论。另一方面,具体在安排培训日程的时候,如果是将培训活动安排在正常工作时间内进行,也应注意具体的时间点。

企业培训工作者在确定并公示了培训日程后,切忌避免随意更改日程,因为企业里的每个人工作任务都很重,参加一次培训活动需要许多的协调工作。另外,培训应该尽量遵守日程和时间安排,不要随意拖延。

(2) 培训项目的其他准备工作

为了保证培训项目的顺利实施并取得预期的项目成果,培训组织人员还应重视与之相关的各项准备工作,如拟定并及时发布项目通告,制作培训手册,安排登记注册以及完成培训档案等。项目通告是用来告知目标受众有关培训项目的各项事宜,包括项目的目的、项目进行的时间和地点、参加项目需要具备的资格条件等。从发出项目通告到项目正式开始,要留出足够的时间,以便员工可以调整自己的工作安排,并提交相关的申请表。这一点尤其值得企业培训组织人员注意,许多企业在组织培训活动的时候,往往是在培训的前一天甚至是培训的当天,才发布培训通告,这样要么培训通告难以在较短的时间内传达到应该传达的人手中,要么即使是接到了培训通知,也难以协调手头的工作,这一现象反映了企业的培训工作缺乏系统性和整体安排。事实上,现在企业培训组织人员有多种可资利用的信息传递渠道,可以通过局域网发布培训信息,可以电话通知,也可以在企业的培训专刊上登文,总之,要把具体工作做细。制作项目培训手册并不困难,关键在于应该在合适的时机把这些资料发放至受训者手中。许多企业在组织培训的时候,尤其是邀请外部讲师实施培训的时候,由于没有和讲师协商好,往往在讲师到达企业的时候才获得讲师马上要进行培训的材料,所以就来不及制作培训手册或培训教材,这样势必影响到培训效果,尤其是企业以前没有接触或比较陌生的培训内容。企业无论是利用内部讲师还是从外部聘请讲师,最迟应该在培训正式开始前 2～3 天将培训手册或培训教材发放至所有培训对象。

培训组织者应重视学员的报名等级工作,因为许多企业将参加培训以及培训过程中的纪律行为视为员工绩效考核指标之一,这也是企业进行员工个人培训档案管理的前期工作。如果企业将员工的受训情况与任职资格制度或是薪酬政策联系起来,培训管理者还应注意对报名参加培训的员工进行比较严格的资格审查。目前企业都很重视员工的职业生涯发展,因此,培训部门应该加强对员工参加各种培训开发活动的文档管理,最好是在企业的人力资源管理系统中构建员工培训模块,对员工参加的培训开发活动实施跟踪,员工的培训档案还是进行职务晋升、岗位变动的重要资料。另外,如果是送到外部培训,企业培训部门还应做好相应的差旅费用安排,协助受训者圆满完成培训任务。最后,就一个完整的培训项目而言,组织者还应做好整个培训项目的项目预算,项目结束之后,还应撰写专门的项目实施报告。

4.4.4 培训的信息管理系统的建立

目前许多企业开发出了一套面向员工的教育及培训管理系统。它借助了目前最流行的 Web 和 Intranet 技术,使用了最先进的数据库管理技术,因此能够为使用者提供准确、快速、安全的信息服务,同时具备功能强大、方便管理和易于使用的特色。员工只需使用浏览器即可完成查询和注册等全部操作。该系统能够记录、管理并向全体员工发布培训课程信息,如课程的内容介绍、时间及地点安排和培训费用等信息,同时记录员工的培训记录、出勤状况、培训计划等。该信息管理系统也可以记录员工在外部机构所接受的培训。利用该系统,员工还可以查询本培训机构和外部培训机构的培训及课程信息;查询培训记录及培训计划;在线登记报名,员工主管可以在线给予批示和回复意见;员工与主管参考相关的路径图和胜任力模型的相关信息制订培训计划,以便将来的培训管理和工作发展以报表的形式获取相应的课程信息、培训记录及统计数据,以此协助其分析和制定下属的培训计划。

本章精要

培训目标是关于受训者在完成培训后应该表现出的行为和行为赖以发生的特定环境条件,以及组织可以接受的业绩标准的表述。一个完整的培训目标包括的基本要素有:行为(能力)表现、行为发生的环境条件和行为绩效标准。

培训计划是指从组织的战略出发,在全面、客观的培训需求分析基础上做出的对培训时间、培训地点、培训者、培训对象、培训方式和培训内容等的预先系统设定。培训计划按时间跨度划分,可分为长期培训计划、中期培训计划和短期培训计划。对于培训计划包括的信息,可以通过5W1H1B的原理来加以分析。

培训课程是为实现培训目标而选择的培训内容的总和。培训课程设计方法主要有以下三种:适应型模拟法、深度型梯度法、结构型优化法。培训课程设计的程序一般包含以下步骤:培训课程分析、确定课程目标、撰写课程纲要、编写培训教材(含制作PPT)、制作课件、准备课程用具。

在培训实践中,培训师对员工培训效果的影响是十分重要的一个因素。要做好一个培训师,培训者就必须具备一定的基本素质和能力。企业内部的培训讲师是企业培训师资队伍的主体。

项目的实施还需要注意的问题包括:培训场所的选择与布置、项目启动、培训日程安排与其他准备工作、培训的信息管理系统的建立。

复习思考

1. 阐述培训计划的内容及制定的流程。
2. 如何进行培训课程的设计?
3. 培训师的培养与甄选需要注意哪些方面?
4. 培训项目实施需要注意哪些问题?

案例分析

快活林快餐公司

快活林快餐公司开办了不足三年,生意发展得很快,从开业时的两家店面,到现在已由一家分店组成的连锁网络了。不过,公司分管人员培训的副总经理张慕廷却发现,直接寄到公司和由消费者协会转来的顾客投诉越来越多,上个季度竟达80多封。这不能不引起他的不安和关注。

这些投诉并没啥大问题,大多鸡毛蒜皮,如抱怨菜及主食的品种、味道、卫生不好,价格太贵等,但更多的是投诉服务员的服务质量的。不仅指态度欠热情,上菜太慢,卫生打扫不彻底,语言不文明,而且业务知识差,顾客有关食品的问题,如菜的原料价格,烹制程序等一问三不知,而且有的抱怨店规不合理,而服务员听了不予接受,反而粗暴反驳,再如发现饭菜不太熟,拒绝退换,强调已经动过了等等。

张副总分析,服务员业务素质差,知识不足,态度不好,也难怪他们,因为生意扩展快,大量招入新员工,草草作一天半天岗前集训,有的甚至未经培训就上岗干活了,当然影响服务质量。服务员是两班制。张副总指示人事科杨科长拟订一个计划,对全体服务员进行两周业余培训,每天三小时,开设的课既有公共关系实践、烹饪知识与技巧、本店特色菜肴、营养学常识、餐馆服务员操作技巧训练等务实的硬性课程,也有公司文化、敬业精神等务虚的软性课程。张副总还准备亲自去讲公司文化课,并指示杨科长制定服务态度奖励细则并予宣布,培训效果显著,之后连续两季度,抱怨信分别减至32封和2封。

[资料来源:http://jpkc. peizheng. net. cn/rlzygl/article/2012/0329/article_65. html]

问题:

1. 你认为这项培训计划编得如何? 你有何理论或内容增删的建议?

2. 你觉得这次培训奏效,起主要作用是那些内容?

3. 请列出一份课程提纲。你会采用什么样的教学方法? 为什么?

第5章 培训方法

学 习 目 标

学完本章后,你应该能够:

1. 了解企业员工培训的常见方法类型
2. 理解传统培训方法与基于信息技术的培训方法差异
3. 掌握常见培训方法的操作流程
4. 能够根据培训目标和培训对象选择适当的培训方法

关 键 术 语

讲授法　研讨法　游戏法　导师制　案例法　角色扮演法　工作轮换法　冒险学习法　行动学习法　多媒体培训　远程培训　电子学习　视听法　虚拟现实

开 篇 案 例

沃尔玛的交叉培训

沃尔玛的飞跃发展离不开它那一套完整的、科学的人力资源管理系统,也离不开它那世界上独一无二的交叉培训。所谓交叉培训就是一个部门的员工到其他部门学习,即通过相关培训达到上岗要求,实现员工在自己从事的职务能够熟练操作的基础上,又获得另外一种职业技能。沃尔玛的交叉培训具有以下优势:

优势一:有利于员工掌握新的职业技能。这种交叉培训使员工在整个商场的其他系统、其他角落都能够提供同事或者顾客希望给予的帮助,促使员工能够准确、快速地解决他们所面临的问题,从而避免了同事或者顾客浪费宝贵的时间,既提高了工作效率又缓解了顾客的购物压力。

优势二:有利于员工提高积极性,祛除以往只从事一种完全没有创新和变革的单调的职务的不利心理因素。零售业是人员流动最大的职业之一。而造成这种现象的原因是员工对职务的厌烦;还有一种人是认为他所从事的职务没有发展前途,不利于自身以后的发展,就会选择离开。交叉培训的直接效果是缓解顾客交款的时间压力,间接效果是通过工作丰富化和扩大化激发了员工的积极性,可谓一举多得。

优势三:交叉培训可以祛除员工之间的利益冲突。在生活当中,我们往往会听到有的人会抱怨自己和同事一样的学历和一样的劳动,就因为自己的工作职务低,拿的工资就少,低人一等。这会造就等级分化,消减员工的积极性,不利于为公司创造更多的利润,阻碍了公司的发展。同时也不利于员工追求新技术和探索创新,让其满脑子就是"当一天和尚敲一天钟"。而沃尔玛不仅避免了员工之间的等级分化,还通过交叉培训实现了员工的优势互补,同时上下之间关系也变得随意亲切。沃尔玛的"直呼其名"就是很好的证明。不再有上下之间的隔阂,让员工有一种思想认识,我和总经理是同事,所以我和总经理是平等的,同时我也是公司的主人,这家店我也就有份。这样想,员工就会全心全意地投入到工作中,这为沃尔玛的茁壮成长打下了基础。因为一个很简单的道理,没有一个人会让自己的投资付诸东流。

优势四:可以让员工在全国的任何一家店相互支援。这种优势是沃尔玛的骄傲所在,因为它是世界零售业巨鳄,分店多,开新店如家常便饭。比如要到新的城市开店,假如招聘新员工来完成开店前的准备,常常会由于新员工处事不够老练,导致顾客对公司品牌的不满,同时也无法提高工作效率。而让老员工去支援,就避免了这样风险。

优势五:有利于不同部门的员工能够考虑到其他部门的实际情况,减少公司的损耗,达到信息分享。工作轮换有利于员工掌握公司整体的情况,有利于促进横向沟通,从而从系统思考的角度改善公司的绩效。

优势六:可以快速地完成公司的"飞鹰行动"。在周末和节假日,特别是圣诞节到春节期间,是沃尔玛销售业绩最疯狂的时间。这时,顾客的热情采购常使卖场水泄不通,造成顾客排队结算时间长,所以公司就启动"飞鹰行动"。"飞鹰行动"的实质就是让不是前台的员工也能够从事收银台的工作,以便让顾客快速地完成购物,减少顾客的等候时间。

〔资料来源:牛津管理评论.(http://oxford.icxo.com)〕

5.1 传统的培训方法

培训方法是指培训过程中的具体操作程序和技术。根据培训的载体不同,培训方法可以分为两大类:传统培训方法和基于多媒体技术的培训方法。传统培训方法分为三大类:演示法、传递法和团体建设法。演示法是指将培训对象视为信息的被动接受者的一些培训方法,针对的信息包括事实、过程及解决问题的方法等,主要包括讲授法和研讨法。传递法指要求受训对象参与学习的培训方法,包括案例研究、商业游戏、角色扮演和导师制等。团体建设法是用以提高团队或群体绩效的培训方法,旨在提高受训对象的技能和团队有效性,包括冒险性学习和行动学习等。

5.1.1 讲授法(Lecture Method)

讲授法又称讲座法、演讲法,它是应用最为普遍,同时也是最传统的一种培训方法。讲授法是指培训者通过讲授或演讲的方式对受训人员传授新知识、新技能或者新观点的方法。

讲授法具有以下优点:成本低、耗时少,且培训者能够对培训过程进行有效的控制;能够在短时间内将培训信息传递给大规模的受训人员;可作为其他培训方法(如行为模拟、角色扮演等)的辅助手段。

讲授法的缺点包括:单向交流,缺少受训人员的参与、反馈;不能根据受训人员在知识、能力、态度上的不同进行差异化教学;培训效果易受培训者讲授水平、受训者的特质和培训环境等诸多因素的影响。

因此,讲授法多用于对员工一般性的知识培训,更适用于员工对学科知识、前沿理论的系统了解,在对管理常识、产品知识、营销知识、财务知识和作业管理等内容的培训中也经常使用。

针对讲授法的优点和不足,我们在采用这一方法时可以考虑将讲授法与其他培训方法结合起来使用。比如,将讲授法与图示(如幻灯片、图表和地图等)和音像资料等结合使用时,就能克服讲授法的缺点,其培训效果得到改善。一般来说,在企业培训开发中,讲授法与讨论、角色扮演法、案例研究法和录像等结合是比较好的选择。不同培训方法结合使用的主要目的就是加强培训过程中的互动性和提高受训者参与培训的积极性。

5.1.2 研讨法(Conference Method)

研讨法也叫会议法,是指培训者就工作中存在或遇到的问题有效组织受训人员进行讨论,由此让受训人员在讨论过程中互相交流和探讨,以提高受训人员知识和能力的一种培训方法。

研讨法培训的主要目的是提高能力、培养意识、交流信息、产生新知识。研讨法比较适宜于管理人员的培训开发或用于解决某些有一定难度的管理问题,如战略决策、领导艺术等内容的培训开发。需特别提醒的是,每次讨论要建立明确的目标,并让每一位参与者了解这些目标;要使受训人员对讨论的问题产生内在的兴趣,并启发他们积极思考,这样才能达到预期的培训效果。

根据研讨组织的形式,可将研讨法分为演讲讨论式、小组讨论式、沙龙式、集体讨论式和系列讨论式等不同类型。表 5-1 分别对上述研讨方式进行了详细的说明。

表 5-1　研讨法的分类

组织形式	具体内容
演讲讨论式	首先由培训人员就某一题目发表演讲,然后由受训人员就该问题进行分析、讨论,该方法提供了少量的双向沟通,常以演讲者为主角
小组讨论式	该方式可分为三种: 首先由主持人以提问的方式发起讨论话题,然后由几位专家就该问题进行讨论,受训人员作为听众不参与其中; 在上述基础上,增加部分听众参与讨论; 分成人数均等的几个小组进行讨论,但最后只派小组代表就小组观点进行发言
沙龙式	类似于小组讨论式,但话题较为自由,没有听众也没有主持人,属于非正式研讨。沙龙式并不指望解决问题,主要为促进受训人员之间彼此交流信息,互相启发
集体讨论式	通常由 20 余人组成,在团队领导的带领下,就某一问题进行专门探讨,每人都有发言机会。该方法通常作为成人培训课程
系列讨论式	对某一专门领域的系列问题或信息,持续数日、数周、数月和数年召开研讨,逐一地对这些问题进行分析。如长期研讨结束,受训人员可获得结业证书,通常该研讨由较权威的机构或学校组织

研讨法的优点有以下几个方面:强调受训人员的积极参与、积极思考、主动提出问

题、表达个人的感受,有助于激发学习兴趣;讨论过程中,培训者与受训人员之间、受训人员之间的信息可以多向传递和充分交流,知识和经验可以相互碰撞,有利于受训人员发现自己的不足,开阔思路,加深对知识的理解,促进能力的提高。

研讨法同样具有一定的局限性。一是话题准备和对现场的控制能力对培训师的要求较高;二是受训人员自身的水平也会影响培训的效果;三是不利于受训人员系统地掌握新的知识和技能。

5.1.3　游戏法(Game Method)

游戏培训法是一项具有合作及竞争特性的活动,它综合了案例研究与角色扮演的形式,要求参与者模仿一个真实的动态的情景,参与者必须遵守游戏规则,彼此互相合作或竞争,以达到某种目标的方法。游戏培训法能够激发受训者的学习兴趣,使员工在不知不觉中巩固所学的知识、技能,开拓思路,提高解决问题的能力。目前,已经有专门的培训公司开发各种游戏供企业培训使用,而且他们会根据培训的目的和对象的不同设定不同类别的游戏方法,如团队建设类、沟通技巧类和员工激励类等。

游戏培训法包括两种类型:普通游戏法和商业游戏法。普通游戏培训法是由两个或更多的受训者在游戏规则的约束下,相互竞争达到某种目标的培训方法。这种培训法一是穿插在讲授培训法中,二是与拓展训练结合,通过活动达到培训目的。常见的游戏活动有沙漠遇险、孤岛求援、红黑游戏、海上沉船等。商业游戏法(Business Games)也叫管理游戏法(Management Games),是采用游戏的方式来开发学员管理技能的一种培训方法。该方法仿照商业竞争的规则,由两个或更多的受训者相互竞争以达到预期目标;或者是众多受训者通过合作来克服某一困难以实现共同目标,要求受训者在游戏中收集信息,进行分析和决策。这里我们将着重讲述商业游戏法的内容和特点。

商业游戏法是一种以完成某项“实际任务”为基础的团队模拟活动,通常采用小组形式进行,数名被测评者组合成一个小组,就给定的材料、工具共同完成一项游戏任务,在任务结束后就某一主题进行讨论交流。在游戏中,每个小组成员各被分配一定的任务,有的游戏还规定了小组成员的角色,不同的角色权限不同,但不管处于什么角色,要完成任务,所有的成员都必须合作;在游戏的过程中,测评者通过观察被测评者在游戏中的行为表现,对预先设计好的某些能力与素质指标进行评价。商业游戏是一种社会性的游戏,它通常经过严密的组织和设计,要求参与者必须严格遵守游戏规则,通过团队合作,解决某些问题,进而完成任务。

该方法被广泛运用在提高员工沟通技能、面谈技能、客户服务技能等方面。但游戏法很少单独使用,与讲授法结合使用会达到更好的效果。根据游戏要解决的问题类型,可以将商业游戏分为会议游戏、销售游戏、创造力游戏、破冰游戏、团队建设游戏、压力缓解游戏和激励游戏等。

商业游戏的优点主要是:能较好地激发受训者的积极性;受训者将学到的东西与直观、复杂的情景相联系,理解和记忆深刻得多,学到的知识也容易迁移;游戏可以使受训者充分发挥自己的想象力,在改变自我认知、改变态度和行为等方面具有神奇的效果;有利于营造团队,为了使自己的团队在游戏中取胜,受训者需要不断地沟通、交流,以交换经验,通过共谋计策,增强了他们之间的信任感,有助于团队凝聚力的形成。

商业游戏法的缺点主要体现在以下四个方面:① 可能将现实过分地简单化,这会影响到受训者对现实的理解。尤其表现在游戏不能很好地模拟出企业的历史、文化,也很难模拟出企业所处的大的社会环境,如其面临的社会压力、社会价值观等,因此,很难让参与者看到另外一种选择可能造成的影响和后果;② 管理游戏的设计和操作比较浪费时间,游戏设计和实施的费用也比较昂贵,而且需要经常对其进行修改,有的甚至是从头设计;③ 因为游戏与模拟毕竟不是现实,受训者也能意识到这一点,因而在活动中他们的决策可能相当随便,所以这种方法容易使人缺少责任心;④ 在游戏中,决策者往往在有限制的条件下进行决策,这在一定程度上会影响决策者的创新或革新能力的充分发挥。

商业游戏法的适用范围也比较广泛,可以适用于各种管理开发,尤其是高层管理者的开发;也适用于人际能力的提高,比如集体合同签订、市场营销(如为新产品定价、提高市场份额)等方面的培训。商业游戏法也特别适合以财务为衡量目标的培训,例如财务预算方面的培训。

【超级链接】

沃尔玛的体验式培训

为了让员工不断进步,沃尔玛主要采用体验式培训,以生动活泼的游戏和表演为主,训练公司管理人员"跳到框外思考"。在培训课上,培训师讲讲故事、做做游戏,再让学员自己搞点小表演,让他们在培训中展现真实的行为,协助参与者分析,通过在活动中的行为,进行辅导,这种方式既有趣又有效。例如,在"国际领导艺术培训计划"中有一项著名的"四英尺训练"。具体情景是培训师与管理层员工一起走场,沿着货架一个四英尺一个四英尺来看。所有人都站在货架前面,培训师先让员工说这个货架有什么可以学习的,还有什么可以改进的。比如在沐浴露货架上,有的人想到的是什么品牌好卖,货架可以扩大一些。而培训师看到的不仅仅是细节,而是从多个角度去看,比如沐浴液旁边挂一些沐浴球可能会更好卖,要挂几种沐浴球等等。

5.1.4 导师制(Mentoring Method)

导师制是指企业中富有经验、有良好管理技能的资深管理者或技术专家,与新员工或极具发展潜力的员工之间建立的支持性关系。导师制度的推出是为了充分利用公司内部优秀员工的先进技能和经验,帮助新员工尽快提高业务技能,适应岗位工作的要求。

导师制分为三种类型:① 新员工导师制:建立导师制的初衷是为了充分利用公司内部优秀员工的先进技能和经验,帮助新员工尽快提高业务技能,适应岗位工作的要求。导师制发展到今天,导师的辅导范围已经从专业技术扩展到管理技巧甚至一些个人问题。② 骨干员工导师制:随着公司的不断发展,新员工的导师成为公司的骨干员工,他们希望在工作中也接受导师的辅导。于是选聘公司的中高层管理者做骨干员工的导师。③ 全员导师制:在新员工导师制和骨干员工导师制实施的过程中,导师制在职业生涯规划与发展中的作用越来越明显,作为被辅导者能够提升技能,而作为辅导者能够提升管理能力和领导力。因此开始推行全员导师制,使得辅导成为员工日常工作不可缺少的一部分,上级对下级的工作辅导成为一种责任和义务,并且和绩效、培训等相结合,形成职业生涯促进系统。

导师制体系的结构包括三个系统。① 导师选聘系统:根据绩效考核和能力评估对每一名员工进行评价,对于评价结果优秀、认同并能宣导公司文化、愿意通过辅导工作来提升他人同时提升自己的员工才可以做新员工的导师。骨干员工导师更多的是直接上级。② 导师管理评价系统:全员导师思想的引入,使得每个上级都成为其下级的导师,辅导下级是其工作职责,并且在个人目标计划中体现,通过被辅导者能力的提升来评价其辅导效果,并在绩效考核中作为一项绩效指标,在职位评估中作为衡量管理能力的依据,最后导师制的评价结果是和激励机制挂钩的。从这个意义上来讲导师管理体系是和其他模块交叉并共同发挥作用的。③ 导师辅导交流系统:包括对导师辅导技巧培训、导师辅导工作指导手册、导师经验交流活动。导师辅导技巧培训时,新员工导师通常以辅导技巧为主,骨干员工导师通常以教练技术为主,同时对导师进行企业文化和战略的宣讲和培训。导师辅导工作指导手册是具体描述了导师各个阶段应该做哪些工作并进行记录的工作手册。导师交流活动包括导师经验分享座谈会、导师问题研讨座谈会等。

导师制培训能否取得预期效果,关键取决于以下两个方面:① 员工导师的培养。很多企业实施导师制只是为了让新员工更快地提升技能,但在实施的过程中出现了很多问题,如导师的积极性不高、不知道如何进行辅导、因为工作忙没有时间进行辅导等。其原因之一是没有组织导师进行辅导技巧的培训,二是没有让导师从辅导工作中看到自己领导力提升这一好处。换句话说,如果导师只有输出,没有输入,必然会影响导师制的效果。② 导师制的配套体系。很多企业在实施导师制的时候感觉它是舶来品,很难在中国的企业落地生根,结果是做了很多表面文章,但效果不好而夭折。其根本原因在于,导师制作为一项人力资源实践不可能单独发挥作用,必须和其他职能模块如员工晋升、职业生涯规划、绩效考核、薪酬等保持一致,只有借助于其他职能子系统,才能发挥最大的效用。

导师制的典型特征表现为,导师为学员营造一个支持性的环境,指导学员解决工作中的难题,激励学员承担有挑战性的工作。导师制不仅适用于基层生产工人的技能培训,还可用于各级管理人员的培训。

5.1.5 案例研究法(Case Study)

案例研究法是指把实际工作中出现的问题作为案例,交给受训人员研究分析,培养其分析能力、判断能力、解决问题能力和扩展业务能力等的培训方法。通过案例研究法对员工进行培训,能明显地增加员工对企业各项业务的了解,培养员工间良好的人际关系,提高员工解决实际问题的能力,从而增强企业的凝聚力。

(1)案例研究的具体操作流程

① 指导教师向参加者简单介绍下列知识:案例研究法的背景、方法大意、特色;案例研究法应用时注意的问题及应用后能达到的效果;计划安排。只有让参加者对案例研究有了大概的了解后,才能使他们顺利进入角色,使培训工作顺利完成。

② 通过自我介绍,使参加者互相认识并熟悉,以培养一个友好、轻松的氛围。

③ 将参加者分成三到四个小组,每组成员八到十名,并任命每组的组长。

④ 分发案例材料。

⑤ 让参加者熟悉案例内容,并且指导教师要接受参加者对案例内容的质询。

⑥ 各组分别讨论研究案例,并找出问题的症结所在。

⑦ 各组找出解决问题的策略。

⑧ 挑选出最理想、最恰当的策略。

⑨ 全体讨论解决问题的策略。

⑩ 指导教师进行总结和点评。

(2) 采用案例研究法进行培训应该注意以下事项

① 由于案例是从实际工作中收集的,受训人员一般无法完全通过材料了解案例的全部背景信息。因此培训师(指导教师)分发完材料后,应仔细解释并负责接受受训人员的质询,以确保他们对材料的正确理解。

② 若不同小组在研究问题时思考方向与训练内容有误差,组长或培训师应及时予以修正。

③ 问题的症结可能会零散而繁多,因而归纳出来的对策也会零乱不堪,因此小组有必要根据重要性和相关性整理出适当的对策。

④ 若培训师发现各组提出的对策仅为没有新意的一般性对策,则应加以提示,促使小组成员更深入地思考。

⑤ 在全体讨论解决问题的策略时,不同小组可以提出质询,并阐明与自己观点的差异所在,以相互激发灵感,然后再作进一步的讨论。

⑥ 培训师进行总结时,既要对各组提出的对策优缺点进行点评,又要对案例问题的解决策略进行剖析,同时还可以引用其他案例进一步说明问题。

⑦ 培训师挑选案例时,应根据培训课程的目的,挑选适当的案例信息。

(3) 案例研究法的优点与缺点

案例研究让受训人员集中参与某一活动,有利于发挥其主动性;受训人员可以在案例学习中获得管理方面的知识和经验;案例研究形式生动具体,有针对性。当然,案例研究中受训人员无法完全真实地体验案例的环境和任务压力;案例的特征不能代表真实的企业经营活动;案例的获取需要时间成本、物力成本和人力成本。

案例研究法与角色扮演法相结合,适用于经理人员或管理精英的技能提升或潜能开发。

5.1.6 角色扮演法(Role-playing Method)

角色扮演是以有效开发角色(具体到企业就是各类员工)行动能力为目标的训练方法,它能够进一步改变学员态度及培养学员解决问题的能力。角色扮演法,主要是运用于访谈、电话接听、谈判技术、人员接待等基本技能的学习和提高。

(1) 角色扮演的具体操作流程

① 在角色扮演开始时,培训师讲解训练方法的名称、内容及预期要达到的目标。

② 在扮演正式角色之前开展一些活动,以培养受训人员之间轻松愉快的气氛。

③ 决定各角色的具体任务及扮演者。

④ 实际扮演,各成员各就各位,根据分配的角色开始演示。

⑤ 表演结束,观察员针对各表演者存在的问题进行分析与评论。

⑥ 分析、讨论后再重新扮演或重播录像带,对问题再次予以确认。

(2) 实施角色扮演的注意事项

① 首先应明确扮演者只是教材提供者,观察员才是分析、评判的主角,因此观察员自始至终应密切注意演练过程,并作适当评论。

② 角色应包括三个部分:导演、表演者和观察者。

③ 活动内容包括自我介绍、三分钟演讲、大声朗读文章等,尽量使受训人员在不感到尴尬或消除抗拒心理的情况下开始表演。

④ 正式表演之前,担任某一角色者应先说明自己的身份,并解释自己正在担任何种内容的演示,同时回答观察员提出的质询。

⑤ 导演首先应将不同员工担任角色的特征解释清楚,然后再宣布演练的开始。

⑥ 实际表演结束时,各组观察员应选派代表进行分析、评论,并作最后评价。

⑦ 导演根据观察员的评价,对各演练小组进行评分工作,确定各组分析能力的最后得分。

⑧ 重新演示的一般方式是播放录音带(录像带),各角色发表自己对对方角色的感想,及作为企业员工的建议和感想。

(3) 角色扮演法的优点与缺点

角色扮演法有其他方法无法替代的优点,也有自身局限性。优点体现为:受训人员可以与培训师以及其他受训人员充分互动,培训的参与性强;特定的模拟环境和主题有助于训练受训人员的基本技能;通过扮演角色行为和观察他人的角色行为,可以提高受训人员的观察能力、沟通能力和解决问题的能力。当然,角色扮演法的缺点也不容忽视:角色扮演如果失败,会影响受训人员的信心和积极性;反面角色或消极角色容易引起受训人员的抵触,扮演效果不好;角色扮演的效果与培训师的水平密切相关;学员的角色扮演能力不同,培训效果也不同。

角色扮演法比较适合互动性的职业技巧和工作中人际沟通能力等方面的培训。

5.1.7　工作轮换法(Job Rotation Method)

工作轮换是指让培训对象在预定的时期内变换工作岗位,使其获得不同岗位的工作经验和技能。工作轮换作为行为示范培训法的一种典型方式,强调通过具体的岗位实践提升员工的工作胜任力。

工作轮换的实施要点包括三方面:① 选拔轮换对象时,要充分考虑其需要、兴趣、态度和职业偏好,选择合适的岗位;② 工作轮换的时间应根据工作者的学习能力和学习效果确定;③ 给受训人员配备有经验的培训师(如内部导师)。

工作轮换的优点主要包括以下方面:让受训人员体验到工作的新鲜感;增加了受训人员的学习、沟通机会;丰富了受训人员的技能,有助于满足其成长和发展的需要;通过岗位轮换,有利于增强不同部门间的合作;通过培养受训人员的多种专业技能,为组织多样化后备人才奠定基础。当然,工作轮换也存在一定缺陷:员工可能体验到适应新环境的压力,可能导致员工缺乏对某一领域的深入探讨或对某一技术的精确掌握,员工适应新岗位期间组织的生产绩效可能受到影响。

工作轮换一般适用于直线型管理人员的培训,不适用于职能管理人员的培训。此外,工作轮换也适用于新员工培训。

【超级链接】

摩托罗拉的工作轮换

摩托罗拉公司普遍实行工作轮换制度,只要有能力、有要求,公司就给员工各种机会和权利,尽可能做到能上能下和民主决策,这样既使更多的人得到锻炼,也便于每个人发现自己最合适的工作岗位。管理人员之间也采用轮换的方式进行培养,人力资源、行政培训、采购等非生产部门的领导多数具备生产管理经验,不但有利于各部门更好地为生产服务,也有利于管理人员全面掌握公司的情况并成为合格的管理人员。生产工人的前道工序和后道工序、装配工人和测试检验工人也经常进行岗位轮换,这样可以使员工成为多面手。

5.1.8 冒险性学习(Adventure Learning)

冒险性学习又叫野外培训或户外培训,主要是利用有组织的户外活动来开发团队协作和领导技能。它最适用于开发与团队效率有关的技能,如自我意识、问题解决、冲突管理和风险承担。冒险性学习常见的形式有登山、爬墙、攀绳、蹦极、登梯、走钢丝等。

冒险性学习对受训者的身体素质要求较高,而且在练习中常常让受训者相互接触,这些将给企业培训带来一定的风险。所以,考虑在什么情况下使用冒险性学习是非常重要的。要使冒险性学习获得成功,培训前,培训师要使练习活动与活动参与者希望开发的技能类型密切相关。培训后,要由一位有经验的辅导人员组织受训者参加一次讨论,探讨在练习中发生的事情、学到的东西与工作情况的关系,以及如何设置目标并将所学知识应用于实际当中。冒险性学习的关键是要坚持让整个工作群体一起参与培训,这样妨碍群体有效性的因素一旦出现,就可加以讨论。

冒险性学习具有以下三个特点:

① 冒险性学习允许受训者在没有正式商业准则的情况下进行人际交往。这种环境对那些将自己融入一个有凝聚力的团队的员工来说非常关键。

② 冒险性学习的实践让受训者共享一段具有感情色彩的经历,能帮助受训者打破原有行为方式,从而自愿改变自己的行为。

③ 在工作中会发生与在冒险性学习实践中类似的行为,因而通过分析练习中发生的行为,受训者就可以感知什么是无效行为,什么是有效行为。

冒险性学习需要确保受训人员的人身安全不受威胁,因此,企业必须挑选有资质的培训单位和有经验的培训师。

5.1.9 行动学习(Action Learning)

行动学习法产生于欧洲,英国瑞文斯(Revans)教授是其重要创始人。在行动学习培训课程中,每个参与者所在的机构都提出一个比较棘手的问题,他们被交换到不同于自己原有专业特长的题目下,组成学习的团队,群策群力,互相支持,分享知识与经验,在较长的一段时间内,背靠学习团队,解决这些棘手的难题。这种方法即是行动学习法。实践表明,这种方法获得了成功。

行动学习的成功需要组织拥有一批专业的促动师队伍,他们能够运用专业的促动技巧,协助组织提升个人及团队绩效,通过开发组织内部潜能来解决实际问题,促进组织发展。促动师通过及时将潜在思考过程显现在桌面上,促进思考的严谨性(比如建立在更为客观依据上的思维)以及思考的深度(比如反思自己得出结论的深层假设或心智模式)。促动师的最终使命就是让每一个参与者都学会用促动师的技能思考和交流,从而极大地提高组织解决现实问题的能力。

为了实现行动学习的目标,促动师的角色应满足下列要求:

① 促动参与者以欣赏的眼光重新看待其组织。

② 促动师关注空间及气氛,关注团体能量。

③ 促动师关注参与学习的所有人及他们之间能量的流动。

④ 促动师不推销或让他人推销想法,而是促进每个人自发地思考,呈现"灵光乍现"的时刻。

⑤ 促动师问正确的问题(所谓的正确问题既是其答案是有助于个人/小组去发现其所需的行动又同时使他们承诺与实践)。

⑥ 促动师尽可能不带有自身的期望和影响促动结果的想法。若促动师意识到自己无法做到,则需要主动让其他对事情无预设立场的促动师来担任此角色。

⑦ 促动师知道"最重要的工作就是那些尚未完成的工作"。因而,这不是一项探讨"是什么原因导致我们当下的困境"的工作,而是探讨"我们可以沟通创造一个怎样的未来"的工作。

实施行动学习法可以分为如下四个步骤:第一步,由发起人发起行动学习项目,包括确定研究的课题、指派具体负责人员或机构、提出要交付的成果和验收方式;第二步,行动学习的具体负责人(机构)制定实施方案、选择参加人员、寻找外部支持专家、落实经费;第三步,严格按照计划实施;第四步,按计划由发起人组织成果验收。

行动学习法适用于以下情景:用于经理人员培训,可以有效克服目前企业培训与实际工作脱节,以及培训效果低下的状况;用于解决战略与运营问题,可以使企业摆脱单纯依赖外部咨询机构解决问题的方法,高质量地解决企业实际问题;用于组织与文化建设,可以以此落实组织与文化变革战略,增进不同部门人员的相互理解,提高组织的核心竞争力。

【超级链接】

IBM 的行动学习效果

1992 年,郭士纳入主摇摇欲坠的 IBM。他放手让全球高级管理发展项目经理罗恩尝试行动学习项目。正如后来罗恩所言:"从一开始我们便下定决心要采用最好的学习方法,着手改变企业文化,通过行动学习的方式帮助一切工作走向正轨。我们已经对此着迷,事实上这个项目可以使双方达到双赢。我们可以解决政策上的主动性问题,并且可以一边学一边做。因此,行动学习成了整个项目的核心。"项目结束后,几乎100%的项目参加者都说："当我重返工作岗位的时候,我的行为真的在好多方面已经或将要改变。"

5.2 基于信息技术的培训方法

随着计算机、多媒体和网络等新技术的发展和普及,人们发现利用这些新技术进行培训,可使得培训工作发生巨大的变化。虽然这些新的培训方法并不能完全取代传统的培训方法,但在与传统方法的配合使用中能够对培训工作产生深刻的影响,它不仅改变了培训观念与方式,还在很多时候对学习理念产生革命性的影响。

新技术包括成像、交互式声音回应系统以及专用培训软件等,一方面可以简化培训流程,另一方面可以大大降低培训成本。此外,新技术还可以为培训提供支持服务,例如,通过电子绩效系统和电子会议系统,员工可以按照自己的需要随时从专家那里获取所需信息。新技术对培训的影响如图 5-2 所示。基于新技术的员工培训具有以下特点:员工能完全控制培训时间和培训地点;员工和经理可以按照自己的要求获得有关知识和专家建议;员工可以自己选择培训媒体;实现电子化培训管理,课程登记、测验、记录等均在电脑上完成;取消对培训的监控。

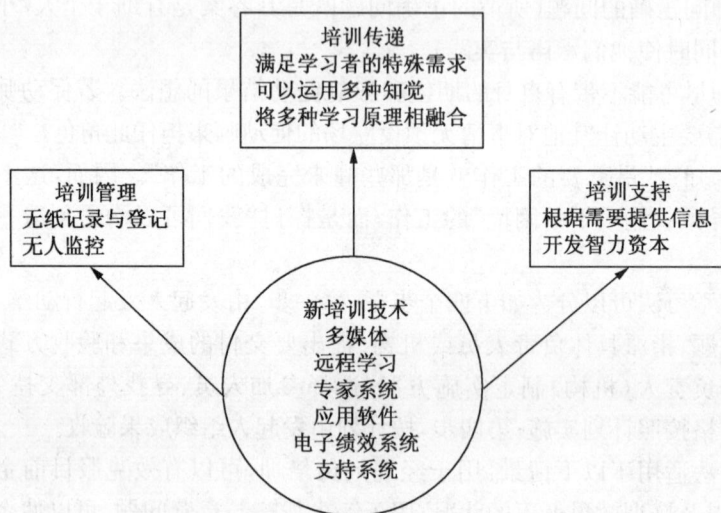

图 5-2 新技术对培训产生的影响

基于新技术的培训开发方法包括:多媒体培训、远程培训和 E-learning 等,下面将逐一阐述。

5.2.1 多媒体培训(Multimedia Training)

多媒体培训是将各种视听辅助设备(或视听媒介,包括文本、图表、动画、录像等)与计算机结合起来进行培训的一种现代技术。多媒体技术是以计算机为中心,综合处理和控制多媒体信息,并按人的要求以多种媒体形式表现出来,同时作用于人的多种感官。因此多媒体培训技术使得原来抽象、枯燥的知识变得生动、形象,能够更加直观地把内容传递给受训者,激发其学习兴趣和求知欲望。由于多媒体培训以计算机为基础,受训者可以用互动的方式来学习内容,让他们通过亲自参与来发现问题,系统可以进行及时引导,提供帮助,这就大大加深了受训者对尚未掌握知识的理解,提高了受训者处理实际问题的能力。在培训中可采用交互式录像和利用网络等方式进行培训。

虽然目前多媒体培训的使用频率较高,在进行管理技能和技术技能培训时也有一定的应用,但它仍存在一些缺点,如培训费用较高、不适合人际交往技能培训等。制约多媒体培训的最大问题是开发费用,多媒体培训教材开发的费用大致在 2.5~25 万美元不等,而且培训内容需要不断更新,这使得开发费用大大增加。因此,培训者应该正视其优缺点(如表 5-2 所示),合理利用多媒体培训技术。

表 5-2 多媒体培训的优缺点

优　点	缺　点
自我控制进程	开发费用昂贵
互动性	对某些培训内容不适用
内容具有连续性	受训者对运用新技术有顾虑
传递方式具有连续性	不能快速更新
不受地理位置限制	对其效用缺乏统一认识
反馈及时	
内置式指导系统	
可利用多种知觉	
可检测掌握程度	
可以不向外人公开	

5.2.2　远程培训(Distance Training)

远程培训是为分散在不同地域的公司提供关于新产品、政策、程序的信息和技术培训或者专业讲座。远程培训通常采用两种技术使学员之间进行双向沟通:

一种是受训者同时性学习,即通过培训设备,受训人员可以和培训师(位于其他地方)及其他使用个人电脑的受训者进行沟通。这种培训包括电话会议、视频会议、录像会议及文件会议(让员工可以通过计算机来合作制定一份文件)。

另一种是通过个人电脑进行的个人培训。这种培训方法可以包括网络培训等多媒体培训方式。通过公司的内部网、录像、教学软件,可以分发课程材料和布置作业。而培训师和受训人员之间则可以通过电子邮箱、公告栏和电子会议系统进行沟通。

远程培训的最大优点在于能为公司节约交通和住宿费用。而且,通过采用这种方法可以使处于不同地区的员工获得专家的指导和支持。例如,3M 公司的研发部门发现,利用成像技术进行为期 8 周的录像会议培训(培训师来自欧洲和美国),培训费用节约了87 000美元。

远程培训的缺点在于缺乏培训者和受训者之间的及时沟通。要使培训产生良好的效果,必须在培训师和受训人员之间形成良好的互动。而远程培训项目只利用了广播技术来为不同的人提供培训,因此不能产生良好的沟通效果。目前,随着多媒体、互联网等技术的发展,很多企业把这些新技术应用到远程培训当中,我们把这种改进过的培训方式称为现代远程培训。现代远程培训方式是指借助卫星电视网络、电信网络和计算机网络及(数字)多媒体三大网络实现人员异地交互的一种培训方式。目前,这种方式不论在大学教育还是在企业培训中都被广泛应用。

5.2.3 电子学习(E-learning)

E-learning(Electronic learning)这个概念来自于国外。关于 E-learning 的译法目前主要有三种:电子化学习、网络化学习和数字化学习。根据美国教育部 2000 年度《教育技术白皮书》,E-learning 是指通过因特网或其他数字化内容进行教育和提供相关服务;它充分利用现代信息技术所提供的具有全新的沟通机制和交互方式以及具有丰富资源的学习环境,实现了一种全新的学习方式。基于以上概念以及 E-learning 这个词是由 E-commerce 迁移产生,我们把它翻译为电子学习。电子学习简单地说,就是在线学习或网络化学习,即通过建立互联网平台,受训人员通过 PC(个人电脑)上网,通过网络进行学习的一种全新的学习方式。当然,这种学习方式离不开由多媒体网络学习资源、网上学习社区及网络技术平台构成的全新的网络学习环境。在网络学习环境中,汇集了大量数据、档案资料、程序、教学软件、兴趣讨论组、新闻组等学习资源,形成了一个高度综合集成的资源库。在企业中,电子学习一般指企业开展的借助网络的电子培训或网络培训。

(1) E-learning 的特点

虽然对于 E-learning 的内涵学界存在着不同的见解,但对于 E-learning 的特点还是形成了共识,主要有以下几点:① 基于计算机网络。计算机网络是 E-learning 赖以存在的物质基础和技术支持,它主要使用标准的网络技术,如 TCP/IP 协议将各个电脑终端连接在一起,将知识内容标准化。② 网络化的技术背景,促使培训资料优势互补、资源共享,培训内容及时更新,打破了时空限制,使异地学习成为可能。充分利用多媒体资源。③ E-learning 充分利用文字、课件、电视、光盘录像及动画等多媒体资源,使得培训内容更加形象和生动,增加了学员学习的兴趣和动力。更注重宏观学习。④ E-learning 优于传统的培训在于它不仅仅局限于多媒体课程教学,还包括传送有助于提升绩效的信息和工具,重点在于它给受训者提供了一种学习的解决方案。

(2) E-learning 的优缺点

作为一种基于网络技术的新型学习方式,E-learning 的优点主要表现在以下几个方面:① 大众化与个性化兼容。电子学习使每个员工都不受时间和地点的限制,从而可以实现真正意义上的全员培训;同时它又能实现个性化的学习,使员工按照所学专业、所在职务和从事业务的不同来选择自己所需的课程。② 高效率和低成本。从效率上看,电子学习能促进知识不断更新,同时员工能更好、更快地吸收新知识,从而适应企业发展、技术更新和市场不断变化的情况,提高知识的更新频率,大大提高了培训效率。从成本上看,电子学习节省了差旅、住宿、培训师、租赁教室和培训设备等费用,同时还可在职学习,不影响工作,节省了大量的机会成本。③ 可跟踪,易管理。电子学习可对员工的学习时间、内容、进度和成绩等信息进行记录和追踪,并能自动生成所需的各种报表,这为人力资源管理考核提供了重要的依据。

尽管当前电子学习在全球范围内都得到了广泛的认可,但它也存在着一定的缺点:① 对硬件要求较高。电子学习需要计算机网络设备作为基础才能发挥其独特的培训优势,如果企业需要电子学习方式进行培训,需要有高配置的电脑、稳定的网络。② 缺少情感沟通。应该说情感沟通是网络培训所遇到的最大难题,电子学习也不例外。从目前电子学习发展的情况看,互动的交流在技术上已不是难题,如电子邮件、BBS 等交互平台,但和面对面的直接交流相比,它还是缺少情感之间的交流。培训者和受训者之间不能够进行充分的情感和情绪上的沟通,使得培训效果大打折扣。因此,我们要考虑电子学习这种方式是否适合培训内容,比如人际沟通技能就很难通过电子学习获得或者提高。③ 培训内容需不断更新,与时俱进。培训的一个主要目的就是让员工学到最新、最重要和最好的信息和知识,这就要求培训者要根据各种环境的变化,及时对培训内容作出与时俱进的更新和完善,保持电子学习的优势,但事实上,电子学习体系所采用的课程大部分都是标准化的,不易修改,在解决问题的针对性和学习的互动性方面还存在很多缺陷,这也使得电子学习体系在课程选择和应用方面受到一定的限制。

5.2.4　视听法(Audiovisual Instruction)

视听法就是利用现代视听技术(如投影仪、录像、电视、电影、电脑等工具)传递信息对员工进行培训。这种方法通过视听的感官刺激,使受训者留下较为深刻的印象,录像是最常用的培训开发方法之一。

在使用视听法时应该注意以下事项:播放前要清楚地说明培训的目的;依据讲课的主题选择合适的视听教材;依据播放内容来发表个人感想或以“如何应用在工作上”来组织讨论,最好能边看边和受训人员讨论,以增加理解;讨论后培训师必须作重点总结或将如何应用在工作上的具体方法告诉受训人员。

视听法的优点体现在 4 个方面:① 由于视听培训是运用视觉和听觉的感知方式,直观鲜明,所以比讲授或讨论给人更深的印象。② 教材生动形象且给受训者以真实感,所以也比较容易引起受训人员的关心和兴趣。③ 视听使受训者受到前后一致的指导,使项目内容不会受到培训者兴趣和目标的影响。④ 视听教材可反复使用,从而能更好地适应受训人员的个别差异和不同水平的要求。

视听法的缺点主要有 3 个方面:① 视听设备和教材的成本较高,内容容易过时。② 选择合适的视听教材不容易。③ 教材不一定能很好地反映真实世界的空间和时间关系。

5.2.5　虚拟现实(Virtual Reality)

虚拟现实是为受训者提供三维学习方式的计算机技术,即通过使用专业设备(如佩戴特殊的眼镜和头套)和观看计算机屏幕上的虚拟模型,让受训者感受模拟环境并同虚拟的要素进行沟通,并利用技术来刺激受训者的多重知觉。

在虚拟现实中,受训者获得的知觉信息的数量、对环境传感器的控制力以及受训者对环境的调试能力都会达到"身临其境"的感觉。例如,摩托罗拉在高级生产课程上对员工进行寻呼机自动装配设备操作培训时,就采用了虚拟现实的技术。在显示屏上,学习者可以看到实际的工作场所、机器人和装配操作的虚拟世界,他们能听到真实的声音,且机器设备还能对员工的行动(如打开开关或者拨号等)有所反应。

它的优点和一般的非计算机的虚拟一样,具有仿真性、超时空性、自主性和安全性。比如能使员工在没有危险的情况下进行危险性操作;此外,虚拟现实的环境与真实的工作环境无太大差异,便于学习效果的迁移;而且虚拟现实可以让受训者进行连续学习,还可以增强长时记忆。

虚拟现实也存在着一定的缺点:首先,设备和设计方面的问题都可能使受训者所获得的感觉是错误的,如空间感是失真的,触觉的反馈不佳,或者感觉和行为反应的时间间隔不真实等;其次,一旦受训者的感觉被歪曲,他们就有可能出现被称为模拟病的症状,如恶心、晕眩等,也可能使受训者回到现实工作场景时把握不住工作要点。

虚拟现实适用于工作任务较为复杂或需要广泛运用视觉提示的员工培训,这种方式给予受训者在受控环境中检验各种假设的机会,这样在操作中既不承担现实世界的后果,又不浪费资源。

5.3 培训方法的选择

员工培训方法的选择是一项复杂的管理活动。作为一名培训师或培训管理者,在工作中经常需要选择培训方法。在大量可供选择的培训方法面前,培训者首先要对各种培训方法进行比较选择。

5.3.1 不同培训方法的比较

各类企业人员结构、内部工种、技术要求各不相同,企业培训必然是多层次、多内容、多形式与多方法的。我们需要对不同培训方法做一个比较,只有了解了各自的优缺点和适用范围,才能根据培训需要选择相应的培训方法(见表5-3)。

表 5-3 常用传统培训方法优缺点的比较

方 法	优 点	缺 点
讲授法	有利于受训者系统地接受新知识;容易控制学习的进度;有利于加深理解难度大的内容;可以同时对许多人进行培训	讲授内容具有强制性;学习效果易受培训者讲授水平的影响;只是培训者讲授,没有反馈;受训者之间不能讨论,不利于促进理解;学过的知识不易被巩固
研讨法	强调学员的积极参与,有利于学员培养综合能力;多向式信息交流加深对知识的理解,提高运用能力;形式多样,适应性强,可针对不同的培训目的	对研讨题目和内容的准备要求较高,对指导培训师的要求较高;题目要具代表性和启发性,难度要适当,并事先提供给学员做准备

方 法	优 点	缺 点
案例研究	参与性强,将提高解决问题的能力融入到知识传授中;教学方法生动;学员之间能够通过案例分析达到交流的目的	案例准备时间长、要求高;对学员和顾问的能力要求高;无效案例可能会浪费时间
商业游戏	游戏的趣味性引起受训者们参与的欲望,通过这样的活动,培养受训者对学科内容本身的兴趣;改善受训者集体的人际关系;受训者学习的东西与直观、复杂的情形相联系,理解的就深刻些,学到的东西也易于记忆;游戏不仅在准备工作方面,而且在承担的后果方面的花费都较少,受训者可以目睹他们的决定所产生的后果,而且无需经受高昂的代价	游戏可能将现实过分简单化了,这会影响受训者对现实的理解;游戏也会使人缺少责任心,游戏毕竟不是现实,他们的决策可能相当随便,由于不同的参加者和结果的各不相同,所以教师也不能确定每个受训者究竟学到了什么;游戏也存在着后勤保障方面的问题,个别游戏的材料是很费钱的;游戏比较费时间,游戏所需游戏法要经常修改,有时甚至是从头设计
角色扮演	有助于训练基本动作和技能;提高人的观察能力和解决问题的能力;活动的集中,有利于培训专门技能;可训练态度、仪容和言谈举止;能在一个安全的学习环境中练习技巧;面对挑战有机会回顾过去的行为;探索并实践新的行为;在语言和非语言行为上获得反馈的机会;促进新的想法、策略和价值以改进效果	人为性太强;过于强调个人;容易影响态度不易影响行为;角色扮演的设计有局限性;角色扮演的实施有局限性
工作指导(导师制)	经济、实用、有效;适用范围广泛	受导师(指导者)能力的限制
冒险性学习	冒险环境对那些将自己融入一个有凝聚力的团队的员工来说非常关键;冒险性学习的实践让受训者共享一段具有感情色彩的经历,能帮助受训者打破原有行为方式,而且自愿改变自己的行为;在工作中会发生与在冒险性学习实践中类似的行为,受训者就可以感知什么是无效行为,什么是有效行为	

我们知道了不同培训方法的长处和短处,还要对不同培训方法的人力、财力要求及其培训效果有所了解(见表 5-4)。

表 5-4 各种不同培训方法的培训效果比较

方 法	师资要求	费用	反馈	强化	实践	激励	迁移	个体适应	对受训者要求
课堂讲授法	高	低	差	差	差	差	差		水平较一致为好
工作指导法	较高	较低	优	中	良	良	差	良	无特别要求
视听技术法	低	中	差	差	差	差	差		对培训内容有一定的基础

方 法	师资要求	费用	反馈	强化	实践	激励	迁移	个体适应	对受训者要求
研讨法	较高	较低	优	良	良	优	良	中	积极参与,各抒己见
案例研究法	较高	低	中	良	良	中	中	差	有较高的管理决策水平
角色扮演法	中	较低	良	良	良	中	良	中	积极参与、有创新意识
商业游戏法	较高	较低	优	中	差	良	良	差	积极参与、易被启发
工作轮换法	低	较低	中	中	良	良	良	良	有较多的工作经验
网络培训法	中	较高	差	差	差	差	差	中	熟悉网络操作、积极主动
参观访问法	低	较低	差	差	差	差	差	差	有一定工作技能和经验

(资料来源:胡君辰,郑绍镰.人力资源开发与管理.第2版.上海:复旦大学出版社,1999)

从表5-4可以看出,讲授法的效果最差,但是费用最低;工作指导法的费用最高,但是效果并非最好;效果最好的是研讨法,其费用较低,似乎是企业培训的首选方法。这些培训方法中除工作指导法和网络培训法对受训者无特别要求外,其他方法都对受训者的能力素质有一定的要求。此外,有些方法对受训人员的知识和技能有一定要求。各种培训方法的效果指标评价表明,讲授法、视听法、网络培训法、参观访问法的培训效果较差,工作指导法、研讨法、案例法、游戏法以及工作轮换法的培训效果较好。

培训效果的评价标准有不同分类,除了上表中的反馈、实践、强化、激励、迁移和适应等方面的效果之外,还可以划分为知识获得、态度转变、解决问题技能、人际关系技能、受训者接受性、知识保持等指标来衡量。因此,我们可以将不同培训方法在这些指标中的效果来排序,见表5-5。

表 5-5 不同培训方法的效果指标

方 法	知识获得	态度转变	解决问题技能	人际关系技能	受训者接受性	知识保持
课堂讲授法	8	7	8	8	8	3
工作指导法	3	8	5	5	10	1
视听技术法	7	6	7	7	4	5
研讨法	1	2	4	3	5	2
案例研究法	5	4	1	4	1	4
角色扮演法	2	1	3	1	3	6
工作轮换法	4	5	6	6	9	8
商业游戏法	6	3	2	2	2	10
网络培训法	9	10	9	10	6	7
参观访问法	10	9	10	9	7	9

备注:1表示效果最好,10表示效果最差,以此类推。

从表5-5可以看出,如果要使员工获得知识,可以选用研讨法、角色扮演、工作指导等方法；如果要使员工转变态度，可以选用角色扮演、研讨法等方法；如果要使员工掌握解决问题的技能，可以选用案例研究、游戏、角色扮演等方法；如果要使员工掌握人际关系技能，可以选用角色扮演、游戏等方法：如果要使员工保持知识，则可以选用工作指导、研讨会、讲授等方法。而参与者的接受性以案例研究为最佳，以工作指导为最差。

上述比较分析有利于企业管理者根据企业培训的目标、培训内容、期望产生的培训效果以及现实情况、成本费用等综合分析做出合理的选择，使各种方法之间能相互补充，最终使培训工作达到预期效果。

当然，以上比较只是相对的、粗略的。比如在"解决问题的技能"一栏，若是指工人操作技能，则工作指导法、工作轮换法要比案例研究的效果好；而要是针对中层管理干部以上的人员，则案例研究法和角色扮演法效果较好。实际操作中，应根据具体培训目标、培训内容、培训对象以及环境的变化而灵活选用培训的方法，并注意交叉运用多种培训方法，多管齐下，才能获得良好的培训效果。

5.3.2 培训方法选择的原则

许多人在选择培训方法时，总是追求选择所谓的最佳培训方法。其实，普遍适用的、最佳的培训方法是没有的，只能说对于不同的目标、内容和对象而言，某种培训方法是更适合的。培训师在选择培训方法时通常需要注意以下原则：

（1）目标是方向

企业的培训目标通常分为三类：更新知识；培养能力，包括工作技巧、工作技能和经验决策能力以及改变态度（见表 5-6）。

表 5-6 培训目标与培训方法的匹配

培训目标	培训方法	理 由
更新知识	多采用课堂讲授、影视技术等方法	知识性培训涵盖内容较多，且理论性较强，课堂讲授法能够体现其逻辑相关性，对于一些概念性的内容、专业术语性内容通常通过讲授，便于学员理解。影视技术可以作为补充
培养能力	多采用角色扮演、工作指导、案例分析、研讨法等方法	技能培训要求学员掌握实际操作能力，如销售技能、生产作业技能等，学员经过角色扮演、工作指导反复练习，使技能熟练到运用自如；对于以培训企业中级以上经营管理人员的经营决策能力为培训目的则应选择案例研究法、研讨法，通过案例研究和事件研讨来增强解决实际问题的能力
改变态度	多采用游戏等方法	态度培训若采用课堂讲授法会使学员感到空洞；角色扮演又较难体现态度转化课程的内容，如团队精神的培训等。采用游戏培训可以使学员通过共同参与的游戏活动，在轻松愉快的游戏中得到启发，再通过培训顾问在方法上加以引导，将很快转变成学员的主动行动

（2）方法为内容服务

"方法为内容服务"是选择方法时的基本逻辑。针对不同的培训内容选择合适的培训方法是培训师必须遵循的准则，可参见表5-7。

表5-7 培训内容与培训方法的匹配

序　号	培训课程内容	适合培训方法
1	领导艺术	研讨法、角色扮演等
2	战略决策	案例研究、研讨法等
3	管理常识	课堂讲授、影视技术等
4	产品知识	课堂讲授、影视技术等
5	营销知识	课堂讲授、案例研究等
6	财会知识	课堂讲授、影视技术等
7	跨国经营	案例研究、研讨法等
8	品牌管理	案例研究、研讨法等
9	管理技能	角色扮演等
10	作业技能	工作指导、工作轮换等
11	人际沟通技能	角色扮演等
12	创新技能	研讨法、工作指导等
13	商务谈判技能	角色扮演、研讨法等
14	销售技能	角色扮演等
15	服务技能	角色扮演等
16	团队精神	游戏法等
17	服务心态	游戏法等

（3）因材施教

学习者所具备的基本知识、技能以及内在需要，也影响着培训方法的选择。例如，当受训人员毫无电脑知识时，网络培训法就不太适用；当受训人员的教育水平较低时，自我学习的效果就不会很好；当受训人员分析能力欠佳并不善于表达时，研讨法和案例研究法就难以取得预期的效果。因此，培训方法的选择还应考虑到学员本身的知识状况和应对能力，做到"因材施教"。

在实际的培训工作中，培训者面对的培训对象往往差别很大，有新员工与老员工之分，有基层员工与高层员工之分，有本土员工与非本土员工之分。不同的培训对象有不同的实际情况，如果对于每一种培训对象，都采用同样的方法，很多情况下都收不到好的效果。对于企业而言，针对新员工、基层员工、本土员工的培训较为常见；但是近年来，针对高层管理人员的培训与开发日益增多。

对于新员工来说，刚进公司，对公司的基本情况还不了解，讲授法和视听技术法是基本的培训方法。新员工要对企业形成全面的认识，还可以采取参观法和工作指导等方法。

基层员工素质不如高层员工全面,他们希望接受的培训内容是非常容易理解的,实用性强的。如果采用研讨法和案例法就不符合他们的要求。而选择那些实用性较强的方法,如工作指导、角色扮演等方法,就能较好地满足他们的要求。

本土员工与非本土员工因为文化背景不同,存在一定观念习惯的差异。培训者选择培训方法时,要充分考虑到这种差异。比如说,某些国家的员工非常喜欢表现自己,针对这类员工的特点,采用研讨法和角色扮演等参与性强的培训方法就很适合;而有些国家的员工比较含蓄,不愿在众目睽睽之下表现自己,对这样的员工如果事先不了解这一差别,同样像表现欲强的员工一样培训,可能就会在进行参与性强的培训中出现冷场的尴尬场面。

高层管理人员的决策能力直接影响企业的战略执行程度和竞争力强弱。因此,高管人员的培训应该选用信息量大且具有一定难度的方法,如案例法、研讨法、游戏法等。

总之,由于每个企业的培训需求不同,每次培训的具体对象也可能不同,因此,培训者在实际操作中要灵活对待。

5.3.3　影响培训方法选择的其他因素

除了上面提到的一些原则和注意事项之外,在选择具体培训课程的培训方法时还要考虑到下面一些因素:

(1) 所需的时间。由于各种培训方法所选用的时间长短不一样,所以,培训方法的选择还受时间因素的影响。有的培训方法需要较长的准备时间,如多媒体教学、录像带教学;有的培训方法实施起来则时间较长,如工作轮换。这就需要根据企业组织、受训人员以及培训者个人所能投入的时间来选择适当的培训方法。

(2) 受训者的岗位可离度。对那些难以离岗接受培训的员工(如一线操作员),合理的解决方式是指用分散的培训方法,如导师制。对工作可离性高的员工,在企业统筹安排下,采用集中培训方法能够提高培训的控制力以及培训的效果。

(3) 所需的经费。有的培训方法需要的经费较少,而有的则花费较大。比如演讲、研讨法、案例研究等方法,所需的经费一般不会太高,差旅费和食宿费可能是主要的花费;而视听技术和网络培训法则花费惊人,如各种配套设备购买等需要投入相当的资金。因此需要考虑到企业组织与受训人员的消费能力和承受能力。

(4) 受训人员的数量。受训者人数的多少也影响着培训方法的选择。当受训者人数不多时,小组讨论或角色扮演是不错的培训方法;但当受训者人数众多时,演讲、多媒体教学、举行大型的研讨可能比较适当。因为受训者人数的多少不仅仅制约着培训方法的选择,而且会影响培训的效果。

(5) 相关科技支持。有的培训方法需要相关的科技知识或技术工具的支持。比如,电脑化培训自然需要电脑的配合;视听技术法至少需要会用电脑和影碟机;网络多媒体教学则需要更多的声光器材的支持。所以,培训单位或组织能否提供相关的技术和器材,将直接影响着高科技培训方法的采用。

本章精要

传统培训方法分为三大类:演示法、传递法和团体建设法。具体包括:讲授法、研讨法、游戏法、导师制、案例法、角色扮演法、工作轮换法、冒险学习法、行动学习法等类型。

随着计算机、多媒体和网络等新技术的发展和完善,基于新技术的培训方法备受青睐。例如,多媒体培训、远程培训、电子学习和虚拟现实等。这些培训方法借助新技术媒介超越了传统培训的边界:满足学习者的特殊要求、可以运用多种知觉、将各种学习原理相融合。

尽管培训方法很多,但是如何选择培训方法也是一个重要的话题。培训目标是选择培训方法的出发点和落脚点,培训方法必须为培训内容服务。此外,培训师、培训对象、经费预算、培训时间安排以及培训场地以及设备等,都会影响培训的具体方法选用。

复习思考

1. 讲座法、案例研究和角色扮演三种培训方法各自的优缺点是什么?它们分别适用于何种情境的培训?

2. 如果你在开发一个有效的团队时要在冒险性学习和行动学习中作一选择,你将选择哪一种?说明你的理由。

3. 针对不同的培训内容,如何选择媒介技术及其组合从而更好地实现培训效果?请举例说明。

4. 通过电话或面谈方式采访某一个公司的培训经理,请他或她介绍该公司所采用的培训技术媒介。

案例分析

A 公司导师制

A公司是一家高科技生产企业,由于公司规模的持续扩张和经济效益的稳步提升,现有员工综合素质和技能很难满足公司快速发展的需要。当今高新技术企业所处行业发展迅速、市场竞争日趋激烈,公司高层逐渐感觉到应对人力资源管理进行战略性规划和系统优化。于是,为了解决困扰公司成长的"人才培养、人才流失"等问题,人力资源部策划并推出了员工导师辅导制度即导师制。所谓导师制,是指企业中富有经验的、有良好管理技能的资深管理者或技术专家,与新员工或经验不足但有发展潜力的员工建立的支持性关系。该制度的推出是为了充分利用公司内部优秀员工的先进技能和经验,帮助新员工和部分转岗人员尽快提高业务技能,适应岗位工作的要求。导师制是在企业智力层面构建的一种良好的工作学习氛围和机制,是一种依靠企业内部人才资源,快速培养适合企业发展的人才培养机制。

(1) A公司员工导师制具体操作方法

首先是学员的确定,即新员工或有培养潜质的员工。新员工需要导师制,主要原因是A公司作为高新技术企业,应尽快增强新员工对公司的认同感、归属感,降低新员工流失率,缩短新员工的技能成熟期,迅速提高新员工的胜任能力。至于确定有培养潜质的员工,通过工作分析可以明确哪些员工需要接受导师制培训。在企业中有许多不同的"压力点",表明培训是必要的。这些压力点包括绩效不良、新技术出现、内部以及外部顾客产生培训需求、工作重新设计、新的法律法规出台、客户偏好发生变化、新产品出现或者雇员缺乏基本技能等。针对 A 公司，如何确定进行导师制培训的员工，这里有一个重要的潜在指标：当出现了新技术新任务，或者员工需要改善工作绩效且有培养潜质的需要的时候。有培养潜质的员工资格的确定，需要采取两个方面结合，一方面是部门领导推荐，另一方面是个人自主推荐，把学员的主动性和自愿性结合，保持积极学习的心态。

其次是导师的确定。导师制是一项利在长久的系统工程，导师素质的高低直接影响着执行的效果，这是高新技术企业实施导师制成败的关键。它要求"导师"必须具备相应的理念、能力和技巧，否则难以达到预期目标。符合任职资格的导师一般是公司正式任命的干部、确定的后备干部或者部门骨干员工，人品好、工作能力强、工作经验较丰富且乐于助人，认同并理解企业理念、企业精神和企业文化，参加过导师技能培训或已具备指导新员工的实际经验，对实施导师制有积极的态度。导师的聘任在满足导师任职资格基础上，还须考虑员工担任导师的意愿，并且指导的双方都可以提出变更指导关系的请求。对于导师的确定，A 公司人力资源部先根据个人的综合素质、管理能力、业务能力、个人专长等情况，分别确定一级导师、二级导师和三级导师。不同资格的导师带不同层次的学员，每名导师至多带 3～4 名学员，形成梯状的人力资源结构。

第三是确定培养方案。在学员和导师均确定后，A 公司各部门领导及人力资源管理部等相关部门共同负责对"导师"的辅导和培养，制定系统的培训计划，并定期对导师进行培训，公司向导师提供关于公司经营理念、发展战略、企业文化、指导新员工技能、团队建设、职业生涯发展规划等方面的培训课程，并提供相应管理技能的工具和知识，导师的培训课程将随着指导内容的变化而作出相应的调整。导师对学员的培养方法可以灵活多样，比如工作上随时指导、定期指定研究课题、针对性的技能专题培训、谈话式的互动交流等多种方式。培训内容包括企业文化认知、企业规章、岗位职责、业务流程规程讲解、专业知识和工作经验传授等，主要由导师根据学员个人实际情况和公司发展需要相结合，选择相对应的培训内容。培训时间导师可与学员商定；确定了培养方法和内容后，导师要给学生指定相关的研究课题，并把培训计划和培训内容报给人力资源部备案，并接受人力资源部的定期检查和监督，确保培训的质量和效率。

第四是考核和优化。根据导师制定的培养计划，公司人力资源部每年根据上下级对导师指导过程的反馈情况和新员工工作表现的结果定期进行考核，对于学习的实际效果、工作中的成绩，人力资源部给予备案。对于优秀学员，人力资源部可以为学员引荐更高一级的导师，并把学员的进步作为导师晋升、晋级的依据之一。对于完不成培训任务、达不到培训目标的，人力资源部可以对导师及学员进行降级处理，并作为日后考核的依据。导师的聘任期一般是一年，聘期届满根据考核结果重新评选聘任导师。每年根据考评结果评出一批优秀导师，并将优秀导师列为后备干部队伍，给予重点培养和辅导。针对培训中出现的问题，导师会同人力资源部共同进行调整，不断地改进、完善培训方法和内容，实现内部培训的优化和升级。

（2）对 A 公司实施导师制的结果评述

加速新员工角色的转变：在导师指导下，新员工快速地了解到在公司工作过程中需要掌握的相关人际技能和管理技能，从而适应企业发展的需要，快速融入到企业中。

促进了员工对公司企业文化的认同和融合：通过导师的指导，员工更好地了解公司的企业文化，并从导师的实际工作过程中感受公司的企业文化，从而促进员工对公司企业文化的认同，同时也缩短了他们融入公司企业文化的时间。

使新员工技术成熟期缩短：迅速提高新员工的胜任能力，使其更快地达到职位的要求，提高公司的整体绩效及员工的人均绩效。根据相关数据统计，软件开发技术人员的技术成熟期在 24 个月左右，而 A 公司新聘员工的技术成熟期可缩短到 12～18 个月。

有助于降低员工的流失率：通过导师把对企业人本文化的理解潜移默化地传递给员工，并以实际行动体现对员工的人本关怀。加强员工对企业的认同和归属感，能够培养出符合自己企业发展要求的人才，最大限度地发挥人才潜能，使员工对自己的发展前途和空间充满信心，有效地防止人才的无序流动。

A 公司导师制构建了组织学习的机制，有利于形成"坦诚开放、互动学习"的氛围，体现了以人为本的企业文化即尊重员工并发展员工。一方面，员工通过导师的指导，快速地提高技能和知识水平，体现自己的价值；另一方面，在指导新员工的过程中，导师的业务水平和管理技能也不断增长，可以培养一批既懂技术又懂管理的优秀管理者队伍。

当然导师制也有其自身的不足之处，如易形成非正式组织，易使学员与导师之间产生依赖思想。因此在导师制的实施过程中，要注意防止拉帮结派的利己小团体产生。作为员工导师也要不断地提高自身个人素质，紧紧围绕公司的核心精神和核心竞争力去影响的引导学员，尽量避免"误人子弟"的错误发生。

问题：

该公司导师制有什么特点？对企业有什么作用？实施时注意什么问题？

第 6 章 培训成果转化

学习目标

学完本章后,你应该能够:
1. 掌握培训成果转化的概念和定义
2. 掌握培训成果转化的理论及影响因素
3. 掌握培训成果转化的流程
4. 了解培训成果转化中的几个具有代表性的模型
5. 了解提高培训成果转化的方法

关键术语

形式训练说　相同要素说　概括化理论　关系转换说　认知转化理论　自我管理理论　培训成果转化模型

开篇案例

GX 公司培训转化的困惑

GX 公司是生产高科技产品的制造型企业,由于良好的外部市场环境和正确的内部决策,2002 年初公司获得了高速发展的契机。目前有员工 700 人,2002 年全年产值 2.4 亿元人民币,并正在积极准备上市。公司最高领导层意识到公司内部学习速度必须与公司的发展速度相匹配,这样有利于公司的健康发展,因此培训工作受到了前所未有的重视。

为此,公司新增培训专员一职,隶属于人力资源部,并接受人力资源部经理的直接管理。培训由专人负责,使培训逐步走向了正规化。同年 8 月,GX 公司通过了 ISO 9001 认证,新的质量体系对培训提出了有效性的要求。此后,培训专员开始实施单个培训控制,增加了若干培训跟踪方法。例如:教师授课培训、5 级课程满意度调查、课后测试、关键指标追踪等。随着培训量的增加,培训专员无法对所有培训进行跟踪,只能选择培训投入大、课程重要性强的,或培训被关注程度多的课程进行评估。年末,培训专员提供以下数据:全年培训次数 67 次;全年培训人数 1 429 人次;年度计划达成率 99%;年度培训覆盖率 278%;跟踪率 70%;跟踪反馈优良率 95%,并且以上数据都有记录作为支持。从数字上看,2002 年度的培训工作似乎很有成效,但多数经理反馈培训并没有达到持续改善的效果,似乎培训只停留在了课堂上,随着教室大门的关闭,培训也就结束了。为什么会这样呢?

　　知识经济时代,信息爆炸,拥有雄厚的人力资源并不代表着企业就掌握了强大的人力资本。只有通过建立完善的员工培训体系,提高员工的绩效,才能提高企业的整体绩效;同时,培训也可以提高员工对组织的承诺感和忠诚度,使企业更加稳定。

　　开发培训成为企业保持并提高竞争优势的重要手段之一,越来越受到企业家们的重视。企业家们对培训的调查、计划、实施等环节都予以了高度的重视,投入了大量的人力、物力、财力去组织实施。然而培训成果的转化往往被忽视,并带来一系列问题。Newstrom(1986)研究发现,只有40%培训内容在培训后的短时间能立刻被迁移到工作情境中,25%的内容在6个月以后还能应用,15%的内容能支持到1年以后。如果以货币形式来衡量,大约只有10%的培训投入能够转化为受训者日后的工作行为。

　　进入新经济时代,组织生存环境变得更加复杂,组织面临更多的挑战和冲击,企业在追求自我生存和持续发展的过程中,既要考虑企业当前经营目标的实现和企业品质的提升,又要考虑企业在未来扩张的经营环境中能否保持持续的赢利增长和能力提高。在此种情境下,培训之后的成果转化任务变得非常重要,只有培训成果真正转化为员工自身的技能或能力,才能保证其绩效的提高和工作能力的发展。因此,企业应当关注培训后员工在工作实践中是否使用了培训中所学的知识和技能,重视他们习得的行为是否创造性地应用于实际,以及经过一段时间后行为是否仍能保持。培训只有发生了转化,才是有效的。

　　(资料来源:陈胜军.培训与开发:提高·融合·绩效·发展.北京:中国市场出版社,2010)

6.1　培训成果转化概述

6.1.1　培训成果转化的概念

　　培训成果转化,也称为培训迁移,指的是受训者将培训中所学的知识、技能、行为和态度应用到工作中,并能够在一段时间内持续产生作用的过程,即受训者持续而有效地将培训中所获得的知识、技能、行为和态度运用于工作当中,从而使培训发挥出最大价值的过程。

　　培训成果转化包括:内容保存、推广到工作当中并能维持所学内容。推广能力指受训者在遇到与学习环境类似但又不完全一致的问题和情况时,将所学技能应用于工作上的能力。维持则指的是长时间持续应用新获得的能力的过程。培训其实就是学习的过程,有学习体验的人都知道,学习新知识从刚接触到掌握、运用,需要不断地复习、不断地重复,直到运用新知识成为自己行为的习惯。培训成果的转化从理论上属于学习的迁移范畴(Transfer of Learning)。

6.1.2　培训成果转化的意义

　　成果转化作为培训工作的一个重要环节,已受到越来越多的学者和管理者的重视,其对于企业和员工都有着重要的意义。

　　(1)是培训工作价值的真正体现

培训就是使用各种方法给员工传授其完成工作所必需的知识和技能的过程。培训的目的是：一方面，影响员工的行为和产出，提高员工的工作素质、适应团队的合作、树立正确的工作态度、提高工作满意度和提升工作业绩；另一方面，影响企业的收益和运作，通过员工技能和知识素质的提高来提升企业竞争力，从而最终为企业带来价值的提升。因此，员工培训是企业的投资，是企业萌发勃勃生机的原动力。而培训目的的实现与否在于培训的内容是否能够真正转化为员工自身的技能，即员工是否真正将所学的东西运用到实际工作中并保持下去，也就是培训成果是否真正转化。只有培训成果转化的工作真正落实到位，培训的目标才能实现，培训的价值才能真正体现出来。

（2）是企业竞争力提升的关键环节

人力资本是企业竞争力的源泉，而要提升企业的竞争力，就要不断地提升企业内部人员的工作能力和素质。培训若要有效果，最终必须要落实到培训成果的转化方面，高效的培训成果转化是培训的战略价值得以实现的标志，即培训成果转化是培训战略性价值追求的目标。培训转化应被视作为培训的重要过程，培训的实施不应仅仅服务于当下、局限于当前，更应该将培训的效果放大到提高培训后的收益和企业未来的发展。

6.2 培训成果转化的相关理论

现代培训成果转化理论主要包括认知转化理论和自我管理理论。

（1）认知转化理论

认知转化理论是以信息加工模型为理论基础，信息的存储和恢复是该模型的关键因素。该理论的核心在于：一切新的有意义的学习都是在原有的学习基础上产生的，不受学习者原有的认知结构影响的学习是不存在的。一切有意义的学习必然包括转化，而转化能否实现，则在于认知结构的三个因素，即可利用性、可辨别性和稳定性。

可利用性是指认知结构中可利用来起固定作用的适当观念。具有较高抽象概括水平的观念对于新知识能提供最佳的固定点。因此，在培训时，可事先设计一些引导性材料，作为新知识的固定点，来促进培训转化。这种引导性材料也可称为"先行组织者"。可辨别性是指新知识与同化它的原有观念系统的可分辨程度。可分辨程度越高则越有利于新知识的学习。稳定性是指原有的起固定作用的观念的稳定性和清晰性。

总之，受训人员的认知结构中概括水平较高的观念越多、越清晰、越稳定，培训转化的效果就越好。该理论强调了在培训设计中，要注意培训知识与受训人员原有知识和经验的衔接，鼓励受训人员对培训内容在实际工作中的应用进行思考，并且进行应用练习。

（2）自我管理理论

该理论认为，在培训项目中应让受训者自行控制新技能及特定行为方式在工作中的运用。受训员工具有自我管理意识和技能十分重要，因为培训转化过程中总会遇到各种各样的障碍，如缺乏管理者和同事的支持，缺乏时间、设备和资金等，如果员工自身懂得如何争取相关的支持和资源，就能克服培训转化中的许多障碍。因此，该理论提出，在培训项目结束时，应向受训者传授自我管理技术。一般可通过如下步骤来进行：

首先，要求受训员工充分认识培训转化的重要性，树立自我管理培训转化的意识。

然后,要求受训者学习自我管理的基本技能:

① 要求受训者能通过自察明确现实与理想的差距,包括工作绩效、知识水平、技能水平和行为方式等方面的差距。理想的工作绩效、知识技能水平和行为方式指通过培训应该能够达到的状态,它就是迁移的目标。

② 依照迁移目标制定迁移方案,明确实现目标所需的特定行为方式、技能和策略。

③ 找出方案实施过程中可能面临的具体障碍因素。包括个人因素(个人动机、能力等)和环境因素(如管理者和同事的支持度、时间、资金、设备的充足度)。

④ 向受训者传授防止和应对培训转化障碍发生的技能和策略,如建立个人支持网络等。在此基础上,按照设定的目标进行自我监督,并不断自我激励,促进培训转化效果的最大化。

6.3 培训成果转化的影响因素

根据学者们的大量研究,影响培训成果转化的因素主要分为三个方面:员工个人特征、转化氛围和组织特征。

(1) 个人特征

坎贝尔 1989 年指出,受训者并不是从天而降的,他们都有各自的经验和经历。不同的经历导致对培训有不同的态度和行为。具体分析,员工的自我效能、认知能力、动机、学习方式、以往的经验、智力水平等都会对培训成果造成影响。

① 自我效能。自我效能是指员工相信自己能够成功地学会在培训项目中所要传授的内容。研究表明,高自我效能的受训人员比低自我效能的受训人员有更好的培训转化效果。

② 认知能力。认知能力包括三个方面:语言理解能力、定量分析能力和推理能力。语言理解能力指一个人理解并使用书面和口头语言的能力。定量分析能力指一个人解决数学问题的速度和准确率。推理能力指一个人发现解决问题途径的能力。研究表明,一个人认知能力的高低直接影响学习效果和工作绩效,而认知能力的高低又与一个人受教育的程度有关。所以应该有差别、有意识地引导认知能力低的职工提高自身的能力。

能力会对培训转化的效果产生影响。个人在培训中的学习水平经常与个人的能力相联系,能力较强的个人能够较好地完成培训所学的准备,特别是那些复杂的、艰巨的任务,他们也更有可能主动积极地去寻找或获得运用培训所学的机会,以便更好地保持和提高工作绩效水平。

③ 动机。动机对培训转化也有着重要的影响,动机是直接推动学员去学习、接受培训的内部动因。动机的产生是内驱力和诱因共同作用的结果。内驱力是在个体需要的基础上产生的内在推动力。诱因是能满足个体需要的外在刺激物。简而言之,内在需要和外在客体共同决定了学习动机的产生。需要是人对客观事物的需求在头脑中的反应,它往往以人内部的缺乏或不平衡状态表现出来。当这种不平衡状态表现为对客观条件的依赖性时,需要便以内驱力的形式从个体内部产生行为动机。但个体是否最终产生动机和行为不仅仅由内驱力决定,一般情况下,还需要一定的外部条件即诱因的存在。现

代心理学认为只有诱因才能使机体真正产生动机进而导致行为,而内驱力只是使有机体处于更易反应、准备反应的状态。在培训实践中可以看到,内容枯燥无味的教学既不能激起内驱力不强的学员听课,也不能激起求知内驱力强的学员的听课动机。因此,在培训活动中向学员提供各种诱因是一种很关键的教学手段。

④ 学习方式。学习方式对培训成果的转化同样有着影响。人的学习方式大致分为四种:反思型、理论型、活动型和应用型。反思型学习者喜欢通过仔细公正的调查来学习,他们学习的关键在于"观察"。理论型学习者愿意通过理论知识的逻辑思考和理性判断学习,他们学习的关键在于"思考"。活动型学习者是通过实验和错误学习的人,他们注重知识在实践中的运用,以实践来检验知识的正确性和掌握程度。应用型学习者通过具体的例子、参与或讨论学习,他们不喜欢归纳和抽象,而是通过"感觉"来学习。由于学习方式不同,每个学员对培训师采用的教学方法都会有不同的反应,学习的效果也各不相同。因此,培训师在培训过程中应尽量采用多种不同的教学方法,使每个学员都能从自己喜欢的角度去学有所得。

已有的经验、背景及智力水平。各种知识之间总是或多或少包含一些共同要素或一般原理,而转化也总是以先前掌握的知识为前提。因此,受训员工已有的知识经验和背景也会对培训转化产生影响。学员以往丰富的知识结构和经验背景完全可以成为新培训的学习资源;较多的经验和实践能够使员工看到问题表象后最本质的内容,顺利地学习新知识和新技能,继而更加科学、合理地将新知识和新技能运用于工作任务情境中的问题解决。换言之,相关经验的匮乏也是培训转化难以形成的原因之一。

因此,在培训阶段中,要充分考虑到员工的实际情况,尽量采用多种不同的教学方法,把提高员工学习能力、端正学习态度的培训与工作所需要的培训结合起来,量身定做培训计划;在培训实施过程中,因材施教,运用激励等手段,调动员工积极性,使每个学员都能从自己喜欢的角度去学有所得。因此,不仅员工个人特点会影响培训效果,企业也可以通过各种手段发挥员工个人特点,使之对培训效果产生积极影响。

(2) 转化氛围

培训的转化氛围指的是阻碍或促进组织成员将在培训中所学运用到实际工作中去的组织环境。大量研究表明,具有积极转化气氛的环境会使得受训者在工作中积极运用所学。

Rouiller 与 Goldstein 对一个拥有 102 家连锁店的餐饮企业进行研究,发现具有积极迁移气氛的环境将影响受训者使用他们在培训中的所学;如果受训者使用所学受到奖励,则会表现出更好的转化行为。并且,研究还发现,培训转化氛围包含两个主要因素:情境线索和结果线索,如图 6-1 所示。

情境线索指用于提醒受训者并为其提供机会,在工作中应用培训所学的线索,包括目标线索(组织设置目标要求受训者应用培训所学)、社会线索(上级或同事对受训者应用所学的态度)、任务线索(组织对受训者应用所学给予设备、资金和时间的支持)和自我控制线索(受训者在工作中的自主权)。

结果线索指能影响受训者将来应用培训所学的行为或措施,即受训者在实际工作中应用所学后得到的各种反馈,包括积极反馈(应用培训所学的受训者会得到表扬和奖

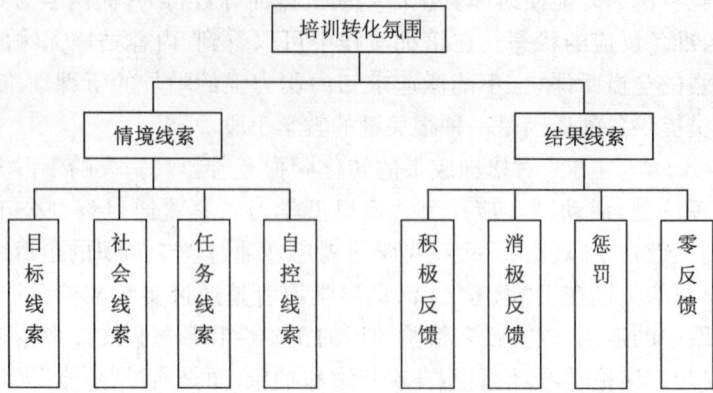

图 6-1　培训转化氛围模型

励)、消极反馈(上级、同事拒绝接受受训者应用培训所学)、惩罚(上级公开反对受训者在工作中应用所学)和零反馈(上级既不支持也不反对在工作中应用所学),一个具体的例子如表 6-1 所示。

表 6-1　转化氛围示例

情境线索	结果线索
• 管理者确定新员工有机会立即使用他们在培训中掌握的知识 • 管理者让新员工分享他们的培训经历,在工作中共同合作 • 培训中的装备与工作中的相似 • 管理者会安排一个有经验的员工帮助新员工 • 管理者把工作压力暂时降低,以使新员工有机会练习新的技能 • 在工作中可以得到培训的辅助,这样能支持受训者使用在培训中所学习到的东西	• 管理者会让受训者在使用他们的培训所学时知道他们工作得很好 • 管理者拒绝接受受训者做出的同在培训中所学习的不一致的行为 • 有经验的工人嘲笑受训者使用培训中的所学(反向记分) • 管理者没有注意到使用培训所学的新员工(反向) • 成功使用他们在培训中所学的新员工更可能接受工资的增加 • 使用培训所学的新员工在新的任命时会处于优先地位

后来,Traeey、Tannenbaum 和 Kavanagh 于 1995 年重复了以上研究中的大部分内容,发现培训迁移气氛能显著地预测上级的评价。对于组织中的培训迁移气氛,也有研究将领导的支持与同事的支持分开考察,把组织迁移气氛定义为个人感知到的具体的组织或团队中同事接受或希望受训者应用培训所学的程度。这样的考虑主要是基于领导的支持与赞同对受训者的培训迁移行为产生显著的影响,甚至比迁移气氛中其他因素的作用更突出。

最后,培训转化气氛对培训迁移效果的作用除了直接的影响以外,还可以通过影响个体变量,如受训者的自我效能感、培训动机等产生间接作用。

员工培训成果转化的效果不仅取决于培训本身的成败,更取决于员工对培训和自身利益的关系的基本判断。影响这种判断的一个重要因素就是企业针对培训及员工知识和技能的提高、创新、工作绩效改善的相关政策和规定,尤其是管理者对培训的态度和支持程度以及为培训转化提供的条件和帮助。管理者是否旗帜鲜明地支持和鼓励员工学习新知识、新技能，并鼓励他们将新知识、新技能运用到工作中，是否在运用出现偏差时不会严厉惩罚，都会对员工的培训成果转化产生重大的影响。

（3）组织特征

传统的培训转化研究中所涉及的组织特征沿袭了 Baldwin 和 Ford 的研究模式，大多只包括了与培训直接相关的因素，如上级、同事对应用培训所学的支持，组织持续发展与竞争的机会等，而一些与培训没有直接关系的重要组织因素则甚少被考虑，如组织文化、管理制度等，其实这些因素也能在很大程度上影响培训转化效果。

2004 年，Kontoghiorghes 研究发现，除了积极的培训转化气氛以外，高绩效团队、风险任务、革新文化（Innovation Driven Culture）、质量文化（Quality Driven Culture）对培训转化都有显著的预测作用。自从彼得·圣吉提出学习型组织概念后，它也作为一种组织文化，被纳入研究者的视线范围。Rousseau 指出，存活下来并能兴旺发展的企业需要以更快的速度进行学习。学习型组织的目标是鼓励组织中的每一个人积极地投身到扩展他们技能和提高组织效率的行为中去，参加培训与运用培训所学易于被组织成员接受。学习型组织文化会从以下几个方面来影响培训成果的转化：

① 学习型组织文化最重要的特点就是创造并保持了一个持续学习的环境。研究表明具有持续学习特点的工作环境有利于受训者在工作中转化培训所学。

② 学习型文化对培训转化动机具有良好的预测作用。动机是培训成果转化中一个重要的个人特征因素，它是受训者将所学的知识和技能运用到实际工作中的渴望程度，是受训者学习和行为改变的中介变量。研究发现这使管理者意识到可以通过培养学习型组织文化来提高培训转化的动机，最终提高培训成果的转化效率。

③ 学习型文化能够预测学习迁移气氛，它们共同作用能够有效地预测组织的创新能力。

Kontoghiorghes 进一步地将组织变量用社会性组织和工作设计来定义，革新、竞争、鼓励参与、提供更多的培训机会、信息共享等是社会性组织的特点。此外，在工作设计上，突出工作的多样性和对技术要求的多样性，从更具体的工作任务角度讨论了培训转化与组织特征的关系。

在考虑组织特征时，很少有研究提到组织的工作节奏（the Pace of the Workflow）。工作节奏能够影响在一段具体的时间内员工完成工作任务的数量和质量。在快节奏的组织中，有经验的成员可能很少有时间帮助新来者完成更多、更复杂且有一定难度的工作，于是，新来者就只能被安排去完成那些简单的任务，长此以往，他们就会很少获得在实践中运用培训所得的机会。当然，也有相反的情况，组织工作节奏快，新来者很可能被要求尽快地适应工作环境，甚至没有过渡阶段就被安排到相应的岗位上，去完成那些本应该由更有经验的员工来完成的工作，从而获得更多地运用培训所学来完成复杂、困难、有挑战的任务的机会。Ford 与 Quinones 在他们的研究中引入了工作节奏这个组织变量，用问卷法测量在组织中是否有很多工作要做，或者员工是否经常没事可做等，结果显示，工作节奏越快，可以应用培训所得的实际工作任务的数量就越少（任务广度），受训者在工作中应用培训所得的次数就越多（任务活动水平），任务就越难、越复杂（任务类型）。

最后,组织特征对受训者学习动机、转化动机有显著的影响,越是绩效好的组织,受训者越是相信自己的学习努力能够带来预期的回报,进而越有可能将培训所学应用到工作中,实现培训成果的有效转化。

6.4 培训成果转化效果提升的措施

要提高培训成果转化的效果,需要注意以下几方面的工作:

(1) 科学的需求评估

需求评估是培训工作的第一步,也是关系到培训转化效果的至关重要的一步。良好的培训效果是建立在合理的需求分析评价基础上的。需求评估可以保证后续培训工作的有效性,如果培训内容不是基于需求分析而设计的,成果转化将难以保证。

需求评估对培训成果的转化影响是一个传导的过程。在现实情况中,培训需求并不是清清楚楚地摆在眼前的,需求往往是来源于企业自身目标未能实现,于是在各方面寻找原因,最终在员工的工作能力上发现其与预期能力的差距;或者是企业寻求进一步的发展,而需要对内部人才进行培养。这一正一反两种需要产生了企业要培训、员工要受训的动机。通过对培训需求的正确评估才能找准受训人员的培训动机并进行激励,受训人员在受到激励后,学习的热情才会提高,为培训成果的转化提供了先决条件,如图 6-2 所示。

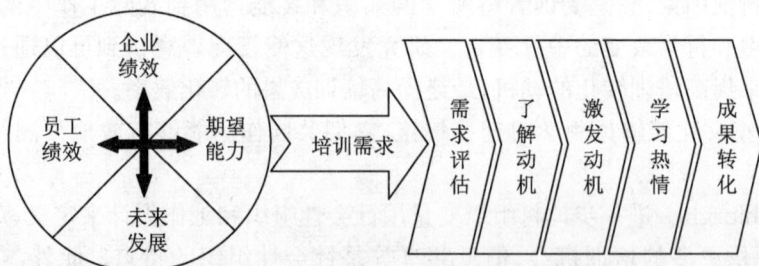

图 6-2 需求评估对培训成果转化的影响传导机制

(2) 合理的培训设计

培训的设计对后期成果的转化具有重要的影响,具体而言,培训目标的设计、内容的设计和方法的设计都会对成果的转化产生重要影响,如图 6-3 所示。

依据目标设置理论,在参加培训之前培训者要为受训者设立目标,或者让受训者自己设立目标,如果目标具体、富有挑战性,会使受训者具有增进工作技能、改进工作绩效的强烈愿望与动机,能够提高员工对培训的兴趣程度、理解能力及努力程度,那么效果就会比较理想。这些目标包括数量、质量、时间和成本等。

培训内容设计方面,要与员工当前工作经验及任务紧密结合。培训开始的初衷是要提高员工的绩效,实现组织的战略目标。因此内容与员工的任务紧密相关是培训的前提,这样做,一方面使得培训内容对于员工有一种熟悉的感觉,将工作中遇到的难题带到培训中来解答,使得培训对于员工更有吸引力,吸引受训员工逐渐全身心投入到培训中

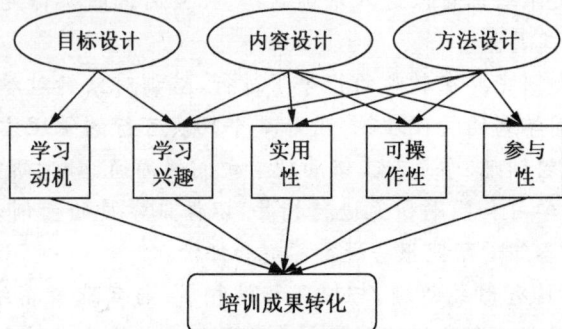

图6-3 培训设计对培训成果转化的影响图

来,为培训成果转化打下知识的基础;另一方面,内容与员工的工作紧密相关,也能够让受训员工被培训之后有机会在工作中实践,知识只有通过反复的练习才能最终成为自身技能、提高培训成果转化的效果。培训可以是对员工未来能力的培养,但企业的这一长远眼光必须是在与员工沟通过后的结果,归根结底还是要在员工认为该培训有意义的前提下设计培训的内容。比如,针对营销类人员的客服技巧培训,或针对技术人员的专业技术培训。另外,培训的内容要是受训人员感兴趣的,这就是为什么在作需求评估的时候一定要对受训人员的需求进行调查。培训内容至少在某一方面应当是能够引起受训者的兴趣的,如培训内容是时下最为流行或新潮的理论,或具有一定挑战性的相关课题等。

培训方法设计方面,可以通过结合受训者的个人特征进行培训方法的选择来最终对培训成果的转化产生推动作用。教育理论上,一直强调因材施教,必须关注受训者的个体差异。不同性别、年龄、岗位、职务的员工对培训课程的兴趣点和期望都会不一样。企业的员工都是成年人,成年人的学习目的和动机一般都较为明确,但是他们一般都有着来自工作、家庭等各个方面的琐碎事情的干扰,学习的集中力较差,容易分心。因此,要让他们在受训之时集中精神努力吸收知识、技能,为后续培训成果转化打下基础,培训方法设计上就一定要注意趣味性、实用性、参与性和可操作性。培训方法多种多样,如设计与员工工作环境相似的情景,或者让员工进行小组讨论,或者运用多媒体等技术,以及培训师的跟踪调研,其目的都是为了寓教于乐,真正地将知识吸收进去,提高培训成果的转化。

【实践启迪】

课题研究式培训——促进培训成果转化的新方式

课题研究式培训是解决理论联系实际的过程中非常有效的、得到普遍认可的培训方式,与传统的课堂讲授相辅相成,形成了一个有机的整体。它能够在有限的培训时间内,成功地将培训内容转化为培训成果,解决培训对象在管理实践中遇到的热点、难点问题,对培训对象的能力进行全方位的锻炼。这种方法的基本操作程序如下:

培训开始前,培训师在深入企业调研的基础上,根据本次培训的主题,结合企业当前关注的热点、难点问题,拟订几个课题研究方向;根据培训对象的工作岗位与课题的相关度,将其分成若干研究小组并确定负责人。提前一周给培训对象发课前作业,介绍本次培训的内容与方法,要求培训对象进入培训状态,抓紧时间收集课题资料、案例,准备笔记本电脑等必要学习工具。

培训实施中,课题研究要在教师的指导下进行,培训对象针对参加培训时带来的管理问题,结合培训期间学到的管理理论,设计一个切实可行的管理方案,形成研究报告。期间要把握的重点是培训师、学员和上级管理者之间的沟通,针对研究的问题,培训师与上级主管要对学员的学习和问题研究进行指导,以保证学员的受训效果。培训结束时,由公司领导及专家对各组的研究报告进行答辩和评价。

课题研究式培训具有形式新颖、与授课相辅相成、与实践紧密结合、团队学习的特点,而且能够使得受训人员在培训的全程中感受到企业尤其是直接上级对其培训的支持与指导,大大提高了培训成果转化的效果。

（3）良好的培训前的准备

培训前的准备工作做得好,对后期培训成果的转化有重大的意义,具体内容在前面章节已有论述,本节只针对其如何对培训成果的转化产生作用进行分析和解释。培训前的准备工作具体包括人员准备和环境准备。

① 人员准备

人员准备的工作一般是要确保受训人员在身体上和心理上都做好接受培训的准备。身体上指的是受训人员对此次培训应当提前有个全局性的理解:为什么培训？培训谁？什么时候培训？在哪里培训？培训后要达到什么目标？如何达到？等等。心理准备指的是受训人员已经被激发出足够的学习热情,准备好在培训中努力学习。这两个方面都会让受训人员理解培训、接受培训,甚至为自己能够接受此项培训而感到欢欣鼓舞,从而最大限度地激发受训人员的学习动机,使得培训到来之时会积极地进行学习;另外,提前告诉员工培训流程也能帮助受训人员做好各方面资料的收集和整理工作,让员工安排好自己的本职工作和受训的计划,毕竟现在大多数的培训并不脱产,这些准备工作本身也能够提高学员学习的效果,为后续的培训成果转化做好铺垫。

② 氛围准备

氛围准备主要指的是要为受训者营造一个倡导学习和有利于学习的环境以保证培训的效果。

首先,要让高层管理者以及受训人员的上级做好支持受训人员进行培训的准备。高层领导的参与影响力是很大的,请高层领导出面观看培训成果汇报,能让学员感受到企业对培训的重视程度,激发他们培训的热情。企业高层领导还应该关注培训方案制定的合理性,并鼓励技术管理创新,营造良好的沟通氛围,努力创建学习型组织等,这有利于促进培训成果转化。同样,上级对于受训人员的培训动机和热情也起到了很重要的作用。因此,受训人员的上级或管理者必须做到以下几点:

a. 对员工此次的培训进行训前沟通,明确表示对其此次培训的支持和肯定。

b. 充分了解此次培训的进度安排,根据安排表来减少或不安排员工受训期间的工作任务,以免员工在受训期间由于工作压力而逃避培训。

c. 对员工表明培训期间会尽可能地参与,并就培训内容与下属进行讨论,给予指导和监督。

d. 承诺并实际提供员工在工作中应用新技能的机会，以及受训后的收益，如薪酬、职位晋升等，强化受训人员的学习动机。

其次，要让受训人员的同事和下属也做好支持受训人员进行培训的准备。在受训人员要接受培训之前，只有同事及下属做好了为其分担工作任务的准备，并鼓励其接受培训，承诺对其工作的支持，受训人员才能安心地去接受培训，集中精力学习，最终才能保证培训成果的转化。

(4) 注意培训过程中的转化工作

培训过程中有一些环节同样必须要注意，以便为培训成果的转化做好准备：

① 沟通

这里的沟通有几个方面的沟通：受训人员与培训师的沟通、受训人员之间的沟通和受训人员与管理者的沟通。

受训人员与培训师的沟通。在培训过程中，培训师作为知识的传播者，应当深入地与受训人员进行沟通。而且，管理理论本来就是实践经验的总结。多年来，管理理论被神化，各种使人觉得深不可测、捉摸不透的理论和概念层出不穷，离基层的管理实践却越来越远。培训师将理论授予受训者时，受训者也根据自身工作的实际经验结合理论与培训师进行沟通，在这一来一回中，培训知识的深入理解和细化就完成了。

受训人员之间的沟通。每位培训人员所拥有的丰富工作经验，都是珍贵的资源，必须进行充分的开发与利用。然而在以往的培训中，由于缺乏适当的沟通方式与话题，培训对象彼此之间的关系比较松散，交流的内容只限于浅层次，缺乏深度的思想碰撞。培训过程中要注意为受训人员搭建好交流平台，让面临相同的工作环境和相似难题的受训员工利用这样一个难得的交流机会，就共同关心的问题进行热烈的探讨，互相启发，互相支招，打破思维的樊笼，迸发思想的火花，一个个难题迎刃而解；更重要的是在浓厚的学习氛围中，培训对象之间增进了感情，加深了了解，许多培训对象由此结下了深厚的友谊，对减少日后工作中的沟通成本、加强多方面的合作起到积极的促进作用。

受训人员和管理者的沟通。管理者对受训人员最大的支持就是参与到培训中来，作为受训人员的导师，与受训员工就培训内容进行共同的探讨，并对受训人员进行指导。因此，二者之间的沟通也变得尤为重要。通过沟通，管理者了解到了员工的真实想法和对培训内容的深层思考；而员工也在得到指导性的工作方法的同时得到了来自管理者的激励，这对于培训成果的转化起到了促进的作用。

② 反复练习

认知心理学认为，如果受训者能够清楚地了解工作环境中常见的刺激因素以及由此而产生的反应，那么通过强化训练，不断重复这样的刺激—反应模式，相应的绩效就会得到提高。因此，培训中要讲"三习"，即上课之前先预习、上课中要练习和上课之后要实习。要使所学知识与技能易于理解、消化和掌握，实习是不可或缺的重要手段。而只有重复实践才能使所学知识与技能转化为员工的自然反应，成为其整体技能和行为模式中的一部分，才能真正达到学习的目的。

(5) 注意培训后的转化环境培养

不少企业往往只做到培训评估就结束了，殊不知培训成果转化的关键在于培训后转化环境的继续支持。

转化环境培养主要是培训成果转化氛围的培养,具体而言就是企业文化、培训内容的实践机会、管理者支持、同事和下属支持、制度支持、培训师的持续跟进、人力资源部门的持续跟进等。

① 塑造学习型企业文化

企业文化具有六种正功能,它们是区分功能、导向功能、约束功能、凝聚功能、激励功能和外部功能。区分功能指的是企业文化会造就独特的企业和企业成员,与其他的企业区分开来。导向功能指的是企业文化对企业的整体和企业的每个成员的价值取向及行为取向起引导作用。约束功能指的是企业文化对员工的居想、心理和行为具有约束和规范作用。凝聚功能指的是企业文化具有凝聚企业成员的作用。激励功能指的是企业文化能够激发企业成员的积极性和首创精神。外部功能指的是企业文化一旦稳定下来,不仅会对企业内部的成员产生影响,而且也会通过各种渠道对社会产生外部作用。

企业文化的这些功能,对培训成果转化产生着巨大的作用。若企业文化以学习为导向,那么就可以通过激励企业内部形成良性的学习风气,提高创新能力来促进企业绩效的提高,同时约束人们的行为,使企业成员在大家都学习的氛围下不得不也开始努力学习,在学习中感受收益,从而受激励进一步加强学习。因此,要提高培训成果转化的效果,就一定要培养学习型的企业文化。

学习型企业文化是指通过营造弥漫于整个企业的学习氛围而建立起来的一种向导性的、符合人性的、创新的企业精神价值观体系和行为制度体系。学习型企业文化依存于学习型企业,是学习型组织的本质特征。学习型企业文化具有以下基本特征:

a. 学习型企业文化的核心是学习型的思维方法,主要是系统思维方法和心灵转向的自我超越修炼。这是学习型企业文化不枯竭的主体创造源泉。

b. 学习型企业文化是自适应的企业文化。学习型企业是通过"系统基模"分析建立起来的自企业系统,是具有自我调节反馈机制的企业,是能够适应环境的变化的企业。

c. 学习型企业文化是开放的企业文化。它通过系统思考和自身反省而实现整体观照,并达到与外部世界和未来的和谐。

d. 学习型企业文化是实践的、行动的。它来自企业的修炼实践,目的在于指导组织的修炼,而不是脱离于企业之外的东西,是个人学习和企业学习相统一的产物,是共同的价值观和目标。

【观点聚焦】

GE 打造学习型企业文化的 11 步

杰克·韦尔奇的学习型企业文化将 GE 从一家老迈的制造业官僚机构改造为世界上最大、最具有价值的跨国企业之一。韦尔奇认为,在打造学习型企业文化的过程中,有 11 步至关重要:

(1) 夯实公司的财务根基。

(2) 确定权威的战略方向,确保向企业所有人解释清楚其战略构想。

(3) 确保公司有一套确定的价值观。

(4) 建立一个信任和开放的环境。

(5) 创建一个"无边界组织"。

(6) 速度、灵活、创新是无边界组织的三大特征。

(7) 确保企业中的每个人都受到鼓励,随时准备去寻找最佳方案。

(8) 实施最有效的执行计划。

(9) 对那些促进学习型企业文化的行为和行动给予褒奖。

(10) 建立充分利用学习收益的基础设施。

(11) 利用遍及全公司的创新活动传播福音。

② 培训内容的实践机会

既然员工接受了培训,学习了技能,那么要员工将培训内容成功地转化为自身的能力,就需要在实际工作中不断地实践。如果仅仅告诉受训者应该怎么做,学习是不会产生的,就更谈不上转化了。而人的记忆分为短期记忆和长期记忆,培训内容在短时间内员工尚可记住,但是时间一长,又没有实际操作的经验,那么自然而然就会忘记。例如,学习一种软件,如果只是看书而没有去实际操作,那么学习就会仅停留在书本的层次上,遇到真正的问题可能还是无法解决,并且随着时间的流逝,最后连在书本上学到的也会全部慢慢忘记。

因此,在培训后要提供给受训者进行培训内容实践的机会并激励员工去使用新学到的技能。具体做法可以为安排受训人员在培训后去从事那些需要运用到培训知识的岗位或任务,或者对受训人员的工作进行重新设计,加入能够运用培训所学新知识的任务。如何判断已给受训人员安排足够的实践机会,可以从三个维度来判断,包括运用的数量、频率以及难度。对实践机会的评价可以找出是什么原因造成了受训者进行培训成果转化的困难。实践机会少可能是工作环境对应用新技能的影响,比如,管理者没有支持培训活动或不给员工提供能够应用培训所强调的技能的工作机会,还可能是培训内容对员工的工作并不重要、在培训项目设计等环节上有待改进。

③ 管理者支持

在培训前和培训中都提到,管理者对受训人员的支持对于受训人员的受训动机和学习愿望会产生强烈的影响,在培训结束后,管理者的支持同样起着强大的作用。

在培训后,管理者要扮演监督者、激励者和导师的角色。扮演监督者的意思是管理者要监督员工的培训后的技能修正或者绩效的改进。人都是有惰性的,很容易在学习了新的知识以后仍然按照原来旧的方法来工作,就是俗话说的"穿新鞋,走老路"。培训后的监督工作也不是只有人力资源部门去跟进就行了,毕竟人力资源部门不是受训人员的直接上级,并不能完全了解员工培训后的效果和对工作的改善与否。受训人员的管理者才是真正了解受训人员绩效和工作的人,管理者一定要做好监督的工作,督促员工按照培训的技能来完成工作或达成培训前制订的目标。

激励者的意思是管理者要激发受训人员运用培训所学到的新知识、新技能。培训后将内容运用到实际工作当中对于培训成果的转化是具有相当重要的意义的,只有实践了,而且反复实践了,理论才能真正转化为能力。受训者是否会运用培训知识取决于环境的影响和自身的动机,管理者担当激励者的角色,可以对这两个方面都起到激励的作用。一方面,管理者可以通过工作上的安排,为受训员工提供运用新知识、新技能的机会;另一方面,也向受训者运用新知识、新技能的行为表示明确支持,甚至在运用过程中出现小的失误也不会受到严厉的惩罚,在成功时大加赞赏或奖励,都能够极大地激励受训人员去运用培训所学到的知识、技能,提高培训成果转化的效果。

管理者要扮演好导师的角色,尤其是受训员工的直接上级,一方面,他们最了解受训员工的工作和绩效,对于受训员工的优点和劣势都了如指掌;另一方面,他们也与员工最接近,在员工的工作出现问题的时候,能够最快发现并予以指导。同样,在培训后,受训员工将培训所学的知识带到了真实的工作场景中,运用得到位不到位还是值得商榷的,因为就算是运用情景模拟的培训方式,也毕竟和真实的工作场景有着区别,真实的工作环境会由于各种各样的因素而变得尤为复杂。管理者在此时就要做好导师的工作,对受训人员运用新知识和新技能进行指导,不能对其听之任之,或一味鼓励其运用,而不管其运用得是否正确。

④ 同事及下属的支持

同事及下属是工作中的分担者和协调者。受训员工要想真正运用培训中所学的新知识、新技能,还要靠同事和下属的支持与协助。具体说来,同事对受训者运用在培训中所学到的新技能和行为方式予以支持,对失败的结果予以宽容和谅解,而不是嘲笑、讽刺或挖苦。而下属对参加受训的上级管理者将在培训中所学习到的新的管理理念、领导风格、领导方法和行为方式运用到工作之中时要积极配合。

⑤ 制度支持

制度支持指的是在组织的制度层面上,要制定一些能够对受训人员培训成果转化产生激励性作用的政策、制度。主要就是奖惩机制和升迁机制。首先,奖惩机制的配合。要使受训者积极主动地进行培训成果转化还应从动机问题上加以考虑,薪资、晋升等方面的因素能够影响受训者的动机水平。受训者所拥有的知识、技能的提高与薪资直接挂钩,能够调动受训者进行培训成果转化的积极性,使其积极创造条件,主动寻求各类相关人员的配合,从而促进成果顺利转化。其次,晋升机制的配合。培训成果的转化与受训者的职业生涯规划相结合,能够调动员工的主动性和积极性,特别是针对晋升进行的培训活动,员工的技能提升使其能够适应高一级的工作岗位,因而受训者具有进行成果转化的内在动力。

⑥ 培训师的持续跟进

培训师作为受训人员知识的来源者,其对培训成果的转化起到了根源性的影响。在以前的培训中,往往培训师在培训课程结束以后就与受训人员中断联系,至于受训人员接受培训以后的效果如何,完全抛给了企业去负责,这是不正确的。当今时代,培训师的作用已经由课堂延伸到了工作环境和非培训时间。

培训成果转化的攻坚时期就是课堂结束后返回到工作岗位上的运用、思考、再运用、再思考这一循环过程。培训师在这一过程中要对受训人员进行持续的跟进指导和考核。指导的含义是在员工将培训知识运用到工作中出现疑问时,员工应当与培训师及时联系,解决问题,同时培训师还应当根据问题对员工进行引导性的思考,和员工一起完成培训内容由知识到能力的转化。具体做法可以为:企业可要求培训师在培训结束后进行长期的跟踪服务,根据课程实施阶段组成的学员组织,推选班长,形成特定课程结业团,定期回顾并更新学习内容,选取学员将培训内容应用到实际工作的例子进行分享,培训师随时支援学员有关培训内容的各种问题。通过建立课程讨论专区、课程内容回顾电子刊等形式,加强学员对课程内容的理解和应用,激发学员持续学习,将学习内容转化为自己所掌握的工作技能。

考核的含义是培训师必须在固定期限内对受训员工进行定期的考核,以检验其培训成果转化的进度和程度。由于现实情况中培训师常来自于外部,或者不是员工的直接领导等缘故,培训师不可能在员工培训结束后还一直观察员工培训成果转化的情况,但又不能只被动地等待员工来主动联系进行解答。所以最好是有定期的考核,以便检查员工的转化情况,定期的考核也可以影响培训知识的沉淀、稳定化和最终转化为能力。

⑦ 人力资源部门的持续跟进

人力资源部门是培训工作的计划、组织、实施者,培训成果的转化成功与否与人力资源部门有着重大的关系。在培训后的环境培养中,人力资源部门担当了协调者、辅导者、评价者的角色。

协调者指的是在培训结束之后,受训员工的培训转化工作主要应当由受训员工所在部门的管理者来承担,人力资源部门应当起到协调的作用。在实际的企业当中,绝大多数的人力资源活动的实施,都需要由部门经理和人力资源部门共同完成,人力资源部门无法做到明晰企业的每一个员工的详细情况,只有部门管理者才对自己的下属员工的状况与需求最为了解。因此,主要由部门管理者对受训员工的培训转化情况负责,而人力资源部门作为协调者,应当就员工的情况与部门管理者进行经常性的、有效的沟通,双方共同努力,完成培训成果的转化。

辅导者指的是,人力资源部门作为培训工作的负责部门,还要对员工的受训情况进行监督、跟进和辅导。明确掌握员工的转化情况,并了解当中的缘由,分析具体是哪一环节出现了问题,针对问题提出解决方案。

评价者的评价是培训的一个重要环节,评价的组织实施者应当是人力资源部门中的培训部门,只有通过评价,才能真正了解到培训的实际效果,有效的评价对于培训成果的转化也是非常必要的。另外,绩效管理中的考核也是包括在内的,如果在对受训人员的季度或年度绩效考核中加入所受培训成果转化这一部分,并与薪酬、晋升都挂钩,则对受训人员的学习会产生很大的激励作用,从而促成培训成果的转化。具体做法可以在培训管理制度中正式体现,让员工在培训之前就知道这一政策对其工作和自身发展的影响。

⑧ 反馈

培训成果转化的过程中,培训部门和各级管理者都要注意跟踪和督导员工的运用行为,指导员工将所学知识、技能运用于实际工作,对其运用正确与否给予反馈。通过反馈,员工可以了解到自己的优势和不足以及学习的情况,从而能够更有方向性地进行自我调整。

本章精要

培训只有真正地转化为员工自身的技能或能力,才能提升员工的绩效,培训才是切实有效的。本章首先介绍了培训成果转化的概念和意义,指出培训成果转化是培训工作价值的真正体现,是企业竞争力提升的关键环节。然后讲解了相关的理论,包括传统的迁移理论和现代迁移理论;传统理论主要包括形式训练说、相同要素说、概括化理论和关系转换说,现代理论主要包括认知转化理论、自我管理理论。影响培训成果转化的影响有很多,我们主要讲了三个因素:组织特征、个人特征和转化氛围。最后本章提出了提高培训成果转化效果的五项措施,即科学的需求评估、合理的培训设计、良好的培训前的准备、注意培训过程中的转化工作、注意培训后的转化环境培养。

复习思考

1. 什么是培训成果转化?它有何意义?
2. 培训成果转化的影响因素有哪些?
3. 培训成果转化效果提升的措施有哪些?

案例分析

毁掉的"完美"培训

早晨,卢静刚刚走进办公室,就被叫到总经理室。这次培训效果的评估结果非常差,作为人力资源部门负责人的卢静受到了总经理严厉的批评。如何做好培训工作,让卢静伤透了脑筋,这次批评让卢静的脑海里又开始浮现这一年培训工作的烦恼。

年初,在非常重视人力资源发展的总经理的支持下,卢静制定了一系列的员工培训计划,尤其是对品控与设计这两个对公司业绩有着重大影响的部门,特别制定了针对性的岗位技能培训计划。

从培训的实施上来看,卢静认为培训方案基本上不存在问题。培训需求进行了调差、反馈,技能培训师也进行了筛选,培训课程的实施和转化也都有跟进计划,从整体上来说,培训方案是相当完美的。

在第一轮培训过后,卢静就着手进行了培训成果转化的跟进,但结果却让人非常失望。那些在课堂上看起来相当认真的一线员工,其技能改善完全不明显,有的甚至忘记了培训的内容,对培训显得满不在乎,不当回事。卢静对此感到困惑,立即与部门经理进行了沟通。得知,他们虽然对培训表示出兴趣和重视,但也表示最近的工作任务相当繁重,公司今年定下的目标十分具有挑战性,在时间上无法完全满足培训的需要,而且当卢静详细指出其下属员工哪些地方存在不足时,他们也一概否认,并不承认其在培训转化方面存在问题。

卢静经过分析发现,虽然在培训之前人力资源部门与各部门经理在一起设定了严格的培训目标,要求员工在培训后的一段时间内必须达成。但在培训结束后,尽管人力资源部门在作持续的跟进,部门经理却对目标的达成与否漠不关心。卢静就此向部门经理提出了强烈建议,要求部门经理严格执行培训目标的跟进,对不愿意或勉强改变工作技能的员工予以一定的惩戒。

四个月后,针对品控和设计这两个部门的第二轮培训又开始了。这次卢静一有时间就亲自监督培训的实施。但在监督时,卢静发现有不少员工持续缺课,于是与部门经理进行沟通。部门经理表示了对培训的大力支持,但也表示了时间上的难处,最近处于产品的大力攻坚期,设计人员都相当繁忙,培训可能造成项目的延误。

培训结束后,卢静又开始着手培训效果转化的工作,但很快又失望了。部门经理对于员工培训目标的落实并不关心,似乎他们更关心与下属的人际关系。也就是说部门经理希望通过良好的人际关系来推动员工努力工作做出绩效,并不希望因为这些"无谓"的目标而严格管控员工,从而影响与员工的良好关系。

针对整个第二轮培训,卢静进行信息的收集,与两位经理进行了一一面谈,但与两位部门经理都发生了激烈的争论。首先,他们认为培训当然是应当支持的,但培训比起工作来说还是次要一些,应当首先完成本职工作。另外,他们也认为良好的人际关系是在本部门所必需的,因为品控和设计部门都是经常要突然加班的部门,缺乏良好的人际关系很多事情都摆不平,培训的转化需要一个过程,严格的管理不仅伤害员工感情,而且操之过急也不会有什么效果。

而卢静的想法是,工作技能培训与理念培训不同,具有即时性,短期内没有转化,时间长了会更糟。尽管卢静非常努力地做了很多工作,第三轮培训的效果仍然十分不理想。总经理对此十分不满,认为人力资源部门有着不可推卸的责任,卢静对此也十分委屈。

问题:

(1) 针对该公司的培训转化情况,你认为具体哪几个方面出了问题?

(2) 针对该公司培训转化的问题,你认为人力资源部门在培训转化中应该扮演一个什么样的角色?

(3) 请你针对案例,给卢静提出一些总结性的建议。

(资料来源:陈胜军.培训与开发:提高·融合·绩效·发展.北京:中国市场出版社,2010)

第7章 培训效果评估

学完本章后,你应该能够:

1. 掌握培训效果的概念和定义
2. 掌握培训效果评估的概念和意义,清楚培训开发效果的评估过程
3. 掌握柯氏评估模型
4. 掌握培训效果的评估方案设计
5. 了解其他培训效果评估模型
6. 了解培训效果的评估方案

培训效果评估 柯氏评估模型 CIRO评估模型 CIPP评估模型 汉姆布林 (Hamblin)模型 考夫曼(Kaufman)五级评估模型 菲利普斯五层次模型

A集团培训效果为何不佳

A集团是行业内管理比较领先的民营企业,但是,人力资源部经理却为了培训的事情一筹莫展。精心准备的培训方案上报审批,被老总束之高阁、没了下文;轰轰烈烈制订的培训计划,却得不到预算支持;好不容易"难产"出一次培训,员工的积极性却不高,培训效果不明显,公司的培训业务一直"发育不良"。

而A集团正处于快速发展期,公司规模的不断扩张和业务的不断发展,相应地对人员素质提出了更高的要求,培训就显得尤为重要,但培训工作的组织和开展步履艰难。

其实,A集团人力资源部经理的困惑并不鲜见,很多人力资源工作者都感叹培训工作就是一块难啃的硬骨头,费尽心思也不见得有所回报。为什么呢?

首先,企业高层对培训重视不够。A集团的老总认为,所谓的拓展训练,无非就是游山玩水,而其他的培训也没有对企业的发展起到什么作用。老总对培训的这种态度,反映了他的价值观。在老总看来,培训是一件可有可无的事情。假如让老总把公司各项管理职能作一个重要性排序的话,培训无疑是排在最后面的。价值观决定了人的行为,也就不难理解,为什么培训方案不被审批、培训预算总是不断"缩水"了。

其次,受训者内部动机不强。A集团的培训实施还面临这样的问题:明文规定了培训考核制度,却仍有许多员工用各种理由和借口请假,无法保证令人满意的出勤率;即使

一些员工参加培训,往往也是精力不集中,表现得心不在焉,兴趣索然。

最后,从培训内容来看,不符合公司对员工的发展需求。内容是培训的核心和关键。A 企业培训之所以收效甚微,最重要的原因是培训内容脱离公司实际发展需要,远离业务实践,或者对员工来说过难或过简单。

培训作为一种人力资本投资,越来越受到企业的青睐,但如果只重视培训过程,而忽视对培训效果的评估,会使培训的作用和意义大打折扣。不能够有效地评估培训结果,会使受训者及组织者对培训的作用和意义不了解,产生怀疑。

（资料来源:陈胜军.培训与开发:提高·融合·绩效·发展.北京:中国市场出版社,2010)

7.1　培训效果的概念

培训效果是指培训以后所达到的状态,以及企业或受训者从中获得的收益。对受训者来说,他们可以学习各种新的技能和行为方式,而企业则可以获得销售额的上升及顾客满意人数的增加。

培训效果可分为培训有效性和培训效益性两方面。有效性是指培训工作对目标的实现程度。效益性则是判断培训工作给企业带来的经济效益和社会效益,而不仅仅是判断培训目标的实现程度。这两方面可以细分为以下五种类型的培训效果:

（1）认知效果

可用来衡量受训者对培训项目中强调的原理、事实、技术、程序或过程的熟悉程度。认知效果用来衡量受训者从培训中学到了什么。一般要用笔试来测评认知效果。

（2）技能效果

用来评价技术或运动技能以及行为方式的水平,包括技能学习和技能转换两个方面。技能成果通常是用观察法来判断的。

（3）情感效果

情感效果包括态度和动机在内的效果。情感效果的一种类型是有关受训者对培训项目的反应。反应是受训者对培训项目的感性认识,包括对设施、培训师和培训内容的感觉。反应有助于明确受训者的哪些想法是有助于或阻碍学习的。评估也应包括对多样化的忍耐力、学习动机、安全态度和顾客服务定位等情感因素。情感效果要通过调查来进行衡量。

（4）绩效效果

用来决策组织为培训计划所支出的费用。绩效效果包括由于员工流动率或事故发生率的下降而导致的产量的提高及产品质量或顾客服务水平的改善。

（5）投资回报率

指培训的货币收益和培训成本的比较。培训成本包括直接成本和间接成本;收益是指公司从培训计划中获得的价值。表 7-1 给出了这些成果及它们如何被衡量的例子。

表 7-1 培训项目成果评估

成　果	举　例	如何测量	测量什么
认知成果	• 安全规则 • 电子学原理 • 评估面谈的步骤	• 笔试 • 工作样本测试	• 获取的知识
技能成果	• 使用拼图 • 倾听技能 • 指导技能 • 飞机着陆	• 观察 • 工作样本测试 • 等级评定	• 行为方式 • 技能
情感成果	• 对培训的满意度 • 对其他文化的信仰	• 访谈 • 焦点小组 • 态度调查	• 动机 • 对培训项目的反应 • 态度
绩效成果	• 缺勤率 • 事故发生率 • 专利	• 观察 • 从信息系统或绩效记录中收集数据	• 公司收益
投资回报率	• 收益值	• 确认并比较项目的成本和收益	• 培训的经济价值

7.2 培训效果评估的概念

　　培训效果评估是指系统地收集必要的描述性和判断性信息,以了解培训达到的状态,并帮助做出培训项目修改或继续使用的决定。要真正提高对培训效果评估的重视,就要了解培训效果评估的重要意义。

　　(1) 效果评估能够反映培训对组织的贡献,并以此体现人力资源部门或培训部门在组织中的重要作用。

　　(2) 效果评估可以为决策者提供有关培训项目的反馈信息,从而做出正确的判断,在不同的培训项目之中选择最为科学的培训方案,或对时间跨度较长、投入资本较多的培训项目做出继续或终止的决定提供较有价值的参考意见。

　　(3) 效果评估可以帮助培训管理者对培训需求确定、培训计划调整、培训资源分配、培训实施操作等影响培训效果的工作及时提供信息,获得反馈及有价值的经验教训,以便更好地开展下一步的培训。

　　(4) 效果评估中的心得交流环节,能够帮助受训者在工作中运用培训所学,取得工作的进步,使培训资源得到更广泛的推广和共享。同时,会使培训对象更加清楚自己的培训需求与目前水平的差距,从而产生参与下一阶段培训的愿望。

　　(5) 全程培训效果评估可以实现对整个培训过程的全面质量控制,从而使培训需求更加有针对性,培训动员性更有效,培训计划更加符合实际需要,培训资源分配和经费时间投资更加有效。

7.3 培训效果的评估模型

对培训效果的评估,可以从多个角度展开。迄今为止,研究者已经提出了多种评估模型,就是希望给出适用于不同种类的项目及不同评估目标要求的评价框架。本节将介绍几种主要的培训效果评估模型。

7.3.1 柯式评估模型

广泛用于培训有效性评估的是美国人力资源管理专家唐纳德·柯克帕特里克(Donald L. Kirkpatrick)在 1959 年提出的四个层次的评估模型,简称柯氏评估模型,如表 7-2 所示。该模型的提出,使得培训评估进入了系统化、结构化发展的轨道,理论模型在大量实证研究的基础上层出不穷。

表 7-2　柯氏评估模型

层 次	重 点	评估方法	评估时间	评估单位
1. 反应	受训者的满意程度	• 问卷调查 • 面谈观察 • 综合座谈	课程结束时	培训单位
2. 学习	知识、技能、态度、行为方式方面的收获	• 纸笔测验 • 绩效测验 • 模拟测验 • 角色扮演 • 演讲 • 心得报告与文章发表	课程进行时 课程结束时	培训单位
3. 行为	工作中行为的改进	• 主管的绩效评估 • 同事的绩效评估 • 顾客的绩效评估 • 下属的绩效评估	三个月或半年以后	学员的直接主管上级
4. 结果	受训者获得的经营业绩	• 事故率 • 品质 • 生产率 • 流失率 • 士气 • 成本 • 收益	半年或一年后	学员的单位主管

(资料来源:Kirkpatric,D. Evaluating Training Programs. Berrett-Koehler Publishers,1994)

柯氏评估模型非常有利于确定需要收集数据的种类。对四个层次具体评估情况及需要注意的方面详述如下。

(1)反应层

第一层次评估学员反应,是指参与培训者的意见反馈。这个层次关注的是受训者对项目及其有效性的知觉。用这个指标来评估人力资源开发项目的局限在于,它只能反映受训者对培训的满意度,不能证明培训是否实现了预期的学习目标。在对培训者的反应进行评估时,需要注意以下方面:

① 确定你需要调查什么。

② 设计可以作为量化反应的条件。

③ 鼓励写出意见或建议。

④ 达到100％的立即回应率。

⑤ 发展可接受的标准。

⑥ 根据标准评价反应并采取恰当的行动。

⑦ 切实地沟通反馈。

（2）学习层

第二层次评估学习成果,是指培训之后的测试。用来衡量受训者对原理、事实、技术和技能的掌握程度,即受训者是否掌握了人力资源开发目标中要求他们学会的东西,这是一个非常重要的指标,许多组织都希望有效的人力资源开发项目应该满足这个指标。在对学习进行评估时,需要注意以下方面:

① 如可行,采用控制组进行对照。

② 评价培训前后的知识、技能、态度,例如利用纸笔测验评价知识和态度,用实际操作评价技能掌握情况。

③ 达到100％的回应率。

④ 运用评价结果以采取恰当的行动。

（3）行为层

第三层次评估工作行为,是员工接受培训后行为的改变,即受训者是否在实际的工作中运用了从培训中学到的东西。也就是为了确定从培训项目中所学到的技能和知识在多大程度上转化为实际工作行为的改进。在对行为进行评估时,需要注意以下方面:

① 如可行,采用控制组作对照。

② 有足够时间。

③ 如可行,评价培训前后的情况。

④ 重复进行评价。

⑤ 考虑评价成本和潜在收益。

（4）结果层

第四层次评估经营业绩,是企业培训的投资回报率,即培训或人力资源开发工作是否改善了组织的绩效,这涉及对组织绩效改进的监控。经过培训后,组织的运作效率是否提高了,赢利是否增多了,服务水平是否上升了。对大多数经理来说,他们的工作至少要达到这个标准。另外,这个层次的指标也是最难评估的,因为除了员工的绩效还有许多因素会影响组织的绩效。通常在测量这个指标时需要搜集和分析经济和运营方面的数据。在对结果进行评估时,需要注意以下方面:

① 如可行,采用控制组作对照。

② 有足够时间。

③ 如可行,评价培训前后的情况。

④ 重复进行评价。

⑤ 考虑评价成本和潜在收益。

柯氏培训评估模型提出后,便在企业中得到了广泛应用。但是遗憾的是,在长期的人力资源开发评估研究中,经常发现大多数的组织并没有同时在四个层次上去搜集信息。根据调查结果显示,组织不仅应重视对人力资源开发项目的评估,尤其应注重对工作行为改变和经营结果这两个层面的评估。

1978 年,纽斯托等一些学者研究认为,柯氏评估模型基于以下四个重要的假设:

① 培训评估有四个不同的准则,分别是反应、学习、行为和结果。

② 这四个准则的排列,是依据从培训评估所获得的信息价值的增加。

③ 反应层次是最常采用的,因为这个层次的评估非常容易被广泛采用。

④ 四个准则之间存在着次序的交互关系,也就是说,若受训者的反应是正面的,他们可能学习更多;学习得越多,他们行为改变得越多;他们的行为改变则通常是绩效改善的标志。以上四个假设可以用表 7-3 表示。

表 7-3 柯氏评估模型的四个重要假设

准 则	信息的价值	采用频率	评估的难度
反 应 学 习 行 为 结 果	最低 ↓ 最高	经常采用 ↓ 不常采用	容易 ↓ 困难

7.3.2 其他培训效果评估模型

(1) CIOR 评估模型

1970 年伯德(M. Bird)等人开发出另外一种与柯式评估模型不同的四水准评估架构,称为 CIRO 模型。这套方法最初在欧洲被广泛采用。与柯氏评估模型中使用的"评估"一词相比,这个评估模型的范围更加广泛。该模型描述的四种基本评估级别的首字母为 C、I、R、O,从而形成了该模型的名称 CIRO。

① 情境评估(Context Evaluation):依据目前的环境背景以决定培训需求及目标。在这一水准中必须建立三种目标:短期目标、中期目标以及最终目标。

② 输入评估(Input Evaluation):搜集有关培训资源方面的资料并据此决定人力资源开发的投入。

③ 反应评估(Reaction Evaluation):取得受训人对方案的反应资料以便改进人力资源开发方案。

④ 输出评估(Outcome Evaluation):取得人力资源开发结果的资料以便和前面的三个目标作比较并作为下次方案实施的参考。

(2) CIPP 评估模型

与柯式评估模型的研究对象不同,斯塔夫尔贝姆(Daniel Stufflebeam)将培训项目本身作为一个对象进行分析。根据项目组织过程的规律,提出了关于培训效果评估的

CIPP 模型。他认为,培训效果的评估包括四个方面:情境评估、输入评估、过程评估和成果评估。1965 年美国通过初等及中等教育法案时,联邦政府要求的所有州接受该法案时应采用的评估方法。所以,该方法最早应用于教育的评估,后来逐渐推广应用到其他项目的效果评估。各项评估的具体内容如下:

① 情境评估(Context Evaluation):主要用来确定培训目标,对环境进行描述和分析,发现机会与需求,并对特殊的问题进行诊断。包括政策背景、环境背景以及需求背景的评估。

② 输入评估(Input Evaluation):其目的主要用来决定何种资源可用来实现目标。包括工作计划、所需设备、经费预算和人力资源等,对各类资源进行分析,确定资源配置使用的策略。

③ 过程评估(Process Evaluation):主要是培训方案的监督控制与信息反馈。包括可能存在的问题,潜在的失败因素等,有助于对培训计划进行修改和调整。

④ 成果评估(Product Evaluation):主要对培训的结果进行衡量,并与培训的目标之间进行比较分析,找出原因,为以后的培训提供参考依据。

从这四个方面的分类看,斯塔夫尔贝姆的 CIPP 评估模型的实质更应该是对培训项目的评估,而不仅仅是培训效果的评估。其目的不单纯是对培训效果的评价,而且还用来指导培训的优化设计。该模型后来得到更广泛应用的事实也证明了这一点。为了顺应时势与应付实际需要,IBM 教育小组在 20 世纪 90 年代结束前将公司的教育体系作了巨大的改变,在教育训练的评估上采用所谓投入—过程—产出(Input—Process—Output,简称 IPO)的培训评估模式,其指导思想就来自于 CIPP 评估模型。

(3) 汉姆布林模型

该模型由汉姆布林(Hamblin)于 1974 年提出的。他认为,培训效果评估应该增加两个方面,一是对行为产生的结果进行成本效益分析,二是要评估培训结果对组织战略目标的影响。汉姆布林模型与柯氏模型基本相似,它将培训评估划分为五个等级,分别是:

① 反应评估:主要了解学员对培训相关要素的看法,包括培训内容、方式、培训师的教学水平等,通常在培训过程中以及培训结束后进行该项评估。

② 学习效果评估:主要了解培训对于学员的影响,在培训项目之前和培训之后进行测评,评价学员的知识、技能和态度的进步。

③ 工作行为评估:确认由培训项目导致的学员在工作中行为表现的变化,在培训项目之前和之后进行。

④ 执行评估:量化培训项目给学员所在的部门、组织带来的影响,多数情况下,采用成本—收益分析法评估。

⑤ 组织目标评估:评估培训项目对组织赢利能力和对抗危机能力的影响,对培训结果和组织战略目标一致性进行检验,以评价组织培训是否达到了预定的效果。

汉姆布林模型的重要贡献在于提出评估培训对组织战略目标的影响,建立了组织培训评估与组织战略发展之间的关系,这也反过来提醒培训部门在进行培训项目设计时,应多问几个为什么、会不会对公司的发展有利、能不能帮助组织实现经营目标,提高培训设计的针对性和战略一致性。

（4）考夫曼的五级评估模型

考夫曼（Kaufman）对柯氏评估模型进行了改进，他认为培训能否成功，培训前的各种资源的获得是至关重要的，因而应该在评估模型中加入这一层次的评估。并且培训所产生的效果不应该仅仅对本组织有益，它最终会作用于组织所处的环境，从而给组织带来效益。于是他将柯氏评估模型拓展至五层次，即加上评估社会和顾客的反应。

考夫曼在研究过程中发现，第一级的评估，即反应层次的评估应增加一部分关于培训项目背景方面的评估，主要是关于培训项目实现目标所需的资源基础和条件分析，包括人力、物力、财力的有效性、可用性和质量。另外还应该评估培训对组织周边环境的影响，主要包括客户、供应商，甚至是竞争对手的影响。评估培训产生的社会效益，不单单是培训组织获得的结果。拓展后的五级评估模型如表7-4所示。

表7-4 考夫曼的五级评估模型

层级	评估重点	具体评估内容
第一级	准备工作评估	一是关于培训项目所需资源的可能性评估，分析组织的各项人力、物力和财力，能否保证培训的成功；二是反应内容的评估，包括培训的方法、手段和程序的接受情况和效用情况
第二级	掌握评估	了解受训人员对所培训的知识和技能的掌握情况
第三级	应用评估	评估个人和团队在受训后工作中的表现情况，以及对所培训知识和技能运用的情况
第四级	组织效益评估	主要评估由培训所带来的行为变化产生的组织结果、培训对于组织的贡献和回报情况
第五级	社会效益评估	评估培训项目对于组织外部主体的影响，包括客户、供货商等相关主体的获益情况

考夫曼的评估模型中，既有对培训项目的评估，也有对培训效果的评估，综合了两个方面。另外，扩展了培训收益计量的范围，不单单是组织，还应该评估利益相关者的收益。

（5）菲利普斯五层次模型

1996年杰克·菲利普斯（Jack Philips）在柯氏四层次模型基础上增加了一个第五层次的评估——财务评估。它是对培训效果的一种量化测定，通过财务数据来说明培训对组织经济利润的影响。其具体内容如表7-5所示。

表7-5 菲利普斯五层次模型

层次	评估重点	具体评估内容
第一级	评估反应和既定的活动	评估的是学员的满意程度，但是良好的意见反馈并不能确保学员学到了新的技能和知识。应该注意的是，受训人员积极的反应仍不能说明培训已经取得了成功
第二级	评估学习	测试受训者是否真正学到知识

层次	评估重点	具体评估内容
第三级	评估在工作中的运用	评估的是学员应用培训知识后对组织产生的影响
第四级	评估业务结果	评估标准包括产量、质量、成本、时间和客户满意度。对培训结果的评估主要测量培训的效益性,即衡量培训成本是否合算、利润是否大于成本
第五级	评估投资回报率	将培训结果的货币价值以及培训项目的成本用百分比的形式表示。评估的重点是培训项目的货币利润与其他成本进行比较。只有将第五级评估结束之后整个评估过程才算完成

7.4 培训效果的评估方案设计及实施

培训效果评估方案的设计是评估的关键环节。不仅因为评估方案类型各异,而且影响评估方案设计的因素以及实施评估的原则也有很多,本节将依次介绍影响评估方案设计的因素、评估方案的种类、评估实施的操作流程以及评估实施的主要原则。

(1) 影响评估方案设计的因素

评估方案的选择没有最佳,只有最适合。在方案选择时要注意依据表 7-6 所列的评估因素来选择。

表 7-6 影响培训效果评估方案类型的因素

影响因素	该因素如何影响评估方案的类型
修改的可能性	培训项目能够修改吗?
重要性	无效的培训会影响顾客服务、产品开发或雇员间的关系吗?
范 围	有多少雇员参与培训?
培训目标	培训是为了学习、成果,还是两者兼顾?
组织文化	对结果的展示是公司准则和期望的一部分吗?
专业技术	能分析复杂的研究成果吗?
成 本	评估是否太昂贵?
时间限定	我们何时需要信息?

有的公司并不进行培训评估,只是采用不太严谨的评估方案,原因有三点:① 管理者和培训者可能不愿意为收集培训成果投入大量的时间和精力;② 管理者和培训者可能缺乏进行评估研究的专业技术;③ 公司可能认为培训是一种没有或只有很少回报的投资。

但是,在以下情况出现时就必须考虑使用更严谨的评估方案(有对照组的前/后测方案)。

① 要利用评估结果修改培训项目。

② 培训方案正在执行中且可能会对许多员工(和顾客)产生影响。

③ 培训方案包括不同级别的班和为数众多的受训者。

④ 培训成本的确定取决于多个指标（公司对评估的定位很明确）。

⑤ 具有设计和评价培训评估研究数据的专业技术（或有从公司外购买专业技术的资金）。

⑥ 培训耗费成本，因此需要证实它确实可以发挥作用。

⑦ 有足够的时间进行评估。在这种情况下，并不需要立即获得有关培训有效性的信息。

⑧ 对与培训前水平相比发生的变化（在知识、行为方式、技能等方面）很感兴趣，或想要比较两个或两个以上不同的培训项目。

假如要判断员工的沟通技能在培训后发生了多大的变化，那么有必要采用对照组及前后测的方案，应该随机把员工分为受训和不受训的两个小组。这一评估方案的特点是可以确定沟通技能的变化是由培训项目造成的。如果要比较两个培训项目的效率，那么这种评估方案也是必要的。没有前测或对照组的评估方案最适用于想确认绩效水平是否达到特定水准这种情况，例如，参加培训项目的员工是否可以与他人沟通自己的想法等。

（2）评估方案设计种类

① 方案设计及信度与效度

一般而言，培训效果评估的方案设计有前实验设计、准实验设计和实验设计等，其中比较科学的是实验设计。实验设计采取严谨的实验来控制情境，遵循随机化原则，以实验组、控制组进行实验研究，并运用统计方法考验分析实验结果，验证假设，比较符合科学研究精神。

信度是指衡量工具的准确性。信度包括两方面的意义：一是稳定性；二是一致性。

效度是指我们采用的评估方法是否真正地测到了我们想要测的东西，也就是说，这种方法有没有击中目标。

实验者从事一项实验研究时必须考虑研究结果的可靠性（内在效度）和能将评估结果推广到其他受训者和其他情况的程度（即外在效度）。

内在效度是指一个实验研究能够有效地测出所要实验的因果关系，若实验的干扰越多，正确性越差，则该实验的内在效度便越低；反之，如果干扰项能完全控制，其正确性越高，则该实验的内在效度便越高。

外在效度是指实验结果的可推论性程度的大小，实验结果的可推论性越大，即其适用性和代表性越大，实验的外在效度则越高。简而言之，就是指实验研究结果是否可推广到研究对象以外的其他受试者，或研究情境以外的其他情境。

② 评估方案设计种类

培训项目评估有许多不同的方案，它们的设计思路、实施过程都有所不同。一般看来，误差越小的实验设计，所需的投入就越大。我们将培训效果评估的涉及种类从是否有对照组、是否进行培训前评估和培训后评估两个方面来考虑，分为多种类型，见表7-7。

表 7-7　培训效果评估方案设计种类

设计	评估对象	评估(测量)是否进行	
		培训前	培训后
仅有后测,无对照组的设计	培训组	否	是
前测—后测的设计	培训组	是	是
后测—对照组的设计	培训组和对照组	否	是
前测后测—对照组设计	培训组和对照组	是	是
所罗门四组设计	培训组 A 培训组 B 培训组 C 培训组 D	是 否 是 否	是 是 是 是
有对照组的时间序列设计	培训组和对照组	是	是,分时间进行多次

上表中使用的是实验设计的常用方式和用语。前测是指在培训前对学员某方面的测定,如学业水平、能力水平、智力、个性特点、态度和技能等。后测是指在培训后对他们再次进行测定。对照组是指在企业中和受训者有差不多的背景,但没有接受培训的那些员工构成的群体,用他们来与培训组进行对照,从而发现培训的效果如何。下面对每种设计详细解释。

① **仅有后测,无对照组的设计**

定义:指收集培训成果的评估方案。

组数:1 组

实验过程:(R)实验组　T　X_1

内涵:由于缺乏参照体系,无法说明培训有效。

(T 表示培训,x 表示测量,R 表示随机抽样,1、2、…、8 表示时间序列)

② **前测—后测的设计**

定义:对培训前后都进行评估的方案。如图 7-1 所示。

组数:1 组

实验过程:实验组　X_1　T　X_2

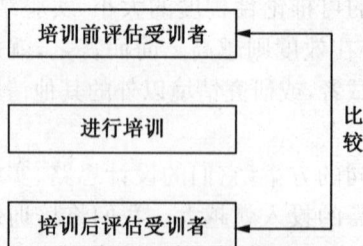

图 7-1　前测—后测的设计

内涵:只要 X_1 和 X_2 之间存在显著不同,就说明培训有效。不足之处在于,由于没有控制组,分析出来的差异可能不是由培训所致,而是由于企业中其他方面的变化造成的。

116

例如,工作态度的变化很可能不是由企业文化培训所致,而是由于企业中采用了新的奖金制度所致。

③ 后测一对照组的设计

定义:通过将后测附加一个对照组获得。如图 7-2 所示。

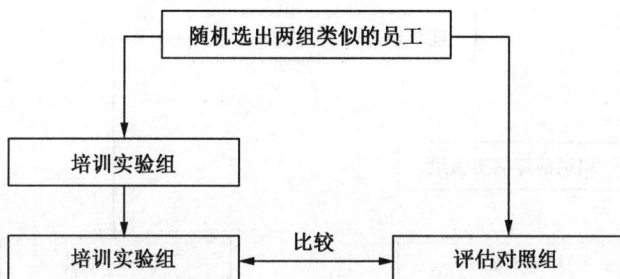

图 7-2　后测一对照组的设计

组数:2 组

实验过程:(R)实验组 T　X_1

对照组 X_2

内涵:有时候测验测量本身有缺陷,使受训者在接受第一次测验后就能应付相类似的测验。为了避免这种不良的效果,测验不在培训前进行,而只是在培训后加以测量。为了证明培训有效,必须由两组加以比较,所以如果接受培训的实验组比没有接受培训的对照组更好,就表明培训是有效的。

④ 前测后测一对照组设计

定义:包括受训者和对照者,需要收集两个小组培训前后衡量数据的评估方案。如表 7-8 和图 7-3 所示。

表 7-8　前测后测一对照组设计

	培训前的工作态度	培训后的工作态度
培训组 1	前测 1	后测 2
培训组 2	前测 2	后测 2
培训组 3	(后测 1—后测 2)—(前测 1—前测 2)	

组数:2 组

实验过程:(R)实验组　X_1　T　X_3

(R)对照组　X_2　X_4

内涵:有时候接受培训者在发生改变,没有接受培训者也在改变,所以方案设计上分成两组,都通过抽样获得。一组是对照组,一组是实验组,在培训过程中,只有实验组接受培训,对照组没有。对这两个组都有培训前的测量和培训后的测量。这样就可以剔除那些可能由于公司中其他方面的条件发生变化而导致的变化。在这种设计下,如果前测培训组和对照组之间并没有显著性差异而后测有显著差异,就可以认为这种差异是由培训所产生的。

这种设计可以比前几种更明确地看出培训的效果,同时也使得培训管理者或培训师更有把握确定培训的效果。前测后测—对照组的设计是在研究设计中用得较多的一种,它不仅可以用于评估单一培训的效果,同时也可以用来衡量不同培训方式的效果。

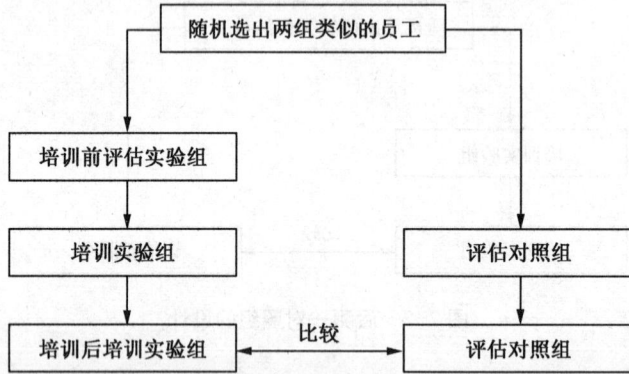

图 7-3 前测后测—对照组设计

⑤ 所罗门四组设计

定义:综合运用了对实验组进行前后测以后对对照组进行前后测的设计方案。如图7-4 所示。

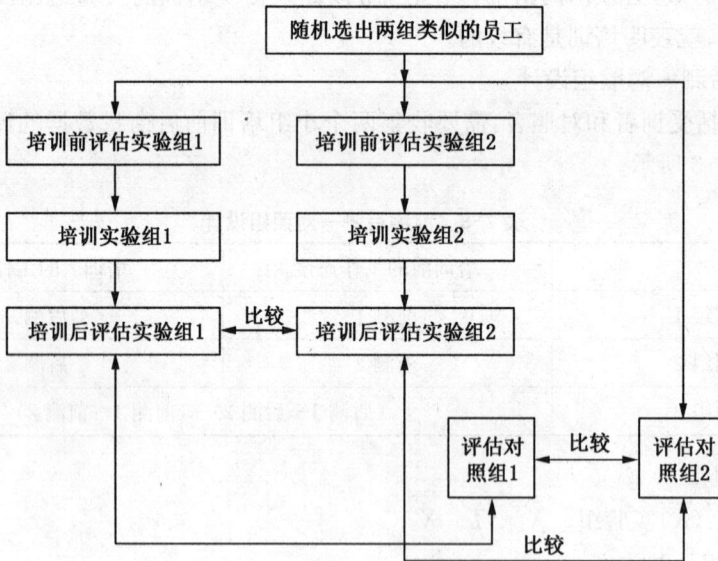

图 7-4 所罗门四组设计

组数:4 组

实验过程:(R)实验组 X_1 T_1 X_3

(R)对照组 X_2 T_2 X_4

(R)实验组　　X_5　T_1　X_6
(R)对照组　　　　　　X_7

内涵：这样做的好处是可以把干扰培训效果的其他因素的影响减少到最低限度。在具体操作时，可以把受训者随机分成两组，接受培训，同时另外设置两个相应的对照组。

这种设计可以用来评估不同培训方式的效果。比如我们想要了解采用角色扮演的培训方式和传统讲授法对培训效果有何影响，可以采用如表 7-9 所示的设计。

表 7-9　所罗门四组设计应用

	前测	培训	后测
第一组	有	角色扮演	有
第二组	有	传统讲授	有
第三组	没有	角色扮演	有
第四组	没有	传统讲授	有

⑥ **有对照组的时间序列设计**

定义：包括受训者和对照者，在培训前后每隔一段时间检测一次培训成果的评估方案。如图 7-5 所示。

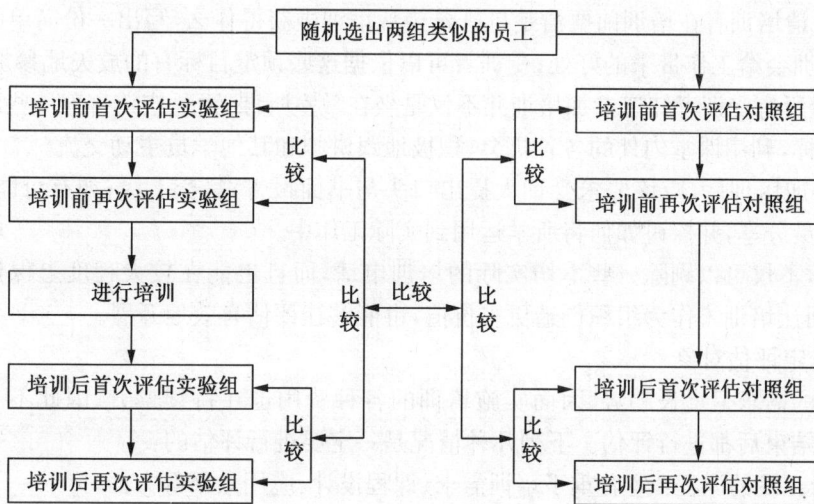

图 7-5　有对照组的时间序列设计

组数：2 组
实验过程：(R)实验组　　X_1X_2　　T　　X_5X_6
　　　　　(R)对照组　　X_3X_4　　　　X_7X_8

内涵：这是时间因素和控制因素的综合设计。两组的产生依然是随机抽样方式进行，只有实验组接受培训，对照组没有。当实验组在培训前后有显著差异而对照组没有差异时，培训的效果便可以证明。该设计是由库克和坎贝尔在他们的《准实验设计》一书中提出的。时间序列设计指在培训前一段时间和培训后一段时间里对学员在某方面进行多次测量,以观测培训的效果。它的假设是如果受训者在培训后持续地表现出某种变化,则可以认为这种变化是由培训引起的。在时间序列设计中,由于要在较长一段时间里对员工进行测量,很容易受到历史因素和员工发展因素的干扰,为了避免这些影响,就采用对照组的方法。

(3) 评估实施的操作流程

良好的培训评估流程,是有效进行培训评估活动的基础。其流程通常包括以下主要环节:

① 培训需求分析

进行培训需求分析是项目设计的第一步,也是培训评估的第一步细致深入的需求分析有助于对培训课程及其实施进行合理的设计,避免培训开发的盲目性和随意性。典型的需求分析方法有访谈法、调研法和问卷调查法。

② 界定评估目的

培训评估的目的将影响数据收集的方法和所要收集的数据类型,培训人员必须明确培训评估的目的,才能得到想要的评估结果。

③ 评估培训前的准备

有效评估是多方积极参加的结果,培训主管要想充分有效地开展评估活动,最好能够对受训部门和受训员工进行以下三方面的培训前准备:

a. 申请培训者在培训前要清楚自己希望从培训中获得什么,写出一份简单的期望表并列出培训会给工作带来的好处;受训者可以依据这些预定目标有的放矢地参加培训。

b. 让所有受训者知道参加培训并不仅是坐在教室听课,而是应该带着一些问题和设定一些目标,利用课堂内外的各种机会,积极地跟讲师和其他学员主动交流。

c. 参加培训后,应该要求受训人提出口头与书面报告,呈交上级;如有可能,最好能与相关学员分享,并探讨如何将所学运用到实际工作中。

这样,不仅可以剔除一些不切实际的培训申请,而且也能在较大程度上保证培训的质量,从而让培训工作为组织创造更多价值,也能够让评估有效地开展。

④ 选定评估对象

培训的需求呈增长趋势,因而实施培训的各种费用也在持续攀升,因此不一定在所有的培训结束后都进行评估。下列几种情况是一定要进行评估的:

a. 新开发的课程:应着重于培训需求、课程设计、应用效果等方面。

b. 新教员的课程:应着重于教学方法、质量等综合能力方面。

c. 新的培训方式:应着重于课程组织、教材、课程设计、应用效果等方面。

d. 外请培训组织进行的培训:应着重于课程设计、成本核算、应用效果等方面。

选定有效的评估对象,才可以有效地针对这些具体的评估对象开发有效的问卷、考试题、访谈提纲等,实现培训评估的目标,提高培训的效果。

⑤ 整体考虑评估活动

在进行评估前,培训主管应全面筹划评估活动。一般应该考虑下面几个问题:从时间和工作负荷量上考虑是否值得进行评估?评估的目的是什么?重点对培训的哪些方面进行评估?谁将主持和参与评估?如何获得、收集、分析评估的数据和意见?以什么方式呈报评估结果? 评估需要什么样的资源(如时间、设备、人力等)? 整体计划评估活动,有助于合理配置资源、安排时间和人员,提高评估的效率,应对可能出现的突发事件。

⑥ 构建培训评估数据库

进行培训评估之前,培训主管必须将培训前后发生的数据收集齐备,因为它是培训评估的对象,尤其是在进行三级、四级评估过程中必须要参考这些数据。培训的数据按照是否能用数字衡量的标准分为两类:硬数据和软数据。硬数据是对改进情况的主要衡量标准,一般以比例的形式出现,是一些易于收集的无可争辩的事实。这是最需要收集的理想数据。硬数据分为四大类:产出、质量、时间和成本,几乎在所有组织机构中这四类都是具有代表性的业绩衡量标准。有时候很难找到硬数据,这时,软数据就显得很有意义。常用的软数据类型可以归纳为六个部分:工作习惯、氛围、新技能、发展、满意度和主动性。

⑦ 确定培训评估层次

从评估的深度和难度看,柯克帕特里克的模型包括反应层、学习层、行为层和结果层四个层次。培训主管要确定最终的培训评估层次。多年来,业内权威人士认为要使与工作相关的培训做得好,至少对一部分培训课程要进行三级评估甚至四级评估。

⑧ 选择评估衡量方法

评估内容主要包括对培训课程本身的评估和对培训效果的评估。评估的方式有问卷调查表、评估访谈、案例研究等。需要说明的是,评估是为了改进培训质量、增强培训效果、降低培训成本。针对评估结果,重要的是要采取相应的纠偏措施并不断跟踪,而不是评过就草率结束了。

⑨ 统计分析评估原始材料

将收集到的问卷、访谈资料等进行整理合并、统计分析,剔除无效资料,同时得到相关结论。

⑩ 撰写培训评估报告

评估报告主要内容包括:评估目的概要、评估过程及方法、结果、讨论分析与建议、结论、附录。

⑪ 调整培训项目

提交评估报告并不是培训评估的最终目的,根据收集到的信息对培训项目进行针对性地调整,或重新设计以增强培训效果才是目的。

⑫ 沟通培训项目结果

很多组织非常重视培训评估,但是其评估却与实际工作脱节。培训效果的检验仅局限于培训过程中,而没有在实际的工作中进行,造成培训与实际生产服务脱节。在培训评估过程中,往往忽视对评估结果的沟通。一般来说,组织中有四类人是必须要得到培训评估结果的。

第一类是培训主管,他们需要根据评估结果来改进培训项目。第二类是管理层,因为他们中有决策人物,决定着培训项目的未来。第三类是受训者,他们应该知道自己的培训效果怎样,并且将自己的业绩表现与其他人比较,这种效果反馈可以帮助他们自我调整培训计划,更加努力地参加培训项目。第四类是受训者的直接经理。

(4) 评估实施的主要原则

在进行培训评估的各个环节时,应该掌握一些实施原则,包括定性与定量结合原则、科学性与可测性结合原则、综合评估与重点评估相结合的原则、实事求是原则、参与性和团队协作原则。

① 定性与定量结合原则

单纯定性评估会存在主观性,单纯定量分析会出现机械性,因此必须定性与定量相结合。培训评估的第一阶段先进行定量分析,将培训成果分解为多项评估要素,再给每项要素分派数值,最后计算出培训成果的得分。定量评估是定性评估的基础和依据,定性评估是第二阶段。这个阶段要对培训结果的整体水平作出判断,确定培训成果的等级。此时作出的定性评判,由于有严谨的定量评估作为基础,因此结论更加可靠。

② 科学性与可测性结合原则

培训评估是一个复杂的过程,因为培训的效果具有多因素、多变量、界限模糊等特点,坚持科学性就是要努力做到合理分解评估项目与要素,合理确定各项指标的权重及各项评估要素的分值。而可测性就是要对每一具体评估要素作出定性规定,使评估指标具有可操作化的定义。

③ 综合评估与重点评估相结合的原则

综合评估与重点评估的结合是指在设计评估要素时要全面考虑,将培训效果的多方面都纳入评估体系中,但是又要根据评估目的的不同抓重点因素进行评估,且不可因贪图面面俱到而缺乏重点,偏离设定的评估目标。

④ 实事求是原则

培训评估应该是客观可信、符合实际的,要切实反映培训的真实水平,既要对现状作出判断,又要对其发展趋势和规律作出判断。

⑤ 参与性和团队协作原则

培训评估要求所有人力资源开发培训的人员都积极参与协作评估。评估不仅仅是培训的开发者或管理者的工作,也需要受训者,投资者等多方参与及支持,才能很好地完成培训评估工作。

7.5 培训评估工具设计及数据处理

(1) 评估工具的种类

评估工具是在培训项目的适当实施阶段收集数据的手段,对于培训评估具有关键意义。培训评估者应该根据培训评估目标,灵活设计和选择评估工具,提高培训评估的有效性。现在较为通用的培训评估工具包括调查问卷、测试、面谈、核心小组、观察、业绩报告等。

① 问卷调查

问卷调查是培训项目最常用的一种评估方式。其格式有很多种,可用于获得关于受训者感受的主观信息,并且还可用于对投资回报率进行分析的可参考性文件。评估的主要内容包括授课准备、对主题内容的熟悉程度和理解的深度、交流技巧(语言的运用、真实生活的案例以及鼓励受训者展开讨论的能力)、对受训者理解程度的评估,并以适当的方式满足学员的需求和解决学员的问题、运用适当的技术、联系实际等。最常用的问题如下:

　　a. 目标进度在多大程度上满足了既定目标?

　　b. 课程内容是否恰当?

　　c. 教学资料是否有用?

　　d. 课前资料是否必要? 是否有用?

　　e. 课外作业是否有用?

　　f. 授课方式是否达到既定目标?

　　g. 授课方式是否有效?

　　h. 你是否渴望学习本资料?

　　i. 本培训项目是否与你的需求相关?

　　j. 时间安排是否连贯?

　　k. 设施是否能改善学习环境?

　　l. 你对本培训项目的总体评估如何?

　　m. 针对培训资料的应用还存在哪些潜在的障碍?

　　n. 你将如何应用你所学习的知识?

　　o. 你认为哪些人员比较适合参加本培训项目?

② 测试

利用测试对接受培训前后的学习效果进行衡量,是培训评估中常用的方法之一。测试分数的提高可以表明培训项目队学员的技能、知识或态度所带来的改变。编制测试问卷的原则与设计和编制问卷调查的态度调查表格原则类似。

③ 面谈

面谈是开展培训评估中重要的数据收集手段之一,主要运用于第三层次的数据收集。其优点在于,可以收集工作记录之外或者难以通过书面问卷和观察得到的数据。一个训练有素、善于运用调查技巧的面谈主持者,可以通过面谈获得参与者可能不愿意在一张问卷中描述的感受。面谈的局限性在于费时,且面谈主持者须经训练和做充分准备,以确保整个过程的一致性。面谈类型分为结构性面谈和非结构性面谈两种。结构性面谈要设定一系列问题,要求参与者回答特定问题,答案范围受到明确限制;非结构性面谈可以引出更细节化的信息和重要数据。

④ 核心小组讨论

核心小组讨论,是为征求学员对于所计划的主题或问题的定性意见或看法,由一位经验丰富的主持人主持小规模的分组讨论。这里要求小组成员提供各自的意见,然后汇总为小组意见。核心小组的讨论,是面谈方法的一种延伸,适用于第三、第四级评估。该方法适用范围包括:

　　a. 评估学员对特定练习、案例、模拟或培训项目的反应。

　　b. 培训后对学员在培训中所取得的总体效果进行评估。

　　c. 在培训后,通过后续跟踪评估对培训效果进行评估。

⑤ 观察

在工作中观察学员并记录学员行为的变化情况,是培训评估数据收集的方法之一。观察员可以由人力资源开发的专业人士、受训者的主管或是同一小组的成员、外部第三方人员构成。观察方法通常有五种:复选列表法、延迟报告方法、录像记录法、电话监听法和计算机监控法。

⑥ 业绩报告

通过业绩数据进行监控可使经理人员从产量、质量、成本、时间和满意度等方面衡量组织的业绩。

一种是利用现有的业绩数据和报告来判断培训的成效。此时,需要确定用于培训评估的业绩衡量指标。通过对这些指标进行审查,确定与培训项目相关的指标。另一种是在没有现成的业绩数据和报告的情况下,培训评估者需要开发新的评估方法。这要求培训评估者与相关部门合作,开发出记录保存系统,以便记录业绩,开展培训效果的评估。

⑦ 制订行动计划

行动计划方法已经成为针对评估和投资回报率分析的一种重要的数据收集工具。这种方法要求学员在培训项目期间制订以书面表格形式编制的行动计划,内容包括完成与培训项目有关的特定目标的具体步骤、内容及完成者、完成期限。采用这种方法,有助于人们了解和掌握诸如"经培训,学员在工作上获得哪些改进"、"这些改进是否与培训相关"、"有什么因素阻碍学员完成特定的行动任务"等方面的信息。

(2) 评估工具的选用

选择什么样的培训评估工具,取决于想要获得什么样的培训结果数据,同时还要充分考虑现实的工作环境是否能够帮助评估工具发挥最佳效应。根据培训评估四层次模型:反应、学习、行为、绩效,各层次所选择的评估工具有所不同,具体如下表7-10所示。

表7-10 培训评估工具层次选择

层次	测量目标	责任人	时间间隔	评估工具						
				问卷调查	测试	观察	面谈	核心小组讨论	业绩报告	制定行动计划
1. 反应	受训者对培训内容和培训实施的反应及其满意度	培训师	第2天结束 第3天结束	√						
2. 学习	能力、知识或者态度的改变	培训师	在培训中		√	√				
3. 行为	在工作中行为的改变	培训协调员、培训师	培训后3周 培训后3月	√		√	√	√	√	√
4. 结果	接受培训对经营活动和过程的影响	培训管理者	培训后3月	√					√	√

（3）评估的数据收集

培训评估的前提是要准确地收集与培训项目直接相关的数据。通常培训评估所需的数据包括硬数据和软数据。硬性数据一般具有以下特点：

① 一般是定量化的数据。

② 容易测量。

③ 是衡量组织绩效的常用标准。

④ 比较客观。

⑤ 比较容易转化为货币价值。

⑥ 衡量管理业绩的可信度较高。

软性数据一般具有以下特点：

① 有时难以量化。

② 相对来讲不容易测量。

③ 作为绩效测评的指标，可信度较差。

④ 在多数情况下是主观性的。

⑤ 不容易转化为货币的价值。

⑥ 一般是行为导向的。

硬性数据有四种主要类型，参见表7-11。

表7-11　硬性数据的四种主要类型

产　出	质　量	成　本	时　间
• 生产的数量	• 废品	• 预算的变化	• 对投诉的应答时间/次数
• 制造的吨数	• 次品	• 单位成本	• 运转周期
• 装配的件数	• 退货	• 财务成本	• 加班时间
• 售出件数	• 出错比率	• 流动成本	• 设备的停工时间/次数
• 销售额	• 返工	• 固定成本	• 每日平均时间
• 窗体加工数量	• 缺货	• 营业间接成本	• 完成所需时间
• 贷款批准数量	• 产品瑕疵	• 运营成本	• 贷款的处理时间
• 存货的流动量	• 与标准的差距	• 延期成本	• 管理时间
• 对申请的处理数量	• 生产故障	• 罚款	• 培训时间
• 毕业的学员数量	• 存货的调整	• 项目成本节约	• 开会时间
• 任务的完成数量	• 工作顺利完成比	• 事故成本	• 修理时间
• 订货量	• 事故数量	• 规划成本	• 效率
• 奖金	• 客户投诉	• 销售费用	• 工作的中断时间
• 发货量		• 管理成本	
• 新建的账目数量		• 平均成本节约	

软性数据通常包括以下几个方面：组织氛围、满意度、新技能、工作习惯、发展以及创造性，如表7-12所示。

表 7-12　软性数据的主要类型

组织氛围	满意度	新技能
• 不满的数量 • 歧视次数 • 员工的投诉 • 工作满意度 • 组织的承诺 • 员工的离职比率	• 赞成性反映 • 工作满意度 • 态度的变化 • 对工作职责的理解 • 可观察到的业绩变化 • 员工的忠诚度 • 信心的增加	• 决策 • 问题的解决 • 冲突的避免 • 提供咨询的成功机会 • 倾听理解能力 • 阅读速度 • 对新技巧的运用 • 对新技巧的运用频率 • 对新技巧的运用意图 • 新技巧的重要性
• 矿工 • 消极怠工 • 看病次数 • 违反安全规定 • 沟通破裂的次数 • 过多的休息	• 升迁的数量 • 工资的增加数量 • 参加的培训项目数量 • 岗位轮换的请求次数 • 业绩评估的打分情况 • 工作效率的提高程度	• 新想法的实施 • 项目的成功完成 • 对建议的实施量 • 设定目标

（4）评估数据的分析

① 培训评估数据分析的原则

a. 审查一致性和准确性。

b. 使用所有相关数据。

c. 保守个人数据秘密。

d. 尽量使用简单的统计方法。

② 评估数据分析的主要方法

在培训评估中一般采取统计的方法汇总、整理、分析数据。根据不同的目的，采用不同的分析方法。第一，在汇总、整理数据阶段，主要采取两种方法：一是集中趋势或平均值（即中数、中位数和众数），表述小组的特性；二是差量或方差，以表示小组中每个项目的偏差程度。第二，在确定两个或多个项目之间的关系时，主要采取相关系数来表示项目之间互相关联的程度，并用一个系数来表示，需要指出的是，相关系数用于描述变量之间的相关性，并不揭示两个变量组之间的因果关系。第三，对两个小组之间业绩的差别进行比较时，多采用差异检验的方法。这些常用的统计方法在统计学里均有介绍，这里不再赘述。

7.6　培训效果的经济价值分析

（1）培训成本的测量

培训成本可以采用由奎因（Quinn）等人在 1996 年提出的资源需要模型（Resource Requirement Model）来衡量。该模型也可以被认为是培训成本矩阵。它从培训在不同阶段所要求的资源入手,分析整个培训过程所花费的成本,如表 7-13 所示。

表 7-13　培训成本矩阵

培训时间	人员费用	场地设施费用	设备材料费用
培训前	1(a)	1(b)	1(c)
培训中(实施)	2(a)	2(b)	2(c)
培训后(评估反馈)	3(a)	3(b)	3(c)

　　应用该模型还可以对不同培训的成本进行比较,从而为后面进行成本有效性分析或成本收益分析提供基础。表 7-14 是根据康奈尔大学和上海交通大学在 1999 年和 2000 年合作的远程人力资源管理课程中对应用传统的面授方式和多媒体远程教学进行国际人力资源管理培训的预计成本的比较案例。

表 7-14　培训成本比较

	多媒体远程教学(WHRM)	传统的面授方式
1(a)	培训需求分析 开发课程 计划项目 技术支持 更多的准备时间	培训需求分析 培训课程 计划项目
1(b)	办公室 电　话 传　真	办公室 电　话 传　真
1(c)	计算机/扫描仪/网络 培训教案 胶片等 印刷、复制	计算机 培训教案 胶片等 印刷、复制
2(a)	讲师费用 学员工资成本 较少的差旅费 较少的离开工作时间 较少的旅行时间	讲师费用 学员工资成本 差旅费 住宿和饮食费用
2(b)	可视电话会议室 培训设备 更多的电子设备	教室/会议室 培训设备
2(c)	网络传输 投　影 录像机 计算机/网络 培训讲义	投　影 录像机 计算机/网络 培训讲义

	多媒体远程教学（WHRM）	传统的面授方式
3(a)	设计问卷 追踪访谈 数据收集和分析 评估报告	设计问卷 追踪访谈 数据收集和分析 评估报告
3(b)	办公室 电　话 计算机/网络	办公室 电　话 计算机
3(c)	测　验 问　卷 计算机/网络	测　验 问　卷 邮　寄

（2）培训收益的测量

培训收益是指企业从培训项目中所获得的价值,具体的衡量指标包括劳动生产率的提高、产品质量的改进、产品销售量的增加、成本的降低、事故的减少、利润的增长、服务质量的提高等。通过培训对经营业绩的整体影响,进行培训的投入产出分析。通常对收益进行分析的做法主要有以下几种:

① 通过以往研究和培训记录,确定培训的收益。

② 在公司范围内进行小样本试验,由此来确定某一培训可能带来的收益,这在公司推行一些大的培训项目之前尤为重要。

③ 通过观察培训后绩效特别突出的员工,来分析培训的收益,往往和生产力的提高、事故的减少、离职的降低等联系在一起。

（3）培训的投资回报率计算与分析

在分析了培训的成本与收益之后,就可以计算投资回报率了。投资回报(Return on Investment,ROI)这个概念最初来自于财务和会计领域,被用于表明资本投资回报的价值。在这里,我们进行培训投入产出分析,是为了评估培训资金投入的利用效率,以此来判断某个培训是否合算、为股东创造了多少价值。评估组织培训投入产出基本上有八种方法。

① 培训成本收益率(Benefit Cost Ratios,BCR)

计算公式为:培训成本收益率＝培训收益/培训成本

当培训成本收益率大于1,假设为4.5,则表明向员工培训每投入1元,将获得4.5元的培训收益。因此,培训成本收益率越高,其收益相对于成本而言,也就越高;反之,培训成本收益率越低,则收益相对于成本,也就越低。

② 投资回报率(Return on Investment,ROI)

计算公式为:培训投资回报率＝（培训收益－培训成本）/培训成本

虽然前两个公式都可以用来评估培训的投入产出,但是在成本效益分析和投资回报率之间存在理念上的差异。利用成本收益进行分析时,更多的是从财务的角度,将培训看做是一项成本和费用支出;而在计算投资回报率时,将培训的支出理解为一种投资行为。因此,两者所蕴含的意义是有区别的。

③ 效用分析

计算公式为:效用＝单位产出的绩效×产出的数量－成本

效用分析是指对各种方案的损益进行分析,效用分析的主要意义在于为管理层在作出决策时提供依据。

④ 培训贡献率

计算公式为:培训价值贡献率＝培训总收益/组织价值新增

培训贡献是指培训活动对组织价值增长的贡献。说明了培训为组织创造多少价值、为股东创造了多少财富。评估培训贡献的指标是培训价值贡献率。

⑤ 培训投资回收期(Payback Period)

计算公式为:培训投资回收期＝成本/月收益

培训投资回收期计算在多少个月内,培训的收益与培训支出持平。如果投资回收期的数字相对较小,只有几个月的话,则管理者将被鼓励进行培训投资。优点在于计算简便;缺点在于没有体现时间对现金流入价值的影响,也不能体现不同项目所承担风险大小的不同。对于较为复杂,不断有资金流入流出的项目来说,可能有多个回收期,或者在回收后出现新的资金流出,计算不容易正确。

⑥ 舍贝克和科恩效用公式

计算公式为:$Utility＝YD×NT×PD×V－NT×C$

其中:

YD——培训对工作产生影响的年数;

NT——接受培训的人数;

PD——接受培训者和未接受培训者在工作上的差异;

V——价值,对工作成绩的货币计算;

C——为每一位成员提供培训所支出的费用。

⑦ Brogden-Cronbach-Gleser 模型在培训评估中的应用

计算公式为:$\Delta＝T×K×S_{dy}×r_{xy}×K－C$

其中:

T——培训项目发生作用的时间长度;

K——参加培训的员工数;

S_{dy}——用货币单位表示的以前曾经培训过的员工的绩效的标准差,此时设 $S_{dy}＝1$,也有根据 40% 规则,将平均工资的 40% 作为 S_{dy} 的估计值;

r_{xy}——代表的是经过培训之后评估学习者的得分和培训者今后在工作岗位上获得绩效之间的相关关系,或者说 r_{xy} 代表培训项目的准则关联效度;

C——培训成本。

⑧ 还本期计算

计算公式为:还本期＝投资总额/年度净节余

还本期是对资本开支进行评估的常用方法。采用这种方法时,某项投资所产生的年度现金收入(节余)等于该项投资所要求的最初现金支出,衡量单位一般为年月。

（4）收益估计的货币化

对培训进行投资回报率分析的关键是将评估数据转化为现金。菲利普斯是这一领域的主要贡献者，他提出了很详细的分析模型和分析步骤，见图7-5。

菲利普斯确定了将数据转化为现金的基本步骤：

① 确定每个单位的价值。

② 计算业绩数据的变化。

③ 确定该变化的年度数量。

④ 计算改进的总价值。

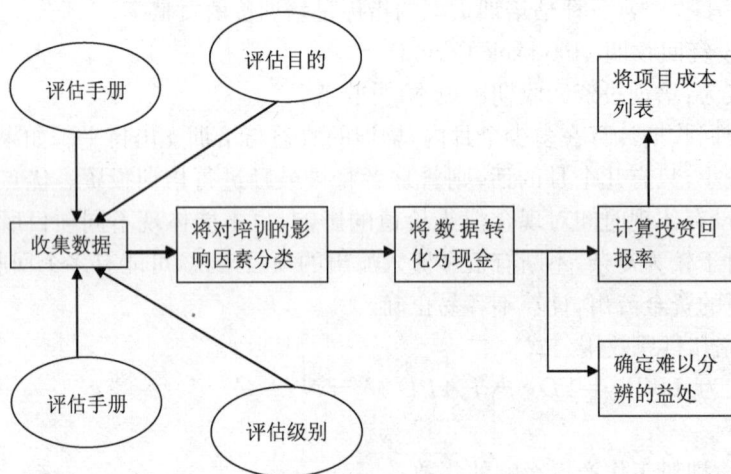

图7-5　投资回报率运作模型

表7-15给出了一个将评估数据转化为现金的具体实例。

表7-15　将数据转化为现金的步骤实例

背景	一家制造厂的团队建设培训项目
操作步骤	第一步：重视衡量单位 投诉解决的次数
	第二步：确定每个单位的价值 利用内部专家，在考虑了时间和直接成本的情况下，一次平均投诉的成本估计约为6 500元
	第三步：计算业绩数据的变化 在完成培训项目后的6个月内，每个月中投诉总次数减少了10次。根据主管人员的判断，所减少的10次投诉中有7次与培训项目有关（分解培训效果）
	第四步：确定该变化的年度数量 利用6个月的数值（每月7次），可以计算出年度改进量为84
	第五步：计算改进的年度价值 年度价值＝84×6 500＝546 000（元）

（资料来源：谢晋字.人力资源开发概论[M].北京：清华大学出版社，2005）

本章精要

效果评估是员工培训过程中的一个重要环节,只有通过效果评估才能做到心中有数,更好地改进或提高培训效果。本章首先讲解了培训效果以及培训效果评估两个概念,介绍了培训效果类型,即认知成果、技能成果、情感成果、绩效成果及投资回报率。其次,在效果评估方面,已经有了一些比较成熟的模型,例如柯式评估模型、CIOR 评估模型、CIPP 评估模型、汉姆布林模型、考夫曼的五级评估模型、菲利普斯五层次模型、布林克霍夫六阶段模型、布什内尔的四阶段模型和劳施厄满意效用比等,本章对这些模型进行了简要的讲解。然后,对评估方案和评估工具的设计和实施进行了探讨,主要包括影响评估方案设计的因素、评估方案设计种类、评估实施的操作流程、评估实施的主要原则、培训评估工具设计及数据处理等方面。最后,讲解了培训效果的经济价值分析,包括培训成本的测量、培训收益的测量、培训的投资回报率计算与分析、收益估计的货币化。

复习思考

1. 什么是培训效果?它包括哪些类型?
2. 什么是培训效果评估?它有何意义?
3. 请简述柯式评估模型。
4. 如何设计评估方案?
5. 简述评估实施的操作流程。
6. 培训的评估工具都有哪些?如何选用?
7. 如何进行培训效果的经济价值分析?

案例分析

一个培训师的感触:培训无效是谁的错

引言

作为一名培训师,蜜蜂瓷砖的培训给我很大感触和体会,这次培训效果很好,切合了我的渗透式培训理念。

蜜蜂瓷砖是世界知名品牌,来自意大利,1999 年进入中国市场。十多年来,不断坚持技术创新,研究流行趋势,在设计中主动将中国当地的传统古朴元素与产品相融合。数据统计显示,蜜蜂瓷砖在所有进口瓷砖品牌中占据 50% 以上的市场份额。

前奏

培训前我先与该公司人力资源部接触,了解蜜蜂瓷砖的企业文化和价值观,深刻理解其文化的深层含义——激情、拥抱变革、敬业、团队。在这个基础上调整大纲,根据他们的文化与职业化、执行力的理念,找到切合的案例和素材。授课前与企业负责人面对面地沟通,充分把握学员的情况和负责人培训发展的意图和思维,在沟通领悟中发展思维,完善调整课程体系,形成有针对性的培训内容和框架。

培训过程

必须观点鲜明,案例生动,用图片与视频冲击学员的视觉,达到爱听、融入。在此次培训的第一天进行了有效导入,会上150人全部放开,主动发言、表达,课程效果活跃、学员全部投入。一天7个小时的培训很快过去,意犹未尽。课堂效果超过预期,是我这么多年培训效果最好的一次,真正意义上满意度100%。企业文化不断深入每个人的内心,有效生动的案例触动以往的困惑;辅以特别安排的游戏让学员体会到培训的乐趣,学习就是为自己成长;企业文化达到有效的统一、思路达到新的改变。

下面我想要表达的是培训有效落实的另一个关键点:一把手绝对的重视和对培训的高度认可;培训后马上的落实和持续的回顾和应用。在培训过程中,要求学员必须早到15分钟,8点30分上课,全体学员必须8点15分到位;授课期间不得走动,除非特殊情况(要主动找负责人登记),小组成员要踊跃发言;铁的纪律才能保证执行力。比较之下,其他企业培训迟到是必然,走动是放松的情况,培训效果可想而知。

课程结束后我针对此次培训专门设置了作业思考题目,题目包括选择题和问答题目。两天课程结束了,当晚必须马上再复习、再反思。公司负责安排当晚分组讨论所学。(1)分组,每组一组长、一记录员安排房间谈论。(2)记录拍照片(我想一个是留念,更重要也是一种监督)。(3)定时间。(4)第二天每组要汇报昨晚讨论的要点,放到大会议室,领导高层都必须参与。比较之下,其他一些企业课后学员无影无踪,不闻不问,只讲课堂激动和感动,而课后不动,培训效果不可能好。

回去后大家把几天所学的知识和感悟记录在一个本子上,工作中就把这个本子带在身边。每个经理必须在这一年把这个本子带在身边,有空就学习、反思,企业一把手把这个作为考核内容,如果发现一次你一天没看,就把你口袋里的钱当场交上去,这样在口袋里放钱的时候就想到本子也是钱。这样才能把复杂的理论变得简单化。简单化的事情重复做,做到极致,这才叫做品牌。

培训效果不好究竟是谁的错呢?

(1)老板的错,不是发自内心的重视和坚持落实。

(2)培训师的错,培训无针对性、主动形式,忽视每家企业的背后是文化,缺乏对企业的有效性。

(3)培训市场的混乱和浮躁。

(4)只重视培训的新鲜,不知道企业管理的本质不是天天换鲜,而是要保鲜(对文化、方法的再思考)。

(5)学员对学习的不强烈和无动于衷。

(6)没有后续的监督体系。

(7)管理层的错,没有起到带头和以身示范的作用。

(8)企业文化中少了"激情"两个字,只有激情的文化才能有超强的团队执行力。

(9)培训师授课呆板和无实践经验、悟性不强,无能力理透企业的真正培训需求点。

系统培训、反复培训、针对培训、监督培训、落实培训,方叫培训。

问题:

认真阅读案例材料,思考如何才能提高培训效果。

(资料来源:陈胜军. 培训与开发:提高•融合•绩效•发展. 北京:中国市场出版社,2010)

第8章　特殊员工群体培训

学完本章后,你应该能够:

1. 掌握新员工培训的概念、内容、意义
2. 掌握外派人员培训的概念、内容、方法
3. 了解国际人力资源管理的基本职能
4. 了解外派人员外派的四个阶段

关键术语

新员工培训　上岗引导　管理培训生　全球心智模式　外派人员

开篇案例

新员工失望的一天

一想到明天就要正式到公司报到上班了,李阳内心别提多高兴了。这家公司是业内很有实力的"新生企业",名牌大学毕业的他要到该公司网络中心开始自己人生的第一次工作。虽然他的专业不是计算机方面的,而是市场营销,但他对计算机玩得很棒,还是在大三时,他就开始帮一些公司编程和开发应用软件系统。想到在最后一轮面试时总经理对他的欣赏,李阳认为明天公司肯定会为他们这几个新招来的大学毕业生安排一些"精彩节日",比如高层管理者的接见与祝贺、同事的欢迎、人事部对公司各种情况的详细介绍和完整的员工手册等。李阳的同学有的已经上班半个多月了,有不少同学都欣喜地告诉他自己的公司如何热情地接待新人。

然而,第一天是令他失望的。

他首先来到人事部,人事部确认李阳已经来到公司,就打电话告诉网络中心的王经理让他过来带李阳到自己的工作岗位。过了一段时间,王经理才派自己的助手小陈来,小陈客气地伸出手,说:"欢迎你加入我们的公司! 王经理有急事不能来,我会安排你一些事情的。"来到网络中心,小陈指着一个堆满纸张和办公用品的桌子对他说:"你的前任前些天辞职走了,我们还没有来得及收拾桌子,你自己先整理一下吧!"说完,小陈自顾自忙了起来。到中午,小陈带李阳去餐厅用餐,告诉他下午自己去相关部门办一些手续,领一些办公用品。在吃饭时,李阳从小陈那里了解了公司的一些情况,午休时与办公室里的一些同事又谈了一会儿,但他感到很失望,公司并没有像他想象的那样热情地接待他、重视他。

第二天,王经理见到李阳,把他叫到自己的办公室开始分派他的任务。当王经理说

完之后,李阳刚想就自己的一些想法同他谈一谈,一个电话来了,李阳只好回到自己的电脑前开始构思他的工作,他的工作是网络制作与维护。他知道,他需要同不少人打交道,但他还不知道谁是谁,只好自己打开局面了。

就在第三天,李阳被王经理"教训"了几句。原来,王经理是让李阳送一份材料到楼上的财务部,李阳送去之后,就又继续自己的工作了。过了一会儿,王经理走了过来,问他:"交给财务了吗?是谁接过去的?"李阳回答:"交去了,是一位女士接的,她告诉我放那儿好了。"王经理一脸不悦地说:"交给你工作,你一定要向我汇报结果,知道吗?"李阳虽然嘴上说"知道了",但脸上却露出了不满的神情。王经理便问他有什么意见,李阳忙掩饰说:"王经理教导得很对,希望你以后多多指导!"李阳认为,这些细节也太多余了,自己把工作完成就行了。无非是王经理想显示一下自己是领导。

这几天里,李阳想到好受一点的是另外两个同事对自己还算很热情。一个女孩是自己的前两届的校友,另一个男孩是那种爱开玩笑、颇能"造"气氛的人。李阳曾经问过他俩:"难道公司总是这样接待新员工?"校友对他说,"公司就是这种风格,让员工自己慢慢适应,逐渐融入公司。公司的创始人是几个工程方面的博士,他们认为过多的花样没多大用处,适应的就留下来,不适应的就走人。不少人留下来是因为公司的薪水还不错!"。

到了周末,李阳约了同学出来吃饭,谈起自己的第一周工作,李阳望着窗外明媚的阳光、川流不息的车辆,茫然地说:"糟糕极了!"

(资料来源:陈胜军.培训与开发:提高•融合•绩效•发展.北京:中国市场出版社,2010)

8.1 新员工培训

8.1.1 新员工培训概述

(1) 新员工培训的含义

新员工培训,又称职前教育,国外将这种培训称为"员工引导"(Employee Orientation),对新员工来说是一个从局外人转变为企业人的过程,对企业来说是一个吸收新鲜血液、提升组织活力、开发新人力资源的过程。新员工培训可以提高员工知识技能,传递企业价值观和核心理念并塑造员工。新员工的来源有两类:一类是首次参加工作的应届毕业生;另一类是有工作经验的人,即在其他企业或组织工作过的员工。

(2) 新员工培训的意义

① 减少新员工的压力以及焦虑感

刚刚步入一个组织的新员工,面临新的环境,思想上会出现一种不确定感,行动上不知所措,从而会产生心理上的紧张和不安;或者由于原来对工作有过高的期望,而进入企业后发现事实并非像个人预想或者组织介绍的那样好,心中会感到震惊和焦虑,学术界称之为"现实震动"(Reality Shock)。因此,进行新员工培训,有助于稳定员工的情绪。

② 帮助新员工尽快实现"组织社会化"

组织社会化是指将新员工转变为精干的组织成员的过程,包括为胜任本职工作做好准备、对组织有充分的了解以及建立良好的工作关系等内容。社会化是一个不断给员工灌输企业所期望的主流态度、标准、价值观以及行为模式的持续过程。只有当新员工完成"组织社会化"的全过程,他们才能全力以赴为企业做出贡献。

③ 有助于增进新员工的认同感

企业通过与新员工进行沟通,或者开办团队协作课程等方式,使新员工树立团队意识,也使得老员工与新员工充分接触、相互交流,形成良好的人际关系,有助于新员工融入公司的文化氛围。如果缺乏上岗引导或者上岗引导做得不好,将会导致新员工无法有效地融入新的组织环境,使他们产生距离感,变成企业内部的"外人"。

总之,有效的岗前引导培训应当完成以下几个主要任务:新员工应当感到受欢迎和自在;应当对组织有宏观上的认识(组织的过去、现在、文化以及未来的愿景),并且了解组织政策和程序等关键事项;应当清楚在组织工作和行为方面对他们的期望;应当开始进入按企业期望的表现方式和做事方式行事的社会化过程。

8.1.2 新员工培训内容

新员工培训的内容很广泛,这些内容的先后顺序也要事先设计好。应该将薪酬、晋升、培训、企业发展愿景等新员工最关心、最具有吸引力而且关系到员工自身成长的内容放在前面,这样更能激发员工的热情。表 8-1 是新员工培训的基本内容和基本方法。

表 8-1 新员工培训基本内容和基本方法

培训内容	培训方法
企业文化	讲授法,主要用典型事例和故事来影响员工
企业历史	讲授法,配合动画演示,激发员工自豪感
企业战略	讲授法,描绘美好的蓝图,激发员工责任感
企业经营状况及产品介绍	讲授法,结合实地参观,使员工进一步了解企业
公司相关制度(绩效考核、薪酬设计、福利、请假、晋升、危机处理等)	通过发送 E-mail 的方式,员工自学。对于员工关心的内容和容易出现的问题结合实例讲授,可以通过 E-mail 向导师提问或者在 QQ 群内发起讨论
工作职责	发放工作说明书
沟通技巧	讲授法、案例分析法、情景模拟法相结合,强调操作
团队合作	游戏设计、拓展训练,培养员工的团队精神,促进角色转换
礼　仪	讲授法、情景模拟,维护企业形象
时间管理、压力管理	讲授法、案例分析法,提高解决问题的能力
角色转变	讨论、游戏、情景模拟、新老员工见面会等方法,使员工理解个体与组织的关系以及团队协作的重要性

上述培训内容可以归纳为企业文化、公司制度和政策、部门与岗位职责及能力三个方面,下面逐一详细讲述。

(1) 企业文化培训

企业文化是企业的灵魂,是推动企业发展的不竭动力。其核心是企业的精神和价值观。这里的价值观不是泛指企业管理中的各种文化现象,而是企业或员工从事生产与经营中所持有的价值观念。

新员工尤其是刚出校门的新员工,脑子中没有条条框框,是进行企业文化培训的最好时机。通过企业文化培训,从企业的使命、愿景、宗旨、精神、价值观和经营理念全面对新员工进行塑造,新员工感触到了企业的灵魂,认同了企业文化,才能在工作中秉持企业的使命和宗旨,追求企业的愿景和价值观。因此,成功的企业并不一定拥有最先进的文化,但一定有比较成功的企业文化培训,培训使企业文化在新员工心中生根。

(2) 公司制度和政策培训

公司制度和政策培训内容主要包括公司基本情况、公司制度、基本礼仪与工作基础知识。

向新员工介绍公司的基本情况和相关的规章制度,主要包括以下方面:

① 公司的性质、经营范围、注册资本、现有资本及利税等情况,同时还要向新员工介绍企业的社会存在意义、对社会有何贡献等,让新员工感觉到在这样的企业工作有一种荣誉感和自豪感。

② 组织结构与部门职责。可以利用组织结构图与各部门工作职责书进行讲解,让新员工明白组织的部门设置情况、纵横关系以及各部门的职责与权利,在将来工作中遇到问题应该找哪一个部门解决。

③ 产品及市场。让新员工了解公司的主要产品的种类及性能、产品包装、价格、市场销售情况、市场同类产品及竞争对手等。

④ 其他公司知识。例如公司的发展历史、经营理念、公司传统、创始人的故事、公司标志的意义等。

⑤ 人事政策与制度。这一部分与员工利益密切相关,应详细介绍并确认新员工全部理解。内容有工资构成与计算方法、奖金与津贴、福利项目、绩效考核办法、晋升制度,以及更详细的劳动纪律、上下班时间、请假规定、报销制度、安全制度、保密制度等。

规章制度的培训是企业新员工培训中不可或缺的一部分,关系到新员工正式工作以后生活的方方面面。它是员工在企业生活中的工作标准、获取报酬的标准、个人与企业权利义务关系的标准;从另一角度来说,企业规章制度是企业文化的实施基础,没有良好规章制度作为保障,企业文化是很难建立起来的。

企业规章制度的培训可以采取课堂学习或培训者讲解的方式进行。培训部门首先要将企业的规章制度印制成内部刊物、员工手册或规章制度手册等形式,然后发放给每一个员工,期间安排时间进行讲解。

基本礼仪与工作基础知识主要包括两方面的含义,一是服务意识的培养,二是礼仪常识的掌握。在服务培训上我们往往有一个误区,即认为只有第一线的员工才存在服务质量问题。其实,内部也有服务问题。礼仪常识培训则包括形体礼仪、社交礼仪、电话礼仪和美容化妆等各个方面的训练。对不同岗位的新员工可有选择地实施培训。这一部分对于企业特有氛围的养成与维护有着特别的意义,新员工了解并运用以后,也能够较快地融入企业的氛围之中。

对于基本常识(包括入职流程、日常工作服务、信息平台管理、办公环境维护等),由于其内容的琐碎性和实效性，一般穿插在日常工作的过程中实施，例如入职流程须知和日常工作服务手册的内容由人事专员在入职过程中进行；信息平台的管理和办公环境的维护可以采用宣导、自学和即时指导相结合的方式进行。

（3）部门与岗位职责及能力培训

① 部门培训

部门培训由所在部门的负责人负责。部门负责人应代表部门对新员工表示欢迎，介绍新员工认识部门其他人员，并协助其较快地进入工作状态。

部门内培训主要包括：介绍部门结构、部门职责、管理规范及薪酬福利待遇、培训基本专业知识技能，讲授工作程序与方法，介绍关键绩效指标等。要向新员工详细说明岗位职责的具体要求，在必要的情况下作出行为的示范，并指明可能的职业发展。

部门间交叉培训是企业所有部门负责人的共同责任。根据新员工岗位工作与其他部门的相关性，新员工应到各相关部门接受交叉培训。部门交叉引导主要包括该部门人员介绍部门主要职责、本部门与该部门联系事项、部门之间工作配合要求等。

有效入职培训的关键要素之一是新员工与其直接上级管理人员、同事以及其他组织成员之间频繁的互动。在培训早期阶段的这种互动越频繁，新员工的社会化进程越快。有研究表明，新员工认为与同事、直接上级管理人员以及高级同事之间的互动对他们的帮助最大。而且，这种互动与新员工往后的态度工作满意度、组织承诺、离职倾向有关。直接上级主管在新员工培训过程中既是信息的来源，又是新员工的向导。

② 岗位职责及能力说明

新员工的岗位职责及能力说明包括岗位知识培训、岗位技能培训以及职业道德规范培训三个方面。

岗位知识培训主要包括介绍工作的地点、任务、安全要求等内容，最重要的是和其他部门的关系问题，把这些都明明白白地写下来，以免员工不知道哪件事该找谁、找哪个部门。

岗位技能培训包括新员工岗位的工作标准及操作要求、产品判定、与上下游流程的关系、对他人的影响等。技能培训应多辅以成功的个案，"榜样教学法"比较好。岗位技能培训是提高实际操作能力和适应能力的基本训练，是岗位培训的主要内容。

职业道德规范培训包括岗位职业道德规范和理想、纪律等思想政治教育以及有关法律法规、方针政策教育。俗话说，士有百行，以德为先。对职工进行科学文化教育和技术技能培训的同时，要十分注重思想道德教育、职业道德规范教育，提高他们的思想道德水平和职业道德水平。

8.1.3　管理培训生项目

管理培训生项目（Management Trainee Program）是指企业对经过筛选的、富有管理潜能的一批新员工（通常是应届本科毕业生或研究生），采取系统的培训、锻炼等培养措施，快速地提升其管理技能和相应的职业素养，然后逐渐安排其进入企业管理类岗位承担管理责任的人才培养模式。在国外，管理培训生已是相当普遍的现象，已成为企业获取竞争优势的人力资源管理利器，企业高度关注和大力推行。在国内，管理培训生还是个比较新颖的概念,处在起步阶段。由于管理培训生计划适合于企业大批地培养新人,培养经过本企业文化熏陶的"子弟兵",因此它是许多著名企业新员工培养的常用方式。如联合利华、通用电气、沃尔玛、强生、欧莱雅、ABB 集团等都在实行该项目。

管理培训生项目的目的,就在于为企业培养未来的管理者,所以在设计项目的初始就大多安排了内部的跨部门轮岗、领导力培训、企业文化培训等内容,以期让管理培训生得到足够的锻炼,使得他们在 10~15 年后能够成为公司的高层管理者。

管理培训生计划培养模式的特点:

① 主要对象为高等院校应届毕业生,包括应届本科生和应届研究生。

② 适合企业批量培养人才,满足企业经营的整体需求。

③ 培养开发的主要方式包括培训、轮岗、内部导师的辅导等,同时强调以企业文化全面的熏陶和塑造。

④ 有较长周期的培养计划来培养培训生的业务能力和综合管理能力,并通过职业生涯管理,让员工实现职业发展,企业实现人尽其才。

8.2 外派人员培训

8.2.1 国际人力资源管理与外派人员

(1) 国际人力资源管理

国际人力资源管理就是国际化的人力资源管理,它的出现是与跨国公司经营的全球化扩展紧密联系在一起的。国际人力资源管理具有许多新的特征,面临着更多的挑战,体现为更多的职能与管理活动,在更大程度上涉及员工的个人生活以及面对更多的外部影响,等等。随着我国经济的开放和发展,越来越多的跨国公司落户中国,我国企业也越来越多地踏上了跨国经营的道路。研究国际人力资源管理对于我国的经济发展与对外开放具有重要的理论意义和现实价值。

① 国际人力资源管理的定义

Schullion(1994)把国际人力资源管理定义为"由于业务国际化而产生的人力资源管理事项和问题,企业应对业务国际化而采取的人力资源管理战略、政策和实践"。Taylor、Beechler 和 Napier(1996 年)把国际人力资源管理定义为"一系列用于吸引、开发和保持跨国公司人力资源的活动、职能和流程,它是用于管理跨国公司人员的各种体系的总和,母国和海外都包括在内"。这一定义将母国的人力资源管理也纳入认识范畴,更具有"全球理念"。

人力资源管理专家 Morgan(1986 年)认为本土与国际人力资源管理的区别在于国际人力资源管理的三个独特维度:

a. 国际人力资源管理活动的内容更加广泛。

b. 国际人力资源管理的对象不仅仅是母国的员工,还包括东道国、第三国及其他来源的员工。

c. 跨国公司在全球不同国家和地区的不同的经营战略,使国际人力资源管理职能和任务有显著的不同,如图 8-1 所示。

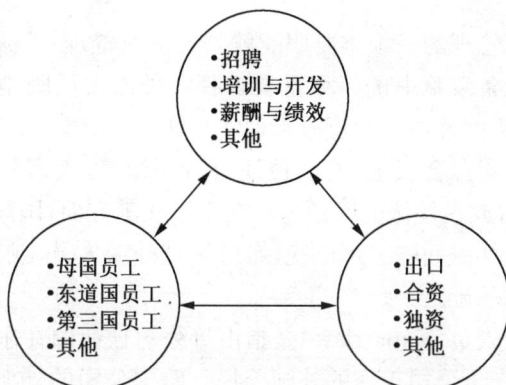

图 8-1 国际人力资源管理的三个独特要素

② 全球化进程与国际人力资源管理

在全球化的进程中,不同的跨国公司在走出本土、迈向国外的过程中会经历不同的情况,各自采取的策略也不尽相同。就国际人力资源管理而言,早在 1990 年,国外学者 Adler 和 Ghadar 就指出跨国公司会根据其公司自身的全球化模式特点而采用不同的人力资源管理的政策和方法。跨国公司在处于不同的全球化阶段时,公司的人力资源管理部门的工作重心、人力资源管理政策和实践都将有着巨大的差异。表 8-2 较好地诠释了全球化进程与国际人力资源管理职能的权变关系。

表 8-2 全球化进程与国际人力资源管理

	Ⅰ国内阶段	Ⅱ国际阶段	Ⅲ多国阶段	Ⅳ全球阶段
主要导向	产品/服务	市 场	价 格	战 略
战 略	国内	多国/国际化	全球化	跨国化
世界范围内的战略	少量出口	国际营销、技术转移	供应、生产和营销国际化	全球战略竞争优势
外派人员	无	很 多	一 些	很 多
外派动机	无	销售、控制或技术转移	控 制	协调与整合
外派对象	无	优秀销售人员	优秀管理者	高潜质经理人
培训与开发	无	有限的	更长期的	贯穿整个职业生涯
培训对象	无	外派人员	外派人员	外派高管
绩效评估	公司基础的	分公司基础的	公司基础的	全球性战略定位
奖 励	绩效基础的	为国外的艰苦条件给予额外补贴	倾向于成本控制	全球性薪酬计划
主管人员国籍	母 国	母 国	母国/外国	多 国
必要技能	技术和管理	加上文化适应	加上文化差异敏感性	加上跨文化交流、影响和整合

(2) 外派人员概述

① 外派人员的界定

跨国公司人力资源管理的一项重要职能就是人员配置,而外派是跨国公司人力资源管理在国外经营人员配备政策上的一个重要选择。外派人员既是跨国公司人员配备中的主要人员类型,也是跨国公司人力资源管理涉及的主要对象。20世纪90年代初,在美国举行的一个企业人力资源会议上,有一位演讲者评论道,大多数国际人力资源管理专家都将他们90%的精力放在外派的问题上。在学术文献方面,国际人力资源管理的范畴在很大程度上也等同于外派问题。可以说,有效管理外派人员,或者更广泛地说,国际迁移仍是实施全球战略的基础之一。

传统意义上的外派人员(Expatriate)是指由母公司任命的在东道国工作的母国公民或第三国公民,也包括在母公司工作的外国公民。跨国公司的外派人员中母国员工是主体,他们通常受母公司指派,经营和管理公司的国外子公司,母国外派人员一般是管理者和技术专家,他们有丰富的工作经验,能将母公司的战略意图、先进技术、管理方式与经营带到国外子公司。同时,母国外派人员在跨国公司全球经营中具有重要的战略地位,他们常常被派遣到与母公司具有不同文化背景和价值标准的经营体系中,以减少风险、确保公司整体经营的平稳运行。

此外,目前跨国公司内部人员流动越来越国际化,不再仅仅是母国向国外子公司输送外派人员的单向流动,而且将其子公司所在国的优秀的东道国员工派往其他国家的子公司甚至母国的总公司,这类员工数量的扩大也增加了跨国公司人员配备中其他国家员工的数量及公司人员的多样性。例如,在欧洲从业的很多专业人员、软件设计师和工程师,他们的工作地点是整个欧洲,因此也被形象地称为"欧洲经理"。

值得一提的是,目前世界上许多跨国公司都越来越多地雇佣、开发和保持具有国际经验和全球观念的管理人员,而不太考虑他们的出生国、国籍或者居民身份。近几年来,研究学者对跨国公司外派人员的关注和研究也发现,现在的跨国公司人力资源招聘的来源已经远远超出原来的范围,跨国公司的人力资源队伍构成更加多元化(Briscoe&Schuler,2004),外派人员的界定已经超越了以往的内涵。他们甚至建议采用国际雇员(International Employee,IE)的概念代替原来的外派人员、母国员工、东道国员工、第三国员工的概念,使之更具有广泛性。

② 公司外派人员的动因

跨国公司派遣外派人员的动因很多,其中Edstrom和Galbraith(1977年)将跨国公司派遣其母公司员工到海外任职的目的归纳为三种:

a. 外派人员仅仅是去填补空位的,因为缺乏技术和管理技能,本地没有这样的员工可以雇佣。

b. 外派人员能够支持管理发展,使具有高潜力的管理者积累国际经验,为其将来担当重要岗位的工作奠定基础。

c. 外派人员有利于组织的发展。不同国籍的管理人员在国外子公司之间和母公司与其子公司之间的大规模调动有助于管理人员的社会化,并建立起一种国际沟通与人际网络。

Sparrow、Brewster 和 Harries(2004)通过调查也得出了类似的结论,如表 8-3 所示。

表 8-3　公司外派人员的主要原因

Sparrow、Brewster 和 Harries 的调查		Edstrom 和 Galbraith 的理论
职业发展	57.80%	管理发展
当地专家匮乏	56.30%	填补空位
移植专业知识	53.10%	填补空位
培养国际性的管理者	37.50%	管理发展
控制当地业务	20.30%	组织发展
协调全球性政策	7.80%	组织发展

Tung(1982 年)将外派任命分为四种类型,即首席执行官、功能型领导、问题解决者和技工。此外,Evans、Pucik 和 Barsoux(2002)将需求驱动和学习驱动的外派动因区分开来。这两种驱动因素因派遣时间的长短不同又可以各自分为两种情况,形成了如图 8-2 所示的外派动因矩阵。

外派时间	外派动因	
	需求驱动	学习提升
长	总公司代理人控制/知识移植	能力/管理发展
短	解决问题	职业提升

图 8-2　外派动因矩阵

需求和学习这两种驱动因素并不是完全对立的,在某些情况下两者是统一的。例如,公司派遣母国员工到国外子公司开展新业务,这样既是对技术和管理经验的移植,也是对外派人员本身能力的考验和提升,同时涉及需求和学习。从派遣的时间来看,随着跨国公司在海外市场的存在时间越来越长,短期外派的需求将不断减少,取而代之的是发挥组织发展和控制作用的长期外派,如表 8-4 所示。

表 8-4　外派派遣时间

派遣时间	百分比
1 年以下	8%
1～3 年	69%
3 年以上	23%

8.2.2　外派人员培训的意义

对外派人员进行培训,可以避免外派失败,可以促进全球领导力、全球学习型组织的形成,可以实现个人与组织的自我更新。

(1) 避免外派失败

外派人员培训的重要意义在于避免高比例的外派失败：外派失败有多种表现形式，包括外派人员计划外提前回国、外派人员正常归国后离职、与外派相关的财务成本超出预算、外派人员的绩效不能满足组织需要等。外派失败给企业带来的损失是巨大的，这不仅仅局限于财务成本方面，更包括人力资源的损失和海外业务的损失。美国学者Tung的一项调查中显示，外派失败原因包括：外派人员无法进行个人调适、配偶不能适应异国环境、其他家庭问题、外派人员的个性和情感成熟度、不能应付复杂的海外任务等。表7-13是一名年薪10万美元的美国外派人员及其家庭（四口之家）被派往伦敦后第一年的花费。这些花费大约是国内任职的3倍。

表8-5 跨国公司外派成本

直接报酬成本（美元）		其他成本（美元）	
底薪	100 000	公司汽车	15 000
外国服务奖金	15 000	教育（两名子女）	25 000
商品和服务补贴	21 000	每年回国休假（四人）	5 000
伦敦的住房成本	39 000	英国个人所得税	56 000
转移成本（美元）			
重新安置补贴	5 000	总计	309 500
到伦敦的机票	3 500		
搬家费	25 000		

（资料来源：Global Relocation Trends，2009 Survey Report）

【观点聚焦】

外派失败带来的损失到底有多大？

外派失败的成本是很高的，通过下面的材料你可以有更深刻的理解。

直接成本：

- 一个美国雇员在海外的年平均成本年20万美元。
- 1/4的归国人员在归国一年后离开了公司。
- 1/5的外派人员自己要求提前回国。
- 提前归国对跨国公司的总成本为每位30万美元。

间接成本：

- 与外国政府关系的疏远或损坏。
- 失去或破坏与外国供应商、客户的关系。
- 海外经营受到影响，如丢失合同、市场份额等。
- 公司的形象受到损害。
- 外派人员的自信心受到打击。
- 其他潜在的外派人员及其家庭不愿接受外派任命。
- 给外派人员及其家庭带来负面影响。

除了企业招聘管理或行政管理的失误外,对外派培训的不足和忽视是外派失败的最直接、最主要的原因。Tung 的研究表明,只有 32％的公司有培训外派人员的正式计划,68％的公司没有任何计划。在 1995 年调查中显示,尽管已有 90％的公司认为跨文化培训有重大价值,但实际中仍有 38％的公司没有任何培训计划,32％的公司有针对整个家庭的培训,27％的公司有针对外派人员及其配偶的培训,3％的公司只有针对外派人员的培训。

与此同时,一些学者研究发现,事先完善的准备与优良的培训对于跨国公司成功地进入他国以及成功地运作都是非常重要的。外派人员通过跨文化培训可以更好地理解不同国家的文化差异从而避免文化冲击;完善的培训可以使外派人员及其家庭成员提前进入角色,做好海外生活的心理准备;业务和技能的相关培训也能够使他们在工作中游刃有余。不仅如此,来自总部的关心和支持能够使外派人员在外派中顺利解决问题,在归国后顺利适应新的环境和岗位。总之,外派培训与开发对于外派任务取得成功具有重要意义。

(2) 促进全球领导力、全球学习型组织的形成

跨国公司的经营需要具有全球管理能力的领导者。这些全球人才需要掌握多国语言、了解多种文化、具备全球经营管理技能、拥有丰富的业务经验。但是。这些稀缺的人才往往很难通过招聘或者其他方式获得。对于跨国公司来说,最好的方法就是内部培养和提升。在针对潜在候选人才的培养道路上,外派培训与开发无疑是最重要、最有效的手段。

同样,跨国公司的经营管理往往面临很多复杂的冲突和问题,无法仅仅依靠企业在母国所积累的经验和能力来解决。这就需要企业和员工不断学习,不断吸收不同国家和地区、不同行业、不同部门的文化、知识和经验,从而解决问题,不断提升。这样就形成了一个母国与东道国相互学习、传播知识的系统。外派人员的培训与开发为全球领导和全球学习奠定了基础。

(3) 实现个人与组织的自我更新

外派人员的培训涉及知识技能、文化环境、敏感度等多方面的内容,可以帮助员工了解和认识自身的发展需求,并且在培训中实现自我提升和价值。同时,跨国公司开放的学习系统也会促进员工间的相互竞争和互动,推动公司内部的良好进步,从而最终将企业带入一个良性的新陈代谢的循环中。

外派培训与开发对跨国公司经营管理的意义重大,外派培训与开发一直在跨国公司人力资源管理整个体系中具有特殊的作用,关系着跨国公司的整体竞争实力和长远发展目标。

【实践启迪】

中兴通讯公司外派员工的个人提升

对于外派员工来说,真正富有魅力的并不是公司提供的丰厚待遇,而是通过在海外的历练和经验积累,使个人能力得到提升。而这也恰恰成为中国公司在海外拓展市场的重要驱动力。很多员工冒着生命危险,因为在战乱和有冲突的国家和地区,员工不得不面对外出办公的工作,比如在巴基斯坦,中国移动等运营商要求中兴和华为在几个月内

交付几千个基站,而这些基站遍布平原和山区。工作充满危险和不确定性。

通信设备商相关人士提醒说,虽然有种种保障,但是一些风险仍是需要员工在充满工作斗志之前,要进行考量和注意的。一般而言,公司会安排心理培训、安全培训和当地文化的培训,以及让员工尽量在安全地区找住所。比如在当地治安、环境相对好的区域找房子,甚至靠近当地军队驻扎的区域,可一些风险和问题仍无法避免,这也是除了忍耐远离祖国的孤寂之外,赴外的最大风险。

在中国,30 岁左右的员工是被外派到发展中国家的主流。这些可塑性强、工作热情高、好奇心强、知识丰富、对当地文化接受力强的员工不仅在为自己的积蓄进行"原始积累",他们更看重的是通过在海外的历练和经验积累,使个人业务能力得到提升,为个人的职业发展挖到第一桶金。

中兴通讯巴基斯坦分公司 CDMA 项目经理秦俊骅就曾被中兴树立为"典型",他从浙江大学毕业就进入中兴工作,同年被派驻巴基斯坦。由于业绩突出,秦俊骅在巴基斯坦迅速成长为智能网工程师、CDMA 核心网工程师,直至带领百人以上团队,完成总价值几亿元人民币的大型项目。

8.2.3 外派人员培训的流程、内容和方法

（1）外派人员培训的流程化管理

传统的外派人员培训仅仅从培训的内容和方法着手,狭隘地将外派人员的培训局限在具体实施项目的步骤,往往造成内容或者方法的不适应或低效率,从而导致了外派的失败。实践证明,要使外派人员的培训获得成功,进而对外派产生好的影响,就必须重视外派培训计划的制定,将培训放到系统的培训管理流程的角度来分析,实现外派培训的流程化管理。

① 外派阶段与全面培训

仅在外派人员赴任前开展短时间的培训活动很难根本性地改善外派人员胜任外派职务所需要的态度、能力和个人特质,所以应当采取阶段性、积累性的培训方式。外派的整个过程可以划分为四个阶段,即计划外派阶段、外派前阶段、外派阶段和回归阶段,如图 8-3 所示。为了"派得出、用得好、回得来",对外派人员的培训应该延伸时间和维度,覆盖至整个阶段。

a. 计划外派阶段。在这一阶段,外派并未真正开始,此时跨国公司往往只是招聘一些公司需要的职位。在跨国公司内部有很多的职位,有些职位根本不可能有外派的潜在机会,比如一般的行政人员,而有些职位的任职者则很有可能被外派,如公司主要产品的市场营销人员。所以,对这些有潜在机会的任职者在他们进入公司之日起就必须开始对他们进行外派培训。这个阶段的培训主要在于通过确认工作需求和潜在任职国家的分析,增强员工跨国任职所需要的能力,特别是增强他们到国外任职的潜在愿望,激励他们为外派做好准备。为了达到这些目标,最有效的培训和开发方式就是为他们树立"典范"和安排"导师"。第一阶段的培训属于"启蒙"阶段培训,对潜在外派人员的愿望塑造是重点。

b. 外派前阶段。在这一阶段,需要外派的职位开始确认,培训发生在员工被告知将

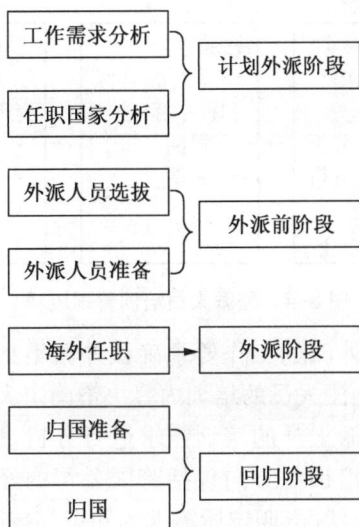

图8-3　外派各个阶段的主要内容

被外派开始。这时,对外派员工的培训更多地针对有关外派的具体知识和技能等,培训活动也将完全按照系统化的流程进行。同时,培训内容还包括任职要求的东道国语言、公司业务情况、管理体系等的全面培训,目的在于使外派人员在赴任前完全掌握将来任职岗位所需要的知识和技能。

c. 外派阶段。外派阶段的培训发生在外派员工任职期间。虽然跨国公司往往比较重视第二阶段的培训,但对外派人员在东道国的任职期间持续进行培训也非常重要。外派培训的最终目的是确保外派人员能够胜任外派岗位,在外派期间做出很好的成绩,为公司在东道国的存在和发展做出贡献。从这个角度来看,真正考验外派人员和能为外派人员提供的最有效培训应该就是在任职期间的培训。因为只有在任职期间,外派人员才能切身体会到自身知识和技能的缺陷,才能清晰地了解自己的培训需求,对培训的要求是最迫切的也是最有针对性的。这一阶段的培训内容往往和东道国的文化、环境等相关,同时也可能包括对外派人员随行家属的培训和帮助。

d. 回归阶段。回归阶段也称归国阶段,就是外派人员在外派任职期满后回到原国家的过程。跨国公司为了规避风险,留住人才,往往在恰当的时间回遣其外派的员工。然而,由于外派人员在东道国任职期间所适应的文化差异和生活习惯,导致他们回到母国后陌生程度加深,对母国文化的适应性下降,生活条件的变化也带来了很多困扰。这些都对回归人员的非工作适应产生了负面影响。考虑到外派人员回归的高流失率,公司应当为回归人员提供归国培训。培训内容可能包括敏感性培训、组织变革以及处理归国适应的方式等,以帮助外派回归人员及家属克服反文化冲击和在母国的重新定位。

② 外派人员培训的管理流程

从培训管理的角度看,对外派人员的培训与一般的培训管理活动一样也需要严格按照特定的步骤来开展,如图8-4所示。

```
┌──────────────┐   ┌──────────────┐   ┌──────────────┐   ┌──────────────┐   ┌──────────────┐
│ 步骤一：      │   │ 步骤二：      │   │ 步骤三：      │   │ 步骤四：      │   │ 步骤五：      │
│ 确认外派类型  │   │ 明确培训需求  │   │ 建立培训目标  │   │ 开发和实施    │   │ 评估培训项目  │
│ • 技术        │ → │ • 组织分析    │ → │ 和评估标准    │ → │ 培训项目      │ → │ • 短期        │
│ • 职能        │   │ • 外派人员分析│   │ • 短期        │   │ • 内容        │   │ • 长期        │
│ • 发展        │   │ • 职位配置分析│   │ • 长期        │   │ • 方法        │   │              │
│ • 战略        │   │              │   │              │   │ • 顺序        │   │              │
└──────────────┘   └──────────────┘   └──────────────┘   └──────────────┘   └──────────────┘
```

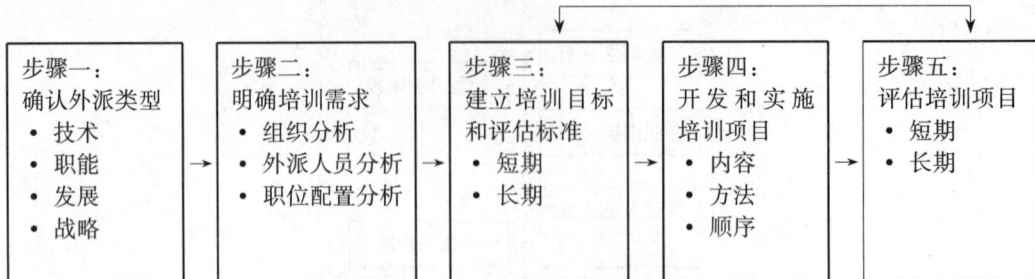

图 8-4　外派人员培训管理流程

第一步，培训部门应根据外派的工作要求确认外派类型，根据技术型、智能型、发展型和战略型等的不同特点为外派人员的培训内容决策确定大致的方向。

第二步，培训部门应对外派人员的培训需求进行分析，这种分析活动需要建立在组织、个人和职位三个层次上。培训的方向包括跨国公司的经营战略、组织结构和企业文化；外派人员的个人背景、技能状况；职位所需求的知识和技能，等等。

第三步，在针对确定的培训需求的基础上，为外派人员通过培训需要实现的认知、情感和行为变化制定基础性的目标，以及相应适用的评估标准，特别是要设立短期和长期的目标，使培训体现更明确的阶段性。

第四步，这一步骤主要关注具体的培训活动。在明确需求的基础上采用有针对性的培训内容，运用多样的培训方法，对培训活动进行详尽的规划。

第五步，对培训效果的评估是外派培训的最后环节。通过运用预先设定的评价标准对外派人员的培训效果进行总结，可以通过例如对比评估方法等方式进行。对评估效果不理想的指标要返回第三步重新制定目标和标准，以达到评估目的。

【实践启迪】

韩国 LG 公司和日本本田汽车公司的外派培训管理

韩国 LG 公司对国外业务制定了长期发展计划，对各位潜在候选人进行长期考察。考察形式包括设计一份有 100 多个问题的问卷，考察内容涉及外派人员自身业务技术能力、跨文化交流能力、国外工作意愿和环境敏感性，以及外派人员家庭对东道国环境的适应性及跨文化交流能力等。此外，LG 公司雇员还与管理人员讨论特定的训练项目或帮助其在未来的工作中怎样提升优势和克服不足之处。通过这种互动式交流，制定出一份个性化的发展规划和时间表。由于 LG 公司对潜在外派人员给予了充分时间来培训其在国外工作所需的技能，因此，约 97% 的外派人员工作业绩达到了预期目标。

日本本田汽车公司在启动外派业务之前，首先制定明确的战略目标（如发展一种新款的汽车或改善供应商关系等），然后通过调查表及面试等形式来考察、识别各候选人与外派业务相关的综合能力。在外派人员外派任务完成前 9 个月，公司总部即开始考虑外派人员的再安排问题，以寻求与外派人员能力相匹配的职位。同时，还为外派任务完成后回国的人员举行欢迎会暨报告会，一方面对外派人员工作成绩表示尊重和肯定，另一方面则期望从外派工作中获取经验或教训。由于本田公司制定了一体化的外派人员发展战略，几乎所有外派人员工作业绩均达到或超过总部预期，而且外派任务完成后回国人员的离职率低于 5%，每位外派人员都实现了公司总部事先设定的关键战略目标。

（2）外派人员培训的内容

很多学者都对外派人员培训的内容有所研究，在这里我们结合不同学者的观点，提出外派人员培训内容的三层次模型，如图 8-5 所示。

图 8-5　外派人员培训内容的三层次模型

① 文化敏感性和适应性培训

在海外子公司工作的母公司外派管理人员将会遇到因政治经济体制、法律规范和语言文化等的不同所引起的各种经营障碍。为了消除障碍，跨国公司往往对外派人员进行文化敏感性和适应性培训。

文化敏感性和适应性培训的目的是使母公司的管理人员了解他们将赴任国家的文化氛围，充分理解东道国国民的价值观与行为观，迅速地增强对东道国工作和生活环境的适应能力。文化敏感性和适应性培训的内容应包括：对方民族文化及原组织文化的认识和了解、适应性的培训、跨文化沟通及冲突处理能力的培训、对对方先进的管理方法及经营理念的培训，等等。具体做法包括把具有不同文化背景的员工集中在一起进行专门的文化培训、实地考察、情景对话、角色扮演，以便打破每个人心中的文化障碍和角色束缚。

实践证明，使用整合的文化敏感性和适应性培训能够降低外派员工文化休克的程度，缩短新文化的适应时间。比较完善的文化敏感性训练可以在较大程度上替代实际的国外生活体验，使外派人员在应付不同文化冲击的心理上和手段上做好准备，降低他们在东道国陌生环境中的适应难度，从而避免外派失败。

② 语言及跨文化交流培训

跨文化交流是指不同文化背景的人们之间的交际。跨文化交流能力在文化适应的过程中起着非常重要的作用。一般来讲，跨文化交流分为三个方面：一是观察事物的过程，包括信念、价值观、态度、世界观及社会组织；二是语言过程，包括语言及思维模式；三是非语言过程，包括非语言行为、时间观念和空间的使用。

首先，要达到有效的沟通，海外人员需要尊重当地的文化和社会习俗。为了改善跨文化交际，减少交际失误，一些研究者提出了文化共情理论，建议跨文化交际者在交际过程中发展共情能力，即设身处地、将心比心、推己及人，以别人的文化准则为标准来解释和评价别人的行为，这样可以增强相互间的理解，建立和谐的工作氛围，在当地有效地开展工作。

其次，语言是人们表达思想、传递信息和进行情感交流的重要工具和手段。由于不同的国家乃至不同的地区,使用的语言存在着很大的差异,因此,语言沟通对跨国公司全球化经营的成败关系重大。为了与东道国的人进行良好的沟通,发现经营中存在的问题,开发和利用当地的人力资源,及开拓公司在东道国的业务活动,占领当地市场,母公司的外派管理人员必须学习并掌握东道国当地的语言。外派管理者是否具备学习东道国当地语言的能力并进而掌握它,攸关其海外经营的成败。在外派人员赴海外上任前,跨国公司无不强化其语言训练。

最后,除了要求学会理解和讲东道国语言外,外派管理人员也需要明了非语言交流上的重大差异。例如对私人空间的需要、眼神接触、身体仪表与姿态、沉默的含义以及接触的合法性等方面的反差。这些因素成为在东道国环境中与他人有效交流的巨大挑战,跨国公司对外派人员进行这方面的培训是十分重要的。

③ 知识技能培训

外派人员到海外任职要求对产品和技术有全面了解,对国际市场机会有较强的敏感性,并具备国际管理和协调的能力,因而跨国公司通常会在业务、技术及管理能力方面,对外派管理人员进行有针对性的培训,使之能够胜任外派的岗位和工作要求。

④ 培训内容与外派人员类型的匹配

上述的三个层次中,文化敏感性和适应性是最先应当培训的内容,因为要适应另外一个国家的文化生活、价值观等是很困难的,花费的时间也是最长的;其次是东道国语言的学习;最易于理解和掌握的则是岗位要求的具体知识和技能的学习。因此,三层次模型自下而上是由难到易、由里及表、从内而外的培训与学习。

同时,由于外派人员职责和外派目的的不同,外派人员的培训内容也相应有所不同。例如,公司外派的技术工人在文化敏感性和适应性方面的学习肯定不如公司外派的高管人员更重要。不同类型的外派人员各自适用的培训内容见表8-6所示。

表8-6 不同类型培训对不同培训者的使用频率

培训内容	技术型	职能型	开发型	战略型
敏感性培训	0%	1%	1%	3%
实地经验	1%	4%	6%	6%
语言培训	24%	36%	59%	60%
文化导向	24%	31%	41%	42%
文化吸收	9%	7%	10%	10%
东道国环境	31%	44%	52%	52%

(资料来源:Tung, R 1984:Selection and Training of Personnel for Overseas Assignments)

(3)外派人员培训的方法

随着跨国公司培训需求的不断增长,外派人员培训的方法也是多种多样的。随着人力资源理论和实践的发展,传统的培训方式似乎不能满足外派人员的需求,涌现出了许多新的方法。目前新兴的外派员工培训的方法有东道国现实个体培训、网络培训、全球心智模式培训等。

① 传统的培训方法

传统的培训方法包括授课、录影、情景模拟等传统手段,培训方法可以根据培训目的分为三个层次。

低层次培训的目的是向受训者提供有关东道国商务和国家文化的背景信息以及公司运营的基本信息,主要采用授课、录像、电影、阅读背景材料等方法。中层次培训的目的是向受训者传授东道国文化的一般和具体知识,以减少民族中心主义,常采用跨文化经验学习、角色扮演模拟、案例研究、语言培训等方法。高层次培训的目的是使受训者能够与东道国的国家文化、商业文化和社会制度和睦共处,常用的方法有到东道国实地旅行、与具有东道国经验的经理座谈、与东道国公民座谈等。

② 东道国现实培训

东道国的现实培训是指当外派员工到达东道国后进行的跨文化培训,或者是针对外派人员所遇到的突发事件而进行的针对性培训。

前面我们在外派的四个阶段和全面的培训一节中提到,多数公司认为外派前的跨文化培训已经提供给外派人员海外工作所需的知识和技能,其实这种想法是错误的。事实上,外派人员到达东道国后进行的跨文化培训可能比外派前的培训更有效。此外,外派人员在东道国不可避免地遇到突发事件,而外派前的培训往往不能涉及所有的原则、规范,或者提供外派人员在东道国遇到突发情况的所有答案。所以,外派人员到达东道国后仍需要更多的教育和培训,以恰当地处理他们遇到的突发事件。但是这种具体的突发问题,无法通过传统的集体培训的方式来满足,因为每个个体的问题肯定是不同的。在这个基础上,现实培训或个人辅导正好能满足一些外派人员的需求,正是这种需要形成了东道国培训的新兴方式,即东道国个体现实培训(Real-Time Training)。

现实个体培训主要通过下列方式实现对外派人员的辅导。第一,确认外派人员的动机驱使以及发展需要,帮助他们树立明确的发展目标;第二,确认问题标准解决过程的有效性;第三,鼓励外派人员检验他们在工作方面获得的新技术,帮助他们评估这些结果;第四,倾听并赞同或否认外派人员对工作和生活所作的假设是否合理;第五,提高他们对潜在冲突的意识,如工作与家庭不平衡等,并试图解决这些冲突;第六,把外派人员的自我形象和现实生活情况以及他们在将来所取得的成就意识联系起来。

和传统集体培训相比较,现实的个人辅导具有下列特点:

a. 高度个性化:辅导过程开始于对外派人员技能和态度的评估。

b. 任务导向性:个人辅导的目的并不是集中在未来是否有用的能力发展上,而是主要给外派人员提供解决目前具体问题的策略。

c. 保密性:个人辅导看起来尤其适用于高层管理者的个人发展上。

③ 网络培训

a. 多媒体软件。针对外派人员培训的市场需求,已经出现专门针对外派人员的培训软件。由 Pack Li 公司出品的"衔接文化(Bridging Cultures)"软件,主要是为旅行或居住海外的人而设计的自我培训项目,未来要被外派的人员也可以用来自我培训,或者和传统的启程前培训一起使用。其优点在于外派人员的配偶和孩子能通过学习为他们设计的活动而得到培训,而此类家庭培训通常在公司外派培训中被忽视。虽然它还不能代替传统的培训,但在外派人员及其家人的跨文化培训上是一个很好的工具。

另一种由 Trompenars Hampden-Turner 出品的"文化指南(Culture Compass)"软件,它是根据各国风俗习惯而设计的互动式学习工具,对经常处理不同文化的商业旅行者、外派人员与具体国家的互动培训中具有引导作用。因此,在外派培训中,"文化指南"软件可以用来解释独特的跨文化问题。

b. 基于互联网的培训。互联网培训有内部网和外部网之分。

内部局域网方面,许多跨国公司都设有技能开发系统,如 IBM、LG、索尼和尼康等,外派人员在工作中发现自己的技能需要提升时,可以申请学习。此外,一些跨国公司设有内部网络学校(如 IBM 和英特尔),全球范围内的外派人员都可以利用这所网络学校来进行有计划的学习。

同时,随着外部互联网兴起,MSN、博客等新兴网络手段被应用到外派人员培训中。互联网的好处在于能让外派人员获得各种免费信息。目前比较有价值的自我培训的互联网领域是富有经验的外派经理们自己建立的博客。这些博客通过记载外派经理的外派经历和体验,为即将外派的员工搭建了一个沟通平台,成为外派人员培训与学习的重要渠道。

④ 全球心智模式培训

全球心智模式培训的根本目的是拓宽个体的思路,以便超越过去那种本地区的狭隘眼界,从而形成一个可以包容全世界的心理图式。尽管这种培训常集中在管理者身上,事实上对普通员工也同样具有可适性。全球心智模式的培训有下列三种主要方式。

a. 利用公司回归人员的作用。回归人员是指在外派到期后,从东道国返回公司总部的管理者或员工。由于这些人员一般具有较好的全球性视野、丰富的海外市场经验和良好的外语能力,对公司形成全球心智模式具有重要的指导作用。

在运用回归人员经验时,公司人力资源部门可以定期组织研讨会。在研讨会中,这些回归人员可以给公司那些即将外派的管理者和他们的家庭传授海外生活的经验和实践。所以,从理论和实践上看,这种形式的研讨会至少有两方面的优点:第一,给国际外派的候选人提供在标准的跨文化培训中很难提供的内容,如国外分支机构关键人物的角色、配偶的工作机会等;第二,给国际外派管理者和他们家庭提供一定的见解和态度,如有较强的自我依赖性。这种方法同样适用于从未出国的员工形成全球意识思维。通过回归人员有组织地给母公司同事和下属传授他们的跨文化技能、经验和洞察力,公司就会形成"全球性思考,本地行动"的企业文化。

b. 海外实地实习。由于国际派遣费用通常太高,以至于在一些公司中这种方式仅限于一部分执行官和有潜力的员工,对那些一般的员工,培训他们的全球心智模式,短期实地实习是一种良好的途径。

实地实习的核心思想是把员工置于本国亚文化圈一段时间,时间的长短应适可而止,既能保证员工学到当地人们的行为方式,又不至于让宝贵的时间从工作中损失。一般来说可设计为期一周的跨文化实地实习。这种方法本身具有模拟性,能使涉及此培训的员工在一定程度上"沉浸于国外的文化",而他们必须在陌生的环境中有效整合不同的社会系统和功能,处理文化多样性,因此能帮助员工形成所谓的全球性领导技能,如减少主观偏见、拓宽视野和提高人际交往技能。

c.评价中心技术的运用。评价中心能够给管理者提供海外派遣的态度信息、确立企业全球导向的企业文化、形成企业员工的全球性心智模式。近年来,人们设计了特殊的评价中心技术应用在国际商业派遣中,国际人才评估中心(Intercultural Assessment Center,简称 IAC)就是其一,其方法是运用许多跨文化角色扮演、案例研究、小组讨论和国际谈判模拟来测量候选人对不确定的容忍度、目标导向、交际能力和沟通技能等,以此来评估外派候选人的多文化胜任能力。

目前,一些欧洲跨国公司已经开始采用此类评价中心方法作为公司跨国管理项目的一部分,如 Daimler Chrysler Aerospace 两年一次的国家评价中心技术用来选拔和培训海外派遣的候选人。在国内有良好业绩且具有潜力的年轻管理者由他们的上级提名参加这个项目。参加评价中心评估后,候选人收到关于他们自身国际派遣上的优势和缺点的详细反馈,根据反馈,人力资源部门制定具体培训项目以符合这些管理者的具体需要。候选人再次要求参加为期 18 个月的管理培训项目,包括跨文化沟通、自我意识培训和国外项目分配等。培训项目后,候选人参加第二轮的国际评价中心来评估他们的学习过程,那些在该过程中胜出的管理者将指派为公司海外公司主要位置的候选人。这种两年一次的国际评价中心技术能给参加评价中心的人员提供全球化的视角。当公司越来越多的管理者参加这样的评价中心技术时,一个真正的国际导向的企业文化也就形成了。

以上几种培训方法的比较如表 8-7 所示。

表 8-7 培训方法比较

培训方式		培训内容	培训方法	时间	强度	目的	实现途径
传统培训方法	知识提供	东道国的文化和相关知识、跨文化理论课程等	授课、电影、录像、阅读背景资料等	不超过一周	较低	提供有关东道国商业和国家文化的背景信息,以及有关公司经营情况等	自我训练、顾问帮助等
	情感训练	文化模拟培训、压力管理培训、文化间的学习训练、强化外语训练等	案例分析、角色扮演、跨文化情景模拟等	1~4周	中等	培养有关东道国文化的一般知识和具体知识,减少民族中心主义	
新兴培训方法	东道国个体现实培训	跨文化能力评估分析、文化敏感能力等	实地练习、与东道国有经验经理会谈等	1~2月	较高	能与东道国国家化、商业文化和社会制度和睦相处	
	全球心智模式	跨文化技能、经验和洞察力等	管理者向同事和下属传授	1~2年	较高	形成"全球性思考,本地化行动"的企业文化	回派人员、海外实习基地、评价中心等
	网络模式	跨文化、敏感性、外派信息资源等	多媒体软件和互联网技术	长期	中等	提高个人及家属的海外适应能力	软件、网络

本章精要

新员工培训非常重要,若做得好,可以提高员工知识技能,传递企业价值观和核心理念并塑造员工行为,为新员工迅速适应企业环境并与其他团队成员展开良性互动打下坚实基础。本章第一节详细讲解了新员工培训的内容、流程和方法。其后,专门讲了管理培训生。在国外,管理培训生已经是个相当普遍的现象,已成为企业获取竞争优势的人力资源管理利器。在国内,管理培训生还处于起步阶段,管理培训生制度对于将应届毕业生造就优秀管理人员有着十分重要的意义。

随着全球经济一体化程度的加深和跨国公司的日益增多,跨国公司在全球经济中扮演着越来越重要的角色。与此同时,有越来越多的外派人员被派往国外工作。有关国际人力资源管理的研究一直关注国际外派问题。本章最后一节主要介绍了外派人员培训的管理流程、具体内容和方法,最后针对培训效果的评估介绍了两种比较有效的模式。

复习思考

1. 新员工培训的基本内容是什么?
2. 什么是管理培训生项目?如何做好管理培训生项目?
3. 什么是外派人员?外派人员培训有何意义?
4. 外派人员培训的内容是什么?培训的方法有哪些?

案例分析

在日本、法国和沙特阿拉伯的三个外派个案

材料一

来自纽约长岛的丹尼斯·查普曼是地道的美国人。此时,她坐在公司为她租住的日本东京的小公寓的木椅子上深深地叹了一口气。在经历了13个小时从纽约到东京的飞行后,她即将在这里开始新的工作——ATK公司在日本的市场营销经理。ATK公司专门从事半导体、手机和汽车电子存储芯片的生产,是ATK北美和ATK日本合资的高科技公司。此前的12年来,丹尼斯都在纽约的总公司就就业业地工作,这次升职是对她以往杰出工作的奖励。不过此时她根本高兴不起来。明天将是她工作的第一天。内容是早上9点向她的老板业务发展部副总裁小泉安田先生汇报工作。

和安田先生的会面还是让丹尼斯略有一些担心,谁都知道安田先生的个人操守和极高的标准。不过,她做好了迎接挑战的准备。只有一个问题:丹尼斯希望她可以找到一些礼貌的方式向安田先生表达她对目前居住的公寓的不满——公寓太小而且只有一个壁橱。她觉得公司应当给她一个更大的公寓。毕竟,她还要在东京工作两年。

第二天早上丹尼斯因为时差睡过了头,不得不急急忙忙地准备,她还给安田先生打电话留言说要迟一点到。上班的第一天她精心打扮了一番,穿上了黑色拉夫·劳伦的职业套装和黑色高跟鞋。穿衣服的时候,她发现自己的衬衫皱得厉害,于是拿出熨斗熨了一下。丹尼斯离开公寓打车去公司时已经是10点30分了。

上午11点丹尼斯走进了安田先生的办公室,她微笑着向安田先生伸出右手。安田先生微微鞠躬,有力地和她握手并请她坐下。丹尼斯本想为她的迟到说一些抱歉的话,没想到安田先生立刻因为没有给她倒茶或咖啡而表示歉意,并关心地询问她长途飞行的情况。他用流利的英语说到:"请叫我小泉,我可以称呼你丹尼斯吗?"然后,他开始谈论工作,解释公司目前面临的预算限制,并询问丹尼斯的长期目标是什么,以及她打算如何实现这些目标。丹尼斯并没有预料到如此多的质疑,但她都清楚真诚地回答了。

一个小时过去了,丹尼斯和安田先生闲聊却认真地探讨着公司的目标。丹尼斯终于等到合适的时机提到她想换一个好一些的公寓。最后,她说:"安田先生,我想公司能否帮我找到一个更大的公寓?现在的这个太小了。毕竟,我还要在这里生活两年,而且我也算是个高管吧。"安田先生的眼睛转向窗外,他透过牙缝吸了一口气,好几分钟都没有说话。丹尼斯觉得沉寂的气氛让她很不舒服。最后他才回答说:"是的,是的,的确,但很难,你知道。"丹尼斯觉得他的回答很模棱两可,但她还是回应说:"感谢您对我的帮助,小泉。""是的,是的,我会帮你看一看的。"安田先生说着,从他办公桌上的小盒子里拿出他的名片,并用双手交给丹尼斯。丹尼斯看也没看就很快把名片放进了她的钱包,在公文包里翻找了一阵自己的名片后才想起来名片还没来得及印制。安田先生微笑了一下,然后话题又重新回到了预算上面。

最后,安田先生站起来,说与丹尼斯的交谈很愉快,并期待她未来在业务上的表现。这时,他从书桌的抽屉里拿出一个包装精美的长方形盒子交给了丹尼斯。"您愿意从大洋彼岸来到我们公司工作是我的荣幸,请接受我的小小敬意,我相信我们将来的合作会非常成功。"

虽然感到有些吃惊,丹尼斯还是慢慢打开了包装。盒子里面有4个雕刻精致的象牙雕像。丹尼斯意识到这是一个很贵重的礼物,更糟糕的是,她没有准备礼物回赠给安田先生。虽然有人曾跟她提过在日本经商赠送礼物的重要性,但她一直认为应当是在双方一起工作一段时间以后而不是在工作关系刚刚建立的时候。她很尴尬,除了感谢不知道说什么好。想到刚进办公室的时候安田先生的鞠躬,她转向安田先生深深地鞠了一躬。

安田先生没有鞠躬,他只是伸出了手,再次和丹尼斯握手,眼睛还盯着挂在墙上的书法,他也没有再说一句话。"嗯,嗯,再次感谢。"丹尼斯说,走的时候觉得和安田先生的这次会面别扭极了。丹尼斯决定给纽约办事处负责培训的经理打电话。她觉得之前为了应对这次外派参加的两天培训是远远不够的。新的环境充满了模糊和紧张,使她完全无法适应。也许她应该看看培训经理提及的那些关于日本的书籍,如何沟通和做生意。在这些方面她根本是个外行。考虑到这是她的第一个外派任务,丹尼斯觉得她必须排除时差的干扰,在明天上班之前尽量多读一些这方面的书籍。

材料二
迪斯尼公司曾于1993年从几名候选人中选拔出副总裁斯蒂芬·伯克到法国发展主题公园。伯克过去一直在迪斯尼服务,由于工作努力和业绩突出,短短几年内就从一线人员被迅速提升为公司副总裁,其配偶则在另外一家公司拥有一份比较满意的工作,但他们都没有在国外工作的经历。

伯克接受外派任务后,与家人来到法国。他凭借其在母国企业形成的心智"地图"开始雄心勃勃地构造新业务和制定规章制度。比如,规定主题公园内禁止卖酒,游人也不能携带酒进入园内;不办理游园预订服务;不设立游园导游等。然而,主题公园自营业以来,实践效果并不理想,游客人数远远没有达到预设目标,当地居民甚至对欧洲迪斯尼公园的诸多规定制度表示出公然对抗,致使公园处于亏损状态。与此同时,伯克的配偶对当地文化、习惯等新环境也表现出较大的不适应。

然而过去一直表现出色的伯克却不以为然。他仍然运用其在母国形成的个性张扬、强悍风格来处理公司在法国的业务,结果导致公司业绩急转直下。更为严重的是,伯克竟然不愿也不能改变其固有的做事风格。最终,他被公司总部提前遣返回国。

几年后,伯克才逐渐明白,其所制定的一系列在美国本土运行有效的规定,比如禁止在主题公园卖酒及游客不得携带酒进入主题公园等,之所以遭遇到东道国国民的强烈反感,主要是由母国与东道国文化和生活习俗方面的差异造成的。此外,法国人比北美人更加偏好一揽子式度假服务方式,而缺乏包价旅游承办商将给法国休闲度假带来极大的不方便。

材料三

欧洲某家电子公司一位资深工程师被总部外派到沙特阿拉伯工作4年。期间,他掌握了流利的阿拉伯语,获得了新的技术能力,并在当地交接了重要的业务伙伴。但是,当他完成任务返回母国企业后,感觉非常震惊,因为经常受到诸如"在沙特阿拉伯的做事方式与在总部是不一样的,是行不通的"这样的责备。更为严重的是,他在将近9个月后才被安排到一个相对固定的岗位,且比他在外派期间的权力小得多。结果,他离开这家公司并在几个月后加入了公司的竞争对手企业。

(资料来源:改编自杨林.跨国公司如何客服人员外派失败[J].中国人力资源开发,2004(11):70-73)

问题:

1. 丹尼斯在日本的第一天工作遇到了哪些问题?哪些因素导致了丹尼斯与安田先生的沟通障碍?如果你是丹尼斯你将怎么做?

2. 你认为外派人员应该如何做好在外国工作的准备?

3. 公司应当如何对待回国的外派人员?你有哪些好的建议和措施?

第 9 章　员工开发

学完本章后,你应该能够:
1. 了解通过正规教育进行员工开发的趋势
2. 熟悉人员测评开发方法的含义与特征
3. 理解在职体验开发方法的方式和特点
4. 掌握员工开发不同机制的优点和缺点

关键术语

员工开发　智力　知识　技能　体力　品德　正规教育　人员测评　在职体验
人际互助　开发机制　开发规划

开篇案例

Jewel Food(JF)百货公司的员工开发项目

JF 百货公司的总部在美国芝加哥,该公司在伊利诺伊州、印第安纳州、犹他州、威斯康星州都开办了超级市场。JF 百货公司约有 3 000 名雇员,公司因其乐于为员工提供管理职位和开发其管理潜能而著称。JF 公司认为管理人员的素质与商场的业绩息息相关,只有拥有高素质的管理人员,才能创造出一个良好的工作环境,促使员工为顾客提供优质的服务和整洁怡人的购物环境,从而令顾客和员工双方都感到满意。

JF 公司是怎样进行管理潜能开发的呢? 它从当地的大学中招收有才华的新成员。一种做法是为新成员制定快速开发计划,使其在 3~5 年内就能担任一项管理工作。另一种做法是让新成员直接在一个高层管理人员手下工作,由该管理人员来监督新成员的培训开发,以使其获得必备的经验来竞争管理职位。除了从公司外部招聘人员之外,JF公司还从现有的员工中挑选具有管理潜能的人选,并给这些员工提供经济资助,使其获得管理工作所需的教育。

JF 公司所有的员工开发项目都包含了心理专家对个人的指导,心理专家与员工和经理一起工作,以便帮助公司的培训机构从心理学的角度对员工和经理工作中的每个环节进行研究,从而制定出科学的人员开发与培训项目,并提高培训效果。

(资料来源:E. Burton, (1997). "Jewel Food Store: A Profile." In "Corporate Corner", Management and Education Division of the Academy of Management Newsletter, 23:9)

9.1 员工开发的内涵

9.1.1 员工开发的定义

　　员工培训致力于提高员工当前的工作绩效,而员工开发则是为员工今后的发展而开展的正规教育、在职体验、人际互助以及个性和能力的测评活动。正是因为员工开发是以未来为导向的,所以开发过程中员工要学习一些与其正在从事的工作并不直接相关的内容。员工培训与开发的区别如下表 9-1 所示。

表 9-1 培训与开发的比较

培训与开发的内容	培 训	开 发
侧重点	当前工作岗位	将来的职位
工作经验的运用	低	高
目　标	着眼于当前工作	着眼于未来的变化
参　与	强　制	自　愿

(资料来源:雷蒙德. A. 诺伊;徐芳,译. 雇员培训与开发. 北京:中国人民大学出版社,2002 年)

　　也有人认为,员工开发是指组织运用科学的技术和方法,为使人力、物力经常保持最佳比例,对人力进行有效的教育培训、激励和保障、组织和调配;同时对人的心理和行为进行恰当的调适,充分发挥人的主观能动性,使人事相宜,并实现组织目标。

　　员工开发是指向未来的人力资本累积和潜能发展的一种过程,员工培训则是基于现在的技能提升和绩效改善的过程。在国内外关于员工培训的教科书中,对培训和开发的论述可谓众说纷纭。笔者认为,员工培训与员工开发的根本差异在于前者的出发点是满足组织发展的需要,后者的出发点是满足员工发展的需要,二者的技术手段在很大程度上是相似的。

9.1.2 员工开发的特征

　　正是因为员工开发是基于员工未来发展的人力资本投资与开发活动的总称,因此员工开发具有下列特征:

　　(1) 效益中心性。员工开发的最终目的是实现组织的经济目标和价值目标,所以员工开发的效果评估必须以效益为中心。

　　(2) 战略性。员工培训只是员工开发的一种手段,员工开发是面向未来发展的需求,面向战略目标的实现。从这个意义上讲,员工开发是实现组织人力资源战略目标的重要手段和途径。

　　(3) 系统性。员工的年龄、学历、性别、职称、工龄、性格等各不相同,因此,员工开发不能只考虑员工的个人因素,应该考虑同一部门员工之间以及不同部门员工之间的差异,力求实现组织的系统开发效果最优。

　　(4) 双重性。员工开发的主体是人或组织,开发的客体也是人和组织,主客体均有主观能动性,而且双方会产生互动。因此,员工开发应该充分考虑开发过程中员工的主体性和客体性差异,力求二者的相对统一。

(5)动态性。动态性是由开发客体的主观能动性、开发过程的长期性以及开发活动的复杂性决定的。动态性特征体现在以下几个方面:员工开发过程应吸取以往的经验和教训,不断调整开发的阶段性目标、内容与措施;根据员工的个体差异,采取相应的开发方式;根据目标实现情况,调整和优化后续开发方案。

(6)高收益性和收益递增性。在各种资源对企业效益增长的贡献中,人力资源收益的份额正在迅速超过经济资源和物质资源,对员工开发的投资成为一种高收益的投资。此外,企业员工的能动的智力型资源,因在其使用过程中同时伴随着知识增长和更新、经验积累、能力开发、个性完善等一系列自我丰富的过程。

9.1.3　员工开发的分类

企业员工开发通常根据开发对象来分类,一般包括下列开发类型:

(1)新员工开发

新员工是指进入企业的工作时间在一年以内的员工。为了让新员工适应工作环境,胜任新岗位的工作要求,企业应对其进行及时引导和开发。

(2)老员工开发

老员工,这里指已经进入组织或工作了一段时间(至少12个月)的员工。这类员工已经适应了企业的制度和文化环境,不需要再用导向开发的方法。老员工开发的主要内容是职业发展规划与管理。通过对许多大型组织的人力资源开发活动调查后,Gutteridge、Leibowitz 和 Shore 将老员工的开发活动方式归为六类:员工的自我评估活动、组织的潜在评估程序、内部劳动市场的信息交换、个人辅导或职业讨论、工作匹配系统和开发项目。

(3)主管人员开发

指在组织中对人力、财力与物力有一定支配协调权力的管理人员。例如,小至项目经理、工段长与科长,中至处长、部门主管,大至公司总经理、学校校长、医院院长与城市市长。常言道,千军易得,一将难求。由于世界经济形势的变化,组织的管理与发展不断遇到新的挑战,管理任务日益复杂。这就使得目前对主管人员开发的需求,比过去任何时候都更为迫切。学校教育更多的是致力于解决主管人员的基础知识与基本能力的培养问题。许多直接而实用的管理知识与能力,要靠组织自己进行员工开发。

过去60多年的事实表明,主管人员是世界各国组织中最有活力的重要因素。领导人(即高层管理者)的主要任务是负责对组织的发展战略与结构调整进行决策,所以组织要保证领导人的决策是正确的。决策得到正确与有效的贯彻与实施,变成现实的目标,必然需要对主管人员进行开发,还需要中间层的广大主管人员准确及时地把握有关政策,有能力对改革中遇到的新问题与新方法进行探索、修正与执行,以便最终达到组织目标。组织要想成功且持续发展,除领导人外,还必须要有一个素质高、灵活性与适应性强的主管人员团队。这一切就使得我们对主管人员的开发变得十分重要且关键。

（4）开发者自身开发

不仅是新老员工以及主管人员需要开发，人力资源开发者自身也应成为开发的对象。人力资源开发者包括组织人力资源工作者、社会培训机构和学校。

① 组织人力资源工作者的开发

组织人力资源管理者的素质直接关系到人力资源开发工作的质量。密歇根大学的戴夫·乌尔里克（Dave Ulrich）认为人力资源管理者应扮演四种主要角色：战略性人力资源管理、企业基础建设管理、转型与变革管理以及雇员贡献管理。其中协调人力资源以满足经营战略的战略伙伴角色是人力资源管理很重要的新角色。这种战略性人力资源管理角色的主要任务是确保企业的人力资源管理战略得以执行，而战略的执行是建立在人力资源战略与企业经营战略结合在一起这一基础之上的。雷蒙德·诺伊（Raymond A. Noe）与约翰·霍伦拜克（John R. Hollenbeck）等人把 Ulrich 所提出的四种角色形象地比喻为：战略伙伴、管理专家、变革推动者以及雇员激励者；并进一步指出，人力资源管理应增加在战略性人力资源管理角色方面的活动时间，相应地减少在一些日常的和传统的人力资源管理活动的时间，甚至可把一些传统的人力资源管理活动外包出去。

企业之间的竞争是人才的竞争，而在激烈的人才竞争中，人力资源管理者扮演着重要的角色。首先，人力资源管理者是企业形象的代表者。HR 是招聘单位与应聘者的第一接触者，他们留给应聘者的印象是招聘单位留给组织外部人员的第一印象。即使公司再好，人力资源管理者的素质不佳、态度不好，也会影响企业在公众人员心目中的形象，影响应聘者对用人单位的选择，削弱单位对人才的吸引力。如果说销售人员是企业在产品销售市场即顾客心中形象的代表者，他们的素质和表现直接影响企业产品的销售绩效，那么人力资源管理者则是企业在人才市场即未来员工心中形象的代表者，他们的素质和表现直接影响企业的人才招聘。其次，人力资源管理者是企业人才竞争的实施者。他们处于人才竞争的第一线，是吸引优秀人才加盟企业的第一环节。

一个企业是否关心人才、尊重人才、爱护人才，首先体现在人力资源管理者的态度上。试想，对人才怠慢无礼的人力资源管理者怎么能让他人相信这样的单位会重用、善待人才呢？怎么能让应聘者对招聘单位放心呢？优秀的人力资源管理者不仅有利于增强单位对人才的吸引力和在人才市场上的竞争力，还有利于提高人才招聘的效率，反之亦然。一个招聘人员的不良表现很可能使单位所有的招聘努力和投入付之东流，使单位与所需要的人才失之交臂，使企业在人才竞争中处于不利的地位。可以说，在招聘单位其他条件差不多的情况下，人力资源管理者的素质和表现直接影响人才招聘的效率。

因此，企业人力资源管理人员应该具备以下特征：形象佳、综合素质好，具有服务意识、形象意识和竞争意识，具备较强的人际沟通知识、技能和人力资源开发与管理的知识、能力和谋略。

② 社会培训机构的开发

培训机制是人力资源开发的重要机制。每个组织都要培训员工，其中很重要的培训途径就是邀请社会培训机构任职的培训师为员工讲课，或组织员工到社会培训机构参加培训。因此，社会培训机构也是组织人力资源的开发者。它的数量和质量关系到组织培训工作的成败。组织应当对与本组织培训需求相关的社会培训机构有清楚的了解，选择其中比较合适的机构,与它们加强联系与合作。对培训机构的地区分布、课程特色、培训项目、师资力量及其价格要求、培训质量等信息进行前期调研是员工培训管理者必须重点投入的项目之一。

③ 学校的开发

学校也是人力资源开发的主体之一,但社会培训机构和学校作为人力资源的开发者,又有不同的侧重点。社会培训机构注重实践知识和技能的培训,有时是专门针对某一种证书或者考试而进行的培训,比如新东方英语学校、注册会计师培训班等。社会培训机构的教师一般聘自高校或企业,他们大多按照该机构制定的教学方法和内容上课,最终以教会学生某种知识、技能或者帮助学生通过某个考试为目的。而学校则侧重于理论基础的培训。教师都是专职,上课风格、体系各异,所使用的教材、教学方法不拘一格,注重对学生思维能力、学习能力以及专业方面的基本思想的培养,最终是以塑造高素质的人才为目的。企业在为员工培训选择机构的时候,应考虑到这一差异。针对不同类型、不同级别的员工,选择合适的培训机构。对于培训目标是使员工掌握基本知识、技能,或获得某种资格证书的培训,可以选择社会培训机构;而培养对企业具有战略意义的科研人才或者管理人才时,宜以高校为培训点,比如输送人才到高校读在职研究生等。

9.1.4　员工开发规划

员工开发规划是指了解员工开发需求,选择开发目标,明确员工和企业为达到目标所应该采取的行动,确定测量工作进展的方法,并制定员工开发的时间表。

员工在开发过程中的责任表现为:机会分析,即"我需要怎样改进";确定目标,即"我想要开发什么";制定标准,即"我如何了解自己所取得的进展";具体行动,即"我该采取什么行动才能达到开发目标";时间安排,即"我该制定什么样的时间表"。

企业在开发过程中承担的责任:提供评估信息,帮助员工认清自身的强项、弱项、兴趣以及自身价值;提供开发指导,经理同员工讨论开发的相关问题;经理人员提供反馈;提供多种开发方式如人员测评、在职体验等;根据员工在开发过程中的进展,由经理帮助员工制定可行的开发时间表。

9.2　员工开发的内容与方式

9.2.1　员工开发的内容

(1) 智力

① 智力的内涵。什么是智力?学术界众说纷纭。法国的比奈认为,智力是个体所具有的正确的判断、透彻的理解、适当的推理的一种能力。德国的斯腾(L. w. Stern)认为,智力是个体有意识地以思维活动来适应新情境的一种潜力。韦克斯勒(Wechsler)认为,智力是一种有目的的行为功能运作,包括理性的思考及有效率地处理周围环境问题的一种能力。吉尔福特(Guilford)认为,智力包括认知、记忆、发散性思考、综合性思考以及评价五种能力。斯滕伯格(Sternberg)认为,智力包括学业智力、社会智力与生活智力三个

方面。美国学者嘉德纳（Gardner）认为，智力包括七个方面：即逻辑、数理能力，空间概念，肢体运动智力，音乐智力，语言智力，自知智力，社交智力。大多数中国学者认为，智力是指认识方面的各种能力，如观察力、记忆力、思维能力、想像力的综合，其核心成分是抽象思维能力。

综上所述，智力是指个体观察、记忆、分析、理解、想象、运用和创新能力的综合，它是个体能力系统中最为基本的一种核心能力，其他能力都是通过智力与外界环境的相互作用、相互影响而形成的。通过外界环境的影响，先天的智力泛化到个体行为活动的各个方面，融合到人力资源的各个方面，成为各种能力发展的基础和催化剂。因此，可以说智力是个体人力资源体系中的精髓与血液，是最为关键、最为核心与最为基本的能力。

② 智力的影响因素。智力的影响因素可以归结为先天环境和后天环境两个方面。先天环境主要指遗传基因和母体内的生存环境，后天环境包括自然环境和社会环境等。

首先，遗传是个体智力发展的前提。一切生物，无论植物还是动物，高等动物还是低等动物，他们的后代与前代之间在形态结构和生理特征上，总要表现出某些相似的特征。这种把生物具有的性状相对稳定地传给后代的现象称作遗传。人类的遗传是通过基因实现的。心理学家的研究表明，遗传对智力的影响主要表现在身体素质上（如感官的特征、四肢及运动器官的特征，脑的形态和结构特征等），而身体素质是智力发展的物质基础。因此，子女的智商与父母的智商具有一定程度的相关性。

其次，婴儿的产前环境会对其智力产生影响。产前环境即胎儿生活在母体中的环境，如母亲的怀孕年龄、健康状况、营养状况等。产前环境主要是对婴儿的身体素质产生影响，进而影响个体的智力发展。

再次，一个人的智力会受到其长期生活的自然环境的影响。长期生活在拥挤不堪、坐落无序的小城镇的小孩，与生活在宽阔清爽、排列有序的大城市的小孩，在思维方式上会有明显的差异。生活在沿海的人，与生活在山区的人在思维方式上也会有很大区别。

最后，一个人的智力还受到其所处的社会环境的影响，主要包括教育因素、社会风气、家庭环境。教育因素对智力的影响不言而喻，社会风气对智力有很大影响，是因为大多数人都希望自己成为被社会认可、有较高社会地位的人。社会崇尚什么，人们往往就向什么方向努力。如果社会崇尚科学技术，人们就会强化智力向科学技术方向发展的力度，从而抑制了社会智力与生活智力的发展。如果社会崇尚艺术才能，人们就会努力开发、培养艺术技能，从而忽视了科学技术的学习掌握。家庭中的父母，也会因为种种有形与无形的因素对其子女的智力发展产生一定影响。父母在家庭中具有权威地位，父母的智力观及价值观也会主导孩子各种能力的发展。家庭的经济地位对孩子的智力发展会产生影响。例如，一个在贫困中成长的孩子，可能认为必须通过高考，考上一所好的大学，才能改善经济条件，获得幸福，因此他在科学智力方面的发展一般大大超过社会智力与生活智力的发展。更重要的是，由于明智的父母除了为孩子提供一个良好的学习环境外，还应该鼓励孩子积极主动地参加社会活动与社会生活。如果父母缺乏正确的智力观，子女的智力也就难以协调发展。

③ 智力水平在不同人群之间的分布现状。表9-1展示了智商在人口中的分布百分比，可见其分布是基本符合正态分布规律的，中等水平的智商人口占到60%左右。

表 9-1 智商在人口中的分布

智力等级	智商	占总人口的百分比(%)
天才	140 以上	
杰出	120～139	
优秀	110～119	13
普通	90～109	60
低下	80～89	13
低能边缘	70～79	6
智力缺陷	70 以下	1

不同职业的人群中智力分布也有差异,如表 9-2 表明了不同职业员工的平均智商水平。技术含量越高的职业,其员工平均智商越高。

表 9-2 不同职业员工平均智商水平一览表

职业类别	员工平均智商
白领专业性人员(如会计、科研人员)	120
白领半专业性人员(如人力资源管理人员)	113
工商职员(白领阶层)	108
蓝领技术人员(如机修 HI)	104
一般操作工	96

④ 员工智力的可开发性。科学研究证明,发育成熟的大脑仍然保持某种程度的可塑性。由经验、学习细胞间的突触结合强度发生长期或短期变化,导致神经回路网发生变化。从心理学方面考虑,细胞间的突触结合强度与兴趣、决心、欲望、动机、意志、注意、关心、态度等很多因素有关,能够引起以上因素发展变化的根本原因在于对大脑刺激的材料的性质,也就是脑与脑的外部环境。因此,虽然员工都是成年人,已过了脑的生长期,但仍然能够通过合适的外部条件刺激来开发员工的智力。

⑤ 创造力。创造力是智力在生活上、艺术上及科技上的创新表现,是指一种不同寻常的发现与制造能力。它是一种勇于尝试,不自我设限,充分发挥个体潜能及强调自我发展的态度与品性。创造力的开发是智力开发的重要部分,也是人力资源开发的一个重要方向。

(2) 知识和技能

知识、技能与智力密切相关,在脑力劳动中共同发挥作用。知识是人脑对客观事物的主观表征,分为陈述性知识(即"是什么"的知识)和程序性知识(即"如何做"的知识)。人一旦有了知识,就会运用这些知识指导自己的活动。技能是指人们通过练习而获得的动作方式和动作系统,是经验系统中的动作执行部分。按照活动方式不同,技能分为操作技能和心智技能两种,前者通过外显的集体运动来实现,后者借助内在的智力操作来实现。智力的实质是内化了的知识、技能,知识和技能是智力的基础。智力发展和掌握知识、技能是一个过程的两个方面,相互依存、相互促进。掌握知识和技能是发展智力的基础,而智力发展是进一步掌握知识和技能的必要条件。具体地说,一个人掌握的知识面越宽,掌握知识越多,对掌握的知识越能运用自如,则他的智力发展水平就越高;而智力发展水平越高,掌握知识的速度越快,掌握知识的深度、广度就越好。

伴随着知识经济时代的到来,劳动者的知识和技能更是日益重要。人的智能化的地位获得空前提高,人力资本已超越了物力资本而成为最主要的生产要素。世界银行发表报告指出:当前世界财富的 64% 是由人力资本(即知识资本)形成的;近 10 年来美国经济的稳步发展也是由人力资本所推动的。美国前总统克林顿在归纳美国的"新经济"时提出了"美国经济的主流是知识经济"的观点。1992 年诺贝尔经济学奖得主、美国经济学和社会学教授加里·贝克更深刻地指出,发达国家资本的 75% 以上不再是实物资本,而是人力资本,人力资本成为人类财富增长、经济进步的源泉。

在知识经济时代,发展经济的途径主要转向信息服务业和高新技术产业,发展经济的手段主要是科技进步与技术创新,经济增长的动力来自于科技进步和劳动者素质的提高,发展经济的资本主要是人力资本、知识资本和智力资本。企业经营最重要的战略是获得、创造、利用和积蓄高质量知识的能力。因此,知识经济时代企业管理强调人的重要性,特别是掌握专门知识和技术的人才是企业管理的战略重点。

(3)体力

① 体力的内涵和影响因素。"体力指人在劳动中能付出的生理力量,是指人体各器官系统在肌肉活动中表现出来的机能。它是在遗传性和获得性的基础上表现出来的人体形态结构、生理机制和调节功能。体力强弱主要表现为身体形态及其发育水平、生理机制、运动能力、适应能力、感知能力。"

② 体力的维持与发展需要健康作为后盾。所谓健康,是指个体在体质、精神、生理结构等方面均属完善的一种状态,包括生理健康和心理健康。健康主要受遗传、营养、医疗保健与心理的影响。

③ 体力的重要性。有人认为,随着科学技术的发展并转化为现实生产力,现代生产与社会工作对人的体力要求越来越低了,其实不然。体力包括量与质两个方面,不同的生产水平与社会活动,对人们体力的质与量的要求也不尽相同。一般来说,社会生产力水平越高,技术复杂程度越高,对体力质的要求也越高,而对体力量的要求越低。

④ 体力与智力的关系。体力的重要性还表现在它与智力的辩证关系上。马克思对人类的劳动能力有一个精辟的概括,"我们把劳动力或劳动能力,理解为人的身体即活的人体中存在的、每当人生产某种使用价值时就运用的体力和智力的总和。"人的劳动能力分为体力与智力两类,体力是人体所具有的物质力量,智力是人体所具有的精神力量。智力的发生离不开物质的载体,智力若不转化为体力或别的物质力量,就不能直接引起物质实体的变化。体力和智力是两种相互补充、不可缺少的能力,单独一种能力是不可能完成任何创造物质世界的任务的。这就是哲学上讲的"身心一元论"。体力是人的一种行动能力,人的行动都是受思想控制与支配的,是受智力与意志力控制与支配的。智力确定目的,体力是实现目的的手段。智力和体力之于人是不能分离的矛盾统一体。在一定意义上,我们可以把体力与智力都看做是一种能力。

（4）品德素质

① 品德素质的重要性。品德素质在人力资源及其开发中的作用,一直为企业家、政治家与人力资源管理专家所关注。品德素质的作用体现在协调功能、驱动功能和关键作用等方面。劳动者的劳动能力主要是由体力与智力这两个基本要素构成的,在这两个基本要素中,又有许多子要素。这些子要素在劳动者的身上能否发展,发展到什么程度,则有赖于劳动者既有的品德素质对它们的协调与促进。品德的实际效用既体现在受教育者自身的修养上,又体现在对社会他人的影响上;既体现在品德方面,又体现在对学习、工作与身体的改善方面;既体现在精神方面,又体现在物质方面。在人才选拔与人事考核中,品德往往被视为关键考察要素。

此外,品德还与人才的创新素质密切相关。"企业人才应该具有的重要素质是创新素质,它包括既相互区别、又相互联系和相互作用的两个方面——属于心理品质智能因素的创造才能和属于心理品质非智能因素的创新精神。智能素质要解决靠什么和通过什么途径去创造的问题,企业人才当然要具有知识、智力、能力等良好的智能素质。但企业人才的创新素质与非智力因素也密切相关。企业人才的创新精神与其世界观、人生观、价值观有着紧密的联系,主要属于思想品德素质的范畴。它集中表现在对企业人才创新素质有重要影响的意志、动机和情感等几个方面。"

一般把情商看做是品德水平的特定指标,把智商看做是才能水平的特定指标。现代心理学研究表明,一个人的成就中至多只有 20% 归诸智商的贡献,而 80% 归于情商的贡献。现代企业管理研究的成果也表明,随着高科技的发展,劳动者的品德素质在生产中的作用将日趋重要。有人预测,21 世纪以后,人力资源开发的重点与关键将是开拓进取、协作竞争、就业尽职、务求实效等品德素质。

② 组织对不同级别人员品德素质的需求。组织对高层管理者的品德素质要求是最高的。主要包括:推动企业自我发展、自我完善所需要的强烈的发展动机,特别是创新意识和冒险意识;团结企业奋发图强所需要的诱人的魅力。如决策所需要的魄力和果断作风、使被管理者发挥能力所需要的谅解心和支持下级工作的激励心、带领企业克服困难所需要的挫折容忍力和坚强的毅力等素质;保持企业严格统一纪律的高度威望和信誉;保证管理有效性所需要的崇尚务实的意识。

其次是中层,这是承上启下的管理人员阶层。他们所需的品德素质有:贯彻上级指示所需的忠诚心,即敬业精神;进行周密计划所需要的理性意识;实现部门内部团结所需要的爱心;实现部门间协调所需要的积极补给心理,顾全大局,注重提高整体效率和效益。

再次是基层,即执行人员,他们主要处于被管理者地位。需要的品德素质有:归属感,或团队意识,这是接受管理、服从领导的心理前提;自豪感,为所在企业自豪,这是自觉奉献所必需的品德素质;主体意识,即基层职工是企业管理的主体,主体意识决定着基层人员的参与倾向、创造积极性;纪律心,这是共同劳动所需要的品德素质。

③ 组织对不同工作性质的人员品德素质的需求。与经营工作相关的品德素质有:机会意识,因为经营最根本的任务就是寻求机会、把握机会和充分利用机会;互惠意识,因为经营讲究获得利益,只有"供销双方"均有利可图,才能长期的合作和共同的发展,自觉

抵制坑蒙拐骗心理,是树立良好的职业道德的前提;全局意识,或称整体效益心理,不能唯利是图,要有尽最大努力追求最大的综合效益的意识。

与生产工作相关的品德素质有:标准意识,生产必须有标准,并执行标准、按标准考核和监督;定额意识,即把在规定时间内完成规定工作变为生产人员的思维方式和定势;质量意识,即在规定的过程中达到规定质量的思维方式和定势。

与管理工作相关的品德素质主要有公平意识、公开意识和优胜劣汰的竞争意识等。

9.2.2　员工开发的方式

员工开发一般有四种方式:正规教育、人员测评、绩效评估和在职体验。

(1)正规教育。正规教育项目包括为员工设计的脱产和在职的培训计划,有培训顾问或大学提供的短期课程、在职 MBA 课程及住校学习的大学课程计划。这些计划包括企业专家的讲座、商业游戏、仿真模拟、冒险学习及与客户会谈。表 9-3 所示为通用电气公司的学员开发项目。下面是通用公司一些员工开发的课程描述,有助于我们理解员工开发的目标。

① 公司基层领导会议,即新员工要学习理解全球竞争战略和公司的价值观。参与该会议项目 3 年之后,员工要参与一个有关整体商业竞争的项目。员工要完成一些实际工作中的课题并对自己所在单位做出某些改革。

② 新经理开发课程,即新的经理人员在公司如何进行管理的课程。该项目尤为强调招聘技术、绩效评估技术和创建工作团队的能力。

③ 部门经理培训项目,即让职能部门的高级经理人员参与某些特定职能领域的领导者开发计划。作为该项目的组成部分,经理人员要处理一些实际工作中会面临的业务问题。

④ 高层经理培训项目,该项目包括冒险性学习和课题研究。在该项目中,总裁提出某个亟待解决的业务问题,团队经理需要通过会见顾客和竞争者,收集有关背景资料等对该问题提出解决方案。

⑤ 经理办公会,在这些办公会上,首席执行官和公司的管理人员在一起商讨如何解决全公司面临的问题。

表 9-3　通用公司员工开发项目

开发项目	项目描述	目标学员	课程
高层经理人员开发项目序列	强调战略性思维、领导能力、跨部门联合、全球化竞争、顾客满意度	富有潜力的高级专业人员和执行董事	管理人员开发课程 全球商业管理课程 高层经理人员开发课程
核心领导能力开发项目	培养专业知识、商业才能和变革管理能力的课程	经理	公司基层领导会议 专业开发课程 新经理开发课程 资深经理开发课程
专业人员开发项目	为特定职业生涯发展做准备	新员工	审计人员课程 财务管理人员课程 人力资源项目 领导技能项目

员工开发的一个趋势是教育机构如商学院或其他教育机构为目标学员提供一些为满足顾客特殊需要专门设计开发的短期课程。

(2) 人员测评。人员测评是指在收集信息的基础上为雇员提供有关其行为、交流类型、技能等方面的反馈。员工本人、同事、上级和顾客都可以提供反馈信息。人员测评通常用来衡量员工的管理潜能和现任管理人员的优势和劣势,还可用来确认管理人员的潜能。

人员测评还可以采用专门的测量工具。

① 迈尔斯—布瑞格斯类型量表(MBTI)。该量表是美国等发达国家用于员工开发的最流行的心理测量工具之一,包括100多个问题,涉及人们在不同的环境中的感觉及行为意愿。MBTI可以辨别个人在性格、信息收集、决策和生活方式方面的不同偏好。性格维度分为内向和外向两种类型,信息收集分为感觉(S)和直觉(N)两种类型,决策分为思维(T)与情感(F)两种类型,生活方式分为判断(J)和知觉(P)两种类型。外向型的人通过人际关系获取能量,内向型的人通过个人思考和感觉获取能量。信息收集偏好与决策行为相关,感觉偏好的人倾向于收集详细的事实资料,直觉偏好的人较少关注事实资料,而是侧重于思维的可能性之间的关系。决策时对他人情感的关注程度不同,个体的决策方式也不同。思维型的人通常能够客观决策,情感型的人则倾向于主观决策。生活方式的差异则反映了人们的灵活性和适应性差异。判断型的人目标明确,时间观念强,善于归纳总结;知觉型的人喜欢惊喜、主意多变,不喜欢受时间约束。四种MBTI偏好的不同组合可以产生16种个性类型,每种个性类型的人都有其优缺点。

MBTI通常用来帮助理解诸如沟通、激励、团队协作、工作方式、领导方式等不同类型的表现。通过了解自己的个性类型和他人对自己的感觉,销售人员或行政人员才可能有效地进行人际沟通。MBTI通过把工作任务和团队成员的个人兴趣相匹配,并帮助团队成员理解个人兴趣对解决问题的重要性,来促进团队的发展。

MBTI可以理解人们的沟通和交往方式倾向,但是它不能衡量员工的特长,不能用来评价员工的晋升能力。

② 评价中心。评价中心是由多个评估人员通过一系列练习和测试题来评价员工表现的过程。评价中心通常设在会议中心等非工作场所,每次6～12名员工参加,主要目的是辨别员工是否具有管理工作所需的个性特征、管理能力和人际交往能力以及团队工作能力。

评价中心的测量方式主要有无领导小组讨论、面试、公文筐、角色扮演等类型。

无领导小组讨论(Leaderless Group Discussion,简称LGD),是指将数名被评价者集中起来组成小组,要求他们就某一问题开展不指定角色的自由讨论,主试(评价者)通过对被评价者在讨论中的言语及非言语行为的观察来对他们作出评价的一种测评形式。所谓"无领导"就是说参加讨论的这一组被评价者,他们在讨论问题的情境中的地位是平等的,其中并没有哪一个人被指定充当小组的领导者。LGD可以用来考察被评价者的语言表达能力、组织协调能力、决策能力、沟通能力、应变能力等多方面的能力特质。该技术的实际操作要求一般是这样的:将被评价者按一定人数编成小组(一般6～8人),要求他们按照便于交流讨论的形式坐好(为了便于评价员观察评价,一般要求组员按照椭圆形就座);主试事先设计准备好讨论的背景材料,测评时主试通过清晰的指导语指示被试以小组为单位就指定的主题进行小组内的自由讨论,要求小组能在规定的时间内(一般1小时)达成解决问题的一致性意见。背景材料一般是与工作情境相关的(也可以是假设的,在避免由于被试专业背景不同而影响测评成绩时往往采用假设的材料),用于讨论的主题应该富于讨论空间,保证被试能够在给定的时限内进行充分的交流讨论,在指导语中一般不确定讨论会的主持人,不指定发言的先后,也不提出诸如积极主动、观点清晰之类的其他具体要求,只是强调指出要求被试以小组为单位进行讨论,通过讨论来解决问题。在这个过程中,主试及评价员按照事先拟定的测评因素及其评分标准对被试的行为表现进行观察评价。

与无领导小组讨论比较接近的另一种评价中心技术是指定角色的小组讨论。该技术也是要求受测被试成员以小组为单位就某一指定主题在给定的材料背景下进行小组内的自由讨论,它与无领导小组讨论的最大区别是被试在测验过程中必须按照事先指定的不同角色要求参与讨论。

文件筐测验,也叫公文处理、公文包测验,是一种情景模拟测验,是对实际工作中管理人员掌握和分析资料、处理各种信息以及做出决策的工作活动的一种抽象和集中。测验一般在假定情景下实施。该情景模拟一个组织所发生的实际业务、管理环境,提供给受测人员的信息包括涉及财务、人事备忘录、市场信息、政府的法令公文、客户关系等十几份甚至更多的材料。这些材料通常是放在公文筐中的,公文筐测验因此而得名。测验要求受测人员以管理者的身份,模拟真实工作情景中的想法和行为习惯,在规定条件下(通常是较紧迫困难的条件,如时间与信息有限、独立无援、初履新任等),对各类公文材料进行处理,形成公文处理报告。处理完毕后,一般还要求受测被试填写行为理由问卷,说明处理的理由、原则或依据,对于不清楚的地方或想深入了解受测被试时,主考官还可以与被试进行深入面谈,以澄清模糊之处。通过观察受测被试在规定条件下处理公文过程中的行为表现以及分析被试的处理理由说明,评估其计划、组织、授权、决策和问题解决能力等多方面的管理潜质。

在评价中心施测过程中采用文件筐测验的一般程序是,主试事先根据被评价者所应聘的岗位设计好各种公文,这些公文是指与目标岗位工作有关的各种材料,它们是根据该岗位经常会遇到的,分别来自上级和下级、组织内部与组织外部的各种典型问题而设计的,包括日常琐事和重大事件的处理,如电话记录、请示报告、上级主管的指示、待审批签发的文件、统计材料和报表、备忘录、商业函件、建议、投诉等;接着把设计好的公文(一般有十多份)装入一个公文筐中,交给受测被试,并向被试提供有关组织及其相关岗位等背景资料;测验过程就是要求被试以该岗位的负责人(如经理)身份,全权负责处理文件筐里的所有公文材料。

角色扮演是一种主要用以测评被试人际关系处理能力的情景模拟活动。在这种活动中,主考官设置一系列尖锐的人际矛盾与人际冲突,要求受测被试扮演某一角色并进入角色情景,去处理各种问题和矛盾。主考官通过对被试在不同人员角色的情景中表现出来的行为进行观察和记录,测评其相关素质。

在角色扮演中,主试对受测被试的行为表现一般从以下几个方面进行评价。① 角色适应性。被试是否能迅速地判断形势并进入角色情景,按照角色规范的要求采取相应的对策行为。② 角色扮演的表现。包括被试在角色扮演过程中所表现出来的行为风格、人际交往技巧、对突发事件的应变能力、思维的敏捷性等。③ 其他。包括被试在扮演指定的角色处理问题的过程中所表现出来的决策、问题解决、指挥、控制、协调等管理能力。

管理游戏是一种以完成某项或某些"实际工作任务"为基础的标准化模拟活动,通过活动观察和测评被试实际的管理能力。因为模拟的活动大多要求被试通过游戏的形式进行,并且侧重评价被试的管理潜质,管理游戏因此得名。

在管理游戏测评中,受测被试置身于一个模拟的工作情境中,面临着一些管理中常常遇到的各种现实问题,要求想方设法加以解决。同文件筐测验类似,管理游戏中涉及的管理活动范围也相当广泛,可以是市场营销管理、财务管理,也可以是人事管理、生产管理等。在测评过程中,主试常常会以各种角色身份参与游戏,给被试施加工作压力和难度,使矛盾激化、冲突加剧,目的是全面评价被试的应变能力、人际交往能力等素质特征。

国外已有研究表明,评价中心的测评结果与工作绩效、薪资水平和职业生涯的发展有较高相关性。

(3) 绩效评估。绩效评估是指评价员工工作表现的过程。在组织中绩效评估有多个目的,管理人员把绩效评估结果用于一般的人力资源决策,比如人员晋升、调职、解聘等,都要以绩效评估结果为基础;绩效评估结果还可用于确定培训和开发需求,可以确认员工当前不适应工作要求的能力或技能,以什么方法弥补;它们还可以用来作为人员招聘与员工开发计划有效性的标准;新聘员工干得好坏一看绩效评估结果就清楚了。同样,培训与员工职业生涯开发计划的有效性如何,也可以通过考察这些项目的参与者的绩效情况来作出评价;绩效评估还可为员工提供反馈,让他们了解组织如何看待他们的绩效;另外,组织的奖酬分配一般也以绩效评估结果为基础,根据绩效评估的结果来决定谁会获得晋升工资或其他报酬。

用于管理开发的绩效评估有一个发展趋势:向上反馈和全方位反馈。向上反馈指收集下级员工对管理人员的行为或能力评价信息的评估过程。全方位反馈过程是向上反馈的一个特例。在全方位反馈系统中,雇员的行为或能力由下级、同事、上级、顾客和自己一起来评估。由于不同评估人员的评估结果可能存在差异,所以,被评估人员要认真总结反馈意见,与评估者达成共识,参加员工开发计划,在认清自己优点和不足的基础上设置特定的开发目标。全方位反馈开发所包含的评估活动类型如表9-4所示。

全方位评估可以获得关于工作绩效的多方面评价,使员工对自我评估和他人评估进行比较,加强员工与内外部顾客的沟通联络。但是全方位反馈系统对评估者完成评估具有时间限制,评估人员可能对给自己评价不好的员工同样消极的评价,需要辅助人员来解释结果,而且改进途径可能受到限制。

一项有效的全方位反馈开发具有的特征:系统必须提供一致可靠的评估,反馈必须与工作相关,系统简便,系统有助于管理开发。具体可以通过回答以下问题来检测:

表 9-4 反馈会议的活动安排

操作步骤	会议活动内容
第一步	了解优点和不足 回顾对自己优点和不足的评估 了解自我评估与他人评估存在的共性和差异
第二步	明确开发目标 选择一项需要开发的技能和行为 设定一个明确清晰的目标,并预期会产生的结果
第三步	制定目标的实现过程
第四步	制定实现目标的战略 制定诸如读书、在职体验、参加培训课程、人际互助等方面的战略 制定获取信息反馈的渠道 制定强化新技能和行为的战略

评估者是谁?（Who?）

你怎样才能信任评估者?（How?）

什么样的行为或能力与工作相关?（Which?）

你怎样确保每个参与评估的员工能认真、公正对他人作出评价?（How?）

反馈报告包括哪些内容?（What?）

你怎样才能确保经理人员获得反馈并采取行动改进措施?（How?）

（4）在职体验

在职体验(Job Experience)是指员工在工作中面临的各种关系、难题、需求、任务及其他事项。当雇员过去的经验和技能与当前工作需要不匹配时,就需要进行开发,即员工必须拓展自己的技能,以新的方式来应用其技能和知识,并积累新经验。

在职体验通常用于行政人员和经理人员的创新型领导培训。它要求管理人员确定其职业生涯中影响其管理方式的关键事件,并从这些经历中总结经验和教训。关键事件既包括成功的关键事件也包括失败的关键事件,如工作安排失误、与上级的交往、工作轮换中的成功事件等。

利用在职体验进行人员开发有多种方式:工作扩大化、工作轮换、调动、晋升、降级以及其他临时性工作安排。工作扩大化(Job Enlargement)是指对员工的现有工作提出挑战并赋予其新的责任,包括执行特殊任务、在团队内角色轮换或寻找为顾客服务的新方法。工作轮换是指让员工在公司的不同部门工作或在某一部门内部进行轮换。调动(Transfer)则是指员工在公司的不同部门工作,不涉及工作责任或报酬的增加。晋升指员工被提升到一个新的职位,面临更多的挑战,并赋予更多的责任和权力。降级则意味着员工的责任和权力的削减。

9.3 员工开发机制

员工开发机制,即讨论组织中什么样的机制有利于人力资源的开发。我们认为包括培训机制、激励机制、流动机制、沟通机制和文化机制。培训机制在前面几章中已经详细阐述,这里主要讨论后面四种机制。

9.3.1 激励机制

激励机制旨在提高员工工作的积极性,因此,它在人力资源开发中的作用为使现有的人力资源更充分发挥作用。

根据系统论的观点,个人的绩效(p)＝f(个人能力,个人积极性,系统环境)。激励机制主要是通过影响员工的积极性进而影响其工作绩效。激励机制主要有动力机制(奖励)和约束机制(惩罚)两大部分组成。合理的激励机制关键在于把员工得到的报酬(物质报酬、精神报酬)和员工对组织的贡献对等起来,实现奖惩分明。

(1) 物质激励与精神激励相结合

① 物质激励

物质激励是最传统、最容易运用的激励手段之一。任何一名组织管理者都应该清楚,金钱是大多数员工工作的主要原因。因此,以绩效为基础的加薪、奖励及其他物质刺激在决定员工积极性上起着重要的作用。组织在进行物质激励时,应当注意两个问题:第一,如果员工认为他们所获得的额外奖励不足以弥补他们为之付出的劳动,激励就不起作用,如单位强制性的加班虽然有点补贴,但员工仍不愿参加就很能说明问题。第二,如果单位用来激励员工提高绩效所花费的费用大大高于员工给单位增加的利润,对单位发展也没有好处。由此可见,物质激励必须恰到好处。如何以最佳的物质方式激励员工,使员工和所在单位双方的利益最大化。

物质激励的常见方式有下面几种:

a. 薪酬调整,包括普调和微调两种方式。普调是不同幅度地增加所有员工的薪水,微调只是增加有特殊贡献的部门或小组的全体或个别人员的薪水。企业应有规则地进行薪酬调整,使员工工资收入每年增长 8%～10%。当然,这要看企业效益的好坏。

b. 员工持股计划。这是西方国家普遍推行的激励员工的手段。员工持股计划最早的创意出自美国经济学家路易·卡尔索(Louis Kelso)。他在 1958 年提出,公司员工的两种权利,一是通过劳动取得工薪收入,二是通过资本投入取得红利。这样既可以让员工更好地享受企业经营的成果,又可以通过员工持股来进一步调动员工参与企业经营管理的积极性。

c. 股票期权。从 20 世纪 70 年代开始,美国盛行股票期权计划。股票期权计划克服了员工持股计划的垫资负担和套牢风险,做到了"零风险、高收益"。这类奖励靠企业的业绩支撑使股价上涨。奖励的资金由市场提供,而不需要企业付出成本,股票期权的收益是股票市价与锁定价格或认购价格的差价。

d. 员工福利保障制度。完善的保障制度是激励员工的一个有效方法,它主要包括退休保障、医疗保障等。

② 精神激励

我国当前的组织普遍存在注重利益激励,轻视精神激励的现象。精神激励,诸如工作责任的大小、工作的挑战性与成就感、社会的承认、远大的信念、适时的表扬等,是人们行为真正动力之源,能够从根本上激发人们的工作积极性和热情。所以,在人力资源开发中,既要重视利益驱动手段的运用,更要重视精神激励和人们社会心理的满足。

精神激励的具体方法有:

a. 目标激励法。企业要制定出中长期发展规划,并在员工中进行广泛深入的宣传,让员工看到企业发展的前景、目标。同时,企业在制定中长期发展规划时,要让员工参与,虚心听取员工的意见。参与意识是员工实现自我价值需求的表现,应该得到爱护和尊重。只有让员工明白企业的目标,并为他们献计献策提供机会,以满足员工实现自我价值的欲望,激发他们创造性思维的火花,才能获得许多不寻常的创建和有价值的建议。目标激励是从长远的角度出发的激励,有利于员工长久的积极性的发挥。

b. 行为激励法。行为激励,就是以某种榜样的行为来激励他人,从而达到调动人的积极性的目的。某种典型人物的行为能够激发人们的情感,引发人们的内省与共鸣,从而起到一定的示范作用。作为企业的管理者,他们的行为激励作用是很大的。管理者如能以身作则,率先垂范,处处做员工的楷模,员工就会受到影响,并逐渐模仿与认同,从而转化为员工的"自我强化",纳入自身的心理结构之中,达到内化的目的。

c. 荣誉激励法。人人都有自我肯定、争取荣誉的需要。及时肯定员工的成绩、做法,并加以表彰,给予必要的精神奖励,从而让员工感到光荣、自豪、受尊重、受重视,是使员工保持活力和积极性的好方法。

d. 信任激励法。上下级之间的相互理解和信任是一种强大的精神力量,它有助于企业人与人之间的和谐共振,有助于企业团队精神和凝聚力的形成。对员工的信任主要体现在平等待人、尊重下属的劳动、责权和意见上,这种信任体现了"用人不疑,疑人不用"的用人法则。授权是充分信任员工的一种好方法。人人都想实现自我价值,充分授权是对员工的信赖和尊重。信任可以缩短员工与管理者之间的距离,使员工充分发挥主观能动性,使企业发展获得强大的原动力。

e. 职务激励法。企业的人力资源工作者应把握实际需要,及时地提拔重用员工。压制和埋没人才只能使单位利益蒙受损失。要引入竞争和激励机制,形成"优秀领导有成就感,平庸领导有压力感,不称职领导有危机感"的工作氛围。

f. 情感激励法。情感是影响人们行为的最直接的因素之一,任何人都有渴求各种情绪的需求。这需要管理者平时关心人,多谈心,多沟通,关心员工的精神生活和心理健康,提高一般员工和各类人才的情绪控制力和心理调节力。对于他们在事业上的挫折、感情上的波折、家中的裂痕等各种"疑难病症",要给予及时疏导。上下级之间的信息交流,可以增强彼此的信赖和了解,有利于建立起正常、良好、健康的人际关系,营造出一种相互信任、相互关心、相互体谅、相互支持、团结融洽的企业氛围,增强员工对本单位的归属感。

g. 职业发展激励法。企业指导员工的职业生涯设计并与员工共同努力,促进其职业生涯计划的实现。如美国微软公司人力资源部制定有"职业阶梯"文件,其中详细列出了员工从进入公司开始一级级向上发展的所有可选择职务,并且列出了不同职务须具备的能力和经验。这使不少员工感到个人职业发展前景乐观,很有奔头,因此不会轻易跳槽。

③ 建立多跑道、多层次激励机制

激励机制是一个永远开放的系统,要随着时代、环境、市场形式的变化而不断变化。例如,在 20 世纪 80 年代,承德中药厂主要注重培养员工的集体主义精神,而进入 90 年代以后,员工对物质要求更为强烈,并有很强的自我意识,从这些特点出发,公司制定了新的、合理有效的激励方案,那就是多一点空间、多一点办法,根据企业发展的特点增设激励多条跑道。例如,让有突出业绩的销售人员的工资和奖金比他们的上司还高许多,使他们能安心现有的工作,而不是煞费苦心往领导岗位上发展。在每年度结束后,公司组织全部中层干部和业务人员进行工作总结,使内部信息及时沟通,这是对优秀干部和员工的精神激励,而年度任务完成不佳的员工也感受到压力。特别是对销售人员,每年举办表彰大会,对业绩增长幅度大的业务人员给予物质和精神奖励,公司董事长李沈明亲自发奖。只激励一条跑道一定会拥挤不堪,一定要激励多条跑道。要想办法了解员工需要的是什么,分清哪些是合理的,哪些是不合理的;哪些是主要的,哪些是次要的;哪些是现在可以满足的,哪些是今后努力才能做到的。

④ 充分考虑员工的个体差异,实行差别激励

激励是为了提高员工的积极性,影响工作积极性的主要因素有工作性质,领导行为、个人发展、人际关系、报酬福利和工作环境,这些因素对于不同企业所产生影响的排序也不同,见表 9-5。

表 9-5　不同性质企业员工激励内容的差异

外资企业	成就认可、工作吸引力、责任发展、领导作风
国有企业	公平与发展、人际关系、工作条件、报酬、认可、自主
中外合资企业	成就与认可、企业发展、工作激励、人际关系、责任、福利报酬

例如女性员工相对而言对报酬更为看重,而男性则更注重企业和自身的发展。在年龄方面也有差异,一般 20～30 岁之间的员工自主意识比较强,对工作条件等各方面要求比较高,因此“跳槽”现象较为严重;而 31～45 岁之间的员工则因为家庭等原因比较安于现状。在文化方面,有较高学历的人更注重自我价值的实现,在物质利益方面之外,他们更看重的是精神方面的满足,例如工作环境、工作兴趣、工作条件等;而学历相对较低的人则首要注重的是基本需求的满足。在职务方面,管理人员和一般员工之间的需求也有不同。因此企业在制定激励机制时一定要考虑到企业的特点和员工的个体差异。

9.3.2　流动机制

流动机制旨在使企业适应劳动力市场的流动性。它在人力资源开发中的作用表现为在流动中使现有的人力资源增值。一方面,个体通过尝试不同岗位的工作,有利于使他们发现什么样的工作自己最喜欢、最能够发挥自己的才能,从而找到适合自己的职业发展道路。这样做可以满足个人实现自我价值的欲望,激发他们的工作动力。另一方面,让员工在不同的岗位上锻炼,或提升优秀员工到更高层次的岗位上去,能够提升员工的知识和技能,培养他们的领导才能,提高他们的综合素质。也就是说,流动机制包括企业与社会之间的人员流动和企业内部的员工流动。

(1) 企业与社会之间的流动

如今,"挖人"和"跳槽"等现象越来越普遍,企业想要员工长久忠诚地为其服务几乎不可能。目前的现实是,是市场而不是自己的公司,最终决定员工的流动。人力资源管理要控制的是让谁离开(让谁进来)以及何时离开(进来)。对此,企业应做好以下几方面的工作:

① 人才备份

公司应该做好人才备份工作。这一工作有利于保证企业不会因某些具有特殊技能的员工流失而中断工作进展。做好人才的备份工作,一方面要强化人才的储备和技术培训,使某项关键技术不会只被一两人独占;另一方面,同一尖端技术岗位至少要有 2～3 人同时攻关。像海尔集团,同一产品,不仅国内有研发小组,在国外也有很多科研机构同时开发,即使有几名技术人员流失,也不会对企业产生太大的影响。对于非技术岗位的某些重要职位,可以采取设立后备人员的培训计划,让这些"替补人员"提前熟悉将来的工作,一旦发生这些岗位人员的流失,候选人能在最短的时间内胜任工作,从而降低由于员工空缺而造成的损失。

后备人员可以是公司内部员工,可以是在校大学生(如德勤会计师事务所的"德勤俱乐部"就是为公司储备人才的,参加对象为大三、大四的学生),还可以是在其他企业工作的人。可以是投递了简历但未被公司招入的,也可以是公司员工或猎头公司推荐的。只要是对本公司有兴趣,投递过简历的,都可以进入公司的人才库,作为公司发展的后备力量。人才库要有专门人员维护管理。

② 人才招聘

招聘,就是替企业的职位空缺挑选具有符合该职位所需才能的人员的过程。这个过程是相当复杂的,需要借助一定的科学方法才能完成。首先,招聘者应清楚所要招聘的工作有些什么要求。其次,必须了解求职者的各方面情况,比如心理素质、身体素质。招聘人员可以凭经验去判断工作有哪些要求,求职者具备哪些素质。更为可靠的方法是根据心理学家发展出来的一套科学方法与工具去测定求职者的各方面的素质。因此,一个完整的招聘体系应包括工作分析、吸引求职者、考察求职者这三个步骤。不仅要考虑员工的知识、技能和价值观念,还要考虑员工的自我选择。

招聘工作需要付出大量的时间和精力,但却是企业必须做好的。企业只有具备了在短时期内招聘到各种岗位的合适人选的能力,才能够抵抗劳动力市场流动性增大的冲击。

③ 离职员工关系管理

员工离职了,并不表示和原来的公司从此"一刀两断",互不相见。很多时候,与离职员工保持良好的关系,还可能为公司带来很多长远的利益,比如提供新的客户和市场机会、人才推荐机会,甚至一些优秀的离职员工重新回到公司继续效力,等等。所以,离职员工亦是资源,同样具有开发利用的价值。企业进行离职员工关系管理是有必要的。

具体方法包括:与离职员工面谈(建立离职员工面谈记录卡);建立员工流失关键要素分析模型,并针对这些关键因素改进企业管理的方式方法;设立离职员工关系主管;建立离职员工关系数据库;对离职员工进行价值衡量,划分等级(可以借鉴国际上通行的顾客分级管理办法——ABC 管理法。企业可根据自身的实际情况和可能,把离职员工的能力素质、对企业贡献的大小、职位高低以及离职去向等指标作为划分标准。将离职员工划分为 A、B、C 三个等级,有助于企业对离职员工抓住重点,进行目标管理),并对离职员工的等级进行动态调整,分级管理;在离职员工正式离开公司以后,要不断保持电话、信件等的密切联系,或者企业可根据自身情况设计一些别具特色的联络感情的方式。

(2) 企业内部流动制度

企业还可以实施内部流动制度,以提高工作与深层志趣的契合度。极具天赋的专业人士和关键型的知识员工本身就有较强的流动倾向,针对这种情况,企业可以采取内部流动的方式来迎合这种需求,减少离职倾向。一方面,通过实行工作轮换,可以帮助员工消除对单调乏味工作的厌烦情绪,使工作内容扩大化或者丰富化。另一方面,通过内部劳动力市场的公开招聘,使愿意尝试新工作或愿意从事更具挑战性、重要性工作的知识型员工能有机会获得新的职位,从而满足其流动意愿。如 SONY 公司定期公布职位的空缺情况,员工可以不通过部门主管直接去应聘,如果应聘成功,则可以得到新的工作;如果失败,则仍从事原工作,同时等待下一次机会,而且不必担心会受到原主管的偏见,因为整个应聘过程是保密的。事实证明,内部流动能在一定程度上减少员工的流失率。

9.3.3 沟通机制

沟通机制在人力资源开发中的作用表现为有利于人力资源开发工作的改进。事实上,有效沟通也是一种激励。

沟通是指通过信息的不断双向传递获取彼此理解的过程。沟通方法有语言沟通和非语言沟通,正式沟通与非正式沟通,上行沟通、下行沟通和平行沟通等。员工沟通对企业十分重要。不能把员工沟通仅仅归结为劳资谈判、招聘、员工分类、培训、咨询和提拔员工等事项。员工沟通涉及企业管理的方方面面,特别是员工积极性和创造性的激发和企业人力资源的充分利用等问题,也涉及企业的竞争能力和对环境变化的适应能力。一般认为,建立有效的沟通机制可以从以下几方面入手。

(1) 定期的内部调研,了解员工的需求

运用问卷、抽样调查、访谈等外部市场调研方法了解员工的愿望和需求,了解他们对工作条件、培训、津贴、公司政策等的意见和看法。可以为员工建立数据库,使企业更为有效地了解员工的愿望和生活。如通过数据库资料可为不同的员工提供类似于"定制化"的福利,因为不同的员工有不同的福利偏好。可能对某一个员工而言休假是最重要的,而对另一个员工而言,更高的补助或培训机会或许才是想要的福利。因此,企业管理人员可以通过这个数据库来提高内部服务质量,提高员工的满意度。

(2) 内部投诉制度,了解员工的意见

员工与外部顾客一样可能会体验到劣质的服务,如培训部门的不负责任、财务部门的拖拉甚至上级主管的官僚作风。这些劣质的内部服务无疑会影响员工的满意度。如果管理人员不重视或者根本不知道这些问题,长久下去,就会导致员工的消极怠工或者跳槽。因此,企业内部应建立投诉制度,鼓励员工投诉,并及时处理投诉,采取一定补救措施使内部服务质量不断提高。同时,内部投诉制度应特别防止被投诉部门或人员对投诉人的打击报复。

（3）员工参与管理，了解员工的建议

员工参与管理，指从企业方针政策的制定到执行的全过程，由全体员工和领导共同参与，而不再是由领导决策、员工执行的老模式。现代社会，激发员工对本企业的自豪感和积极性，并在工作中达成与员工的有效沟通的最佳方法，就是让他们了解自己的企业，了解企业的生产经营和方针政策的制定过程，并参与其中成为主人。

员工参与管理，不能仅仅停留在口头上，它必须有最高领导的支持，而且这种支持必须是充分的和现实的。它包括与员工之间的各式各样的接触，如领导直接参加员工的工作，与员工交谈，以及工作计划制定过程中的意见问询等，最终实现企业的经营管理由员工共同参与。实际上，几乎所有的员工都想直接参与企业的经营管理，而且员工的参与确实能提高企业的经营管理效益。美国劳茨顿通用汽车厂，由原来的存在大量旷工、工艺质量低劣、蓄意破坏，以及员工的情绪低落等状况，转变为在整个通用汽车厂范围内质量领先，旷工率最低，其根本原因就在于该厂的管理者、工会和员工三方面组成了管理委员会，相互倾听彼此的意见，并且让每位员工参与以前仅属于管理者从事的决策工作。

9.3.4 文化机制

企业文化是指企业在探索如何适应外部环境和进行内部整合的过程中，由少数群体所发明和发现，再由大多数成员所发展的企业基础信念的一种模式。该模式运转良好、效果显著，因此被作为处理这些问题的正确方式传授给企业所有成员。具体来讲，是指组织中大多数成员所共有的思考问题的方法和做事情的习惯。如图9-1所示，企业文化是存在于三个层面上的：物质行为层、制度层、观念层。在不同的层面上，文化的可见度和对变化的抵制程度不同。

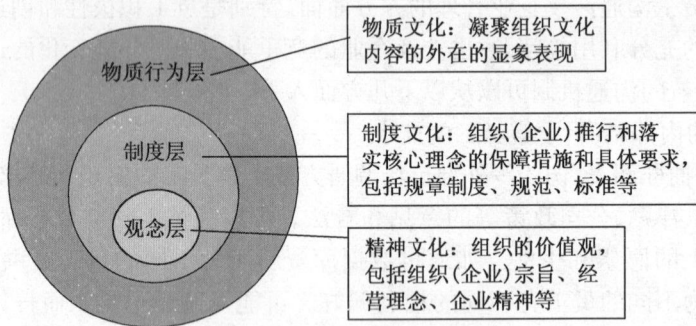

图9-1　企业文化的结构层次

新成员要想在该组织中工作，就必须学习和接受这些做法。这些做法具体包括：人们互相交往时的常规行为，如组织礼仪、礼节以及使用的共同语言；整个组织所共有的行为标准；该组织所特有的主要价值观念，如"产品质量"、"价格主导作用"或"服务主导作用"；指导组织对待员工及员工对待顾客的原则；由组织实物布局等所展示出的组织气氛。

企业文化的最内层属于精神文化，是由企业绝大多数成员共有的主观信念所形成的共同假设,其可见度最低,代表的是想当然的事实和对人类本质的看法。它代表的是关于什么是好的、正常的、合理的、有价值的集体看法、主观臆断和感觉。文化价值观会随着公司的不同而产生非常大的差异。例如在有些企业,员工可能最关心的是报酬,而在另外一些企业,他们可能关心的是技术创新或员工的福利。

企业文化的中间层是由企业的规章制度组成,是企业员工共同的行为规范,即被企业成员所接受和期待的行为准则及模式。企业制度包括生产、销售、质量管理、研发、人力资源管理等方面的一系列制度。企业制度是企业价值观的直接产物,也是员工明确员工行为的规则和维护员工合法权益的保障。

企业文化的最外层是物质文化,它比制度文化更具有可见性和可改变性。文化标志是企业文化最表层的东西。它包括一些语言、行话、手势、姿势、图画以及具有某种特殊意义的实物。例如美国沃尔玛将公司员工不称作员工,而称为合伙人,从而让员工体现到一个大家庭的感觉。还有麦当劳和肯德基店里的各种图画及小饰物等均属物质文化。

从表面上来看,企业文化仅仅是企业成员做事的共同习惯与准则,是大家共同遵守的一系列规范,是企业成文的管理规定与不成文的工作习惯的综合体现。但从实质上看,企业文化是企业价值观在组织的日常运作以及组织成员行为上的具体表现,它反映着一个企业的立足之本、管理之本、成长之本。

良好的企业文化对人力资源开发的意义在于:

(1) 推动人力资源开发实践。人力资源管理工作应将企业文化的精神贯穿于人才的培训开发中。一个优秀的企业文化应该是重视人才的培养,而在这样文化的影响下,企业最高决策者每年都会拿出占企业利润的很大比例对人才进行培养。"磨刀不误砍柴工",不能怕花钱、怕投入,例如惠普公司每年花在职工培训的钱占公司全年利润的 10%左右。人才培养好了,就会回馈企业、回报社会,就会为企业创造更大的价值,这也是符合企业经营理念和商业利益规则的。员工培训与开发的种类繁多,有企业文化培训、岗位培训、企业制度培训、技能培训,还有管理能力开发、技术能力开发等等,培训与开发要把握好的一个原则就是实事求是,不能流于形式,所以培训与开发前一定要做好需求调查和分析,只有基于实际需求的培训与开发才会有切实的效果。

(2) 指导职业生涯管理。优秀的企业文化对职工的职业生涯规划起着重要的指导作用,企业文化明确了企业的人才观念、经营战略和价值观念,职业生涯规划将职工的个人的前途与企业的发展紧密联合起来。在企业文化指导下的职业生涯规划有利于职工自身的发展成长,帮助职工明确自己的人生目标,少走弯路;有利于企业了解和开发人才,要发展和开发人才首先应明确人才的优势和特点,做到因材"开发",懂得如何调动员工的积极性;有利于把企业的目标和个人的发展目标统一起来,真正实现企业和个人的双赢发展。

本章精要

员工开发则是为员工今后的发展而开展的正规教育、在职体验、人际互助以及个性和能力的测评活动。员工开发具有以下特征:效益中心性、战略性、系统性,双重性和动态性。员工开发根据对象不同分为新员工开发、老员工开发、主管人员开发和开发者开发等类型。员工开发的内容包括：智力、知识和技能、体力、道德品质等。

员工开发一般有四种方式：正规教育、人员测评、在职体验和人际互助。正规教育项目包括为员工设计的脱产和在职的培训计划，有培训顾问或大学提供的短期课程、在职MBA课程及住校学习的大学课程计划。人员测评是指在收集信息的基础上为雇员提供有关其行为、交流类型、技能等方面的反馈，人员测评通常用来衡量员工的管理潜能和现任管理人员的优势和劣势，还可用来确认管理人员的潜能。绩效评估是指评价员工工作表现的过程，绩效评估结果可用于确定培训和开发需求，可以确认员工当前不适应工作要求的能力或技能，以什么方法弥补。在职体验是指员工在工作中面临的各种关系、难题、需求、任务及其他事项，利用在职体验进行人员开发有多种方式：扩展现有工作、工作轮换、调动、晋升、降级以及其他临时性工作安排。

员工开发机制包括激励机制、流动机制、沟通机制和文化机制。

复习思考

1. 员工开发的含义是什么？
2. 员工开发的内容有哪些？
3. 员工开发的常用方法有哪些？请举例说明其应用情境。
4. 比较分析不同开发机制的优缺点以及使用注意事项。
5. 如何说服员工接受工作调动，从而开发其领导才能？
6. 经理为什么愿意对员工发展提供辅导和帮助？

案例分析

从人才开发看"三星"

从"质量经营"到"人才经营"

十年是短暂的。然而，三星正是利用了短短的十年时间一举跻身世界级跨国企业的行列。而在实现这一目标的过程中，三星人才的开发与培养建设功不可没。

三星根据在21世纪国际竞争中"只有一流企业才能生存"的理念，把长期目标锁定在"世界一流企业"上。十年前，三星实行"新经营"，其核心可归结为"质量经营"；如今，三星响亮地提出了"人才经营"、"天才经营"的新战略。如果说前十年三星是以产品质量取胜的话，那么今后十年乃至更长时间内，三星选择的是"人才制胜"的道路。

20世纪90年代，在公司创始人的倡导下，三星建立了"地域专家培训制度"，每年派出一定数量的员工到国外考察、研修，以扩展视野，增强国际经营能力。现在，三星已250多名地域专家活跃在世界各地，成为开拓市场的主力军；他们个人素质的提高，最终转换成企业的竞争力。三星"人才经营"新战略遵循的正是"人才制胜"的基本法则。

追求天才　重视人才

三星的"人才经营"战略把掌握"天才"或"天才"级人才放在首位。公司创始人认为，每1万人、10万人当中可能选出一名"天才"，韩国最多能有400～500人。但是，一名"天才"能养活10万、20万人。"天才"开发出一个软件，一年轻而易举地就能赚几千亿美元，可以创造几十万个就业机会。"天才"级人才能够肩负企业的未来,能够使国家具有一流的国际竞争力。

公司创始人强调天才要拥有想象力和创造性。他说,"天才"不光是会读书、读书拿一百分,还要使想象力达一百分,既会潇洒地玩,又能高效地学习;或许会有点"狂劲",但必须有杰出的创造才能。用一个生动的比喻来说明"天才"与"人才"的区别:"天才"看见马车就会萌发制造汽车的想法,而"人才"则能把这一想法同交易和经营联系起来。

千军易得,一将难求。"天才"毕竟是凤毛麟角。但是,三星并非把企业命运全部押在"天才"身上。"天才"是追求的目标,是要求的尺度;在"天才"出现之前,希望还是寄托在"准天才"和那些具有创造精神的优秀人才身上。三星靠不懈的努力,目前已拥有不少具有世界一流技术水平的"准天才"级人才和一大批企业首脑、技术专家和专业经营者,正是这些人支撑了三星的大厦。

三星对"人才"的要求同样重视创造性。一个企业的经营者应该具备诚实、创新、负责、正直、专业五项素质,而其中最重要的是"创意",即具有创新和开拓意识。作为人才,可能存在的四大毛病令人讨厌:撒谎、诡辩、死不认错和扯人后腿,因为它们扼杀了企业自己和团队的创造性,是创造性的大敌。

三星认为,担负企业未来的"人才"应该具有应对变化的洞察力、抢占先机的战略意识、革新和追求挑战的精神、高附加值信息的收集和传播观念,以及国际化的广阔视野。三星计划培养的人才包括5种类型:"天才"、理工科技术人才、妇女人才、有"特性"的人才及国际型人才。

求才若渴 育才有方

三星会长认为,吸引优秀人才是企业应对未来挑战的最重要战略,作为企业的经营者必须高度重视,亲自动手。他不间断地大量翻阅国外有关半导体、电子等科技杂志、书籍,同各国专家广泛交流,从中物色人才和获取人才信息,一有所获就马上指示用人部门进行考察。对职能部门推荐的重点人才,他坚持亲自面谈考察,一旦认定是所需要的人才,就不惜三顾茅庐,再三劝说,非挖到手不可。

三星能够促进内部人才世界化。三星派往海外研修的"地区专家"、派往国外攻读MBA课程的员工不断增加。2002年建立的"李健熙讲学财团"也决定加强育才力度,对选拔的100名赴海外留学的"核心人才"培养对象,除原定提供学费和生活支援外,从2006年起再提供研究开发费支援,帮助其扩展研究领域。

三星能够吸引人才、留住人才,关键在于能够为人才提供一个良好的事业发展环境,使英雄有用武之地。三星不讲学缘、地缘,只看业绩、贡献,切实落实重奖人才的制度;在企业内部形成了"赶超先进,力争一流"的氛围。

(资料来源:徐芳.培训与开发理论及技术.上海:复旦大学出版社,2005:4)

思考题:

1. 员工培训和员工开发的异同点辨析。
2. 对于人力资源管理者而言,员工开发应该注意哪些问题?

第10章 职业生涯开发

草原兴发集团帮助员工谋划职业生涯

小夏1998年毕业后到内蒙古草原兴发集团工作。这一年,兴发集团在创业十周年之际推出一项全新的系统工程——面向每位员工的职业生涯规划。

此后短短两年时间内,小夏已愉快地在集团内部"跳槽"三次。学财会的他先是"专业对口"分到集团驻大连分公司做财务工作。半年后,小夏提出去家乡的武汉分公司,一边做财务,一边兼做武汉市场营销调查,这个想法很快被批准。半年后年终总结,大家公认小夏素质比较全面,业绩优良,但欠缺沟通技巧。为了弥补缺憾,小夏提出下车间学管理,结果又被批准了。

在草原兴发集团,人们对职业生涯发展有"四个阶段"的共识——起步期,成长期、成熟期和衰老期。在承认自然规律的前提下,职业生涯规划的最高目标是:缩短起步期,使人才快速成长;延长成熟期,防止过早衰老。

草原兴发集团人事部部长徐国庆对记者说,集团将起步期的规划视为核心。起步期年轻人最大的困惑是不容易找准自己的位置,在彷徨和徘徊中白费时间,对个人、企业都是极大的浪费。

打破企业内部人才流动壁垒的"内部跳槽"制度为"职业生涯规划"破了题。集团规定:起步期的年轻员工,通过一段时间直接感受后,对现有工作环境不满意,或觉得现有岗位不能充分发挥其个人才能,可以不经过主管领导直接向集团分管人事工作的最高权力机构——人事部提出相关要求,人事部负责在一个月内给予满意的答复。

　　为了引导青年用好这一全新的政策,在为期三个月的入厂教育中,集团首先安排 5 至 7 天的职业生涯规划,请中国人民大学等院校的专家讲人生规划的重要性和规划的要点,包括职业生涯道路选择、个人成才与组织发展的关系、系统学习与终身学习的必要性及如何根据自己的特长和兴趣规划自己的人生等,使员工一进企业就产生强烈的意识:把准方向、找准位置,尽快知道"我该在哪里"、"我该怎样往前走"。

　　集团安排的一系列活动为"内部跳槽"孕育前提:下基层锻炼、自我认识、他人评价、考核等等。这一系列活动帮助新员工迅速完成从学生到员工的过渡,结合自身特长和公司需求,有一个较明确的自我评价和他人评价。

　　像小夏一样,许多年轻人在目的明确的"跳槽"中尝试和寻找自己的位置。

　　集团总经理助理、北京分公司经理闫鸿志原在财务部工作,但他善于交际,希望发挥自己的特长,到市场上闯一番事业。经过协调,人事部在财务人员十分紧张的情况下,批准他到呼和浩特分公司担任业务员。得到公司的尊重,有了施展才华的机会,他努力工作,在市场开拓中屡立战功。1997 年,公司委任他担任北京市场开发总指挥的重任。

　　小赵性格内向,难以改变,便要求从销售公司调到集团宣传部从事文案工作,而这正是学中文的他所擅长的。在小赵和同事们的共同努力下,宣传部连续被集团评为先进集体。

　　员工们准确的个人定位,使集团的系统培训更加有的放矢。负责宏观决策的"头脑型"人才、负责执行决策的"手臂型"人才、负责实际操作的"手指型"人才分别对口,接受相关的培训。员工们对培训的态度也大为改变。过去送出去培训,有人不感兴趣偷偷往回溜;把专家请进来讲课,好不容易召集起来,可专心听讲的少。现在,模糊的目的变成了清晰的追求,变成了"我要学",积极参加培训成了风尚。

　　人事部部长徐国庆对记者说,所有这一切变化都基于一个理念:每一个"草原兴发人"都是一笔宝贵资源,我们有责任和义务把资源配置好,使之发挥最大效益。

　　(资料来源:http://jpkc.whut.edu.cn/hr/showaddon.asp? class_id= 51&article_ID=211)

10.1　职业概述

10.1.1　职业的定义

　　职业一词在英文里是"Career",意思源自于古法语的"赛场跑道"。在中文里,"职业"一词由"职"和"业"两个字构成。"职"是职责、责任的意思;"业"即业务、事业,使之具有某种独特性的工作。随着社会的进步和发展,人类在长期生产活动中产生了劳动分工,职业由此产生发展。《中华人民共和国职业分类大典》对职业做了如下定义:"职业是从业人员为获取主要生活来源所从事的社会工作类别。"

　　职业的种类成千上万。早在 1850 年,美国便进行了专门的职业普查,将当时美国社会行业划分为商业、手工业、制造业、机械和采矿业、农业、农牧业、军事界、河海航行、法律、医务、神学、教育、政府文职、家庭佣仆、其他行业共 15 个大行业,323 种职业。

　　职业具有一定特征的社会工作类别,它是一种或一组特定工作的统称。一般来说,一个职业包括一个或几个工种,一个工种又包括一个或几个岗位。

工种指根据现代企业人力资源管理的需要,按照生产劳动的性质、工艺技术的特征或者服务活动的特点而划分的工作种类。目前,大多数工种以企业的专业分工和劳动组织的基本状况为依据,从企业生产技术和人力资源管理的普遍水平出发,为适应合理组织劳动分工的需要,根据工作岗位的稳定程度和工作量的饱满程度,结合技术发展和劳动组织改善等方面的因素进行划分。

岗位是企业根据生产的实际需要而设置的工作位置。企业根据劳动岗位的特点对上岗人员提出的综合要求形成岗位规范,它构成企业人力资源管理的基础。

因此,职业与工种、岗位之间存在包含与被包含的关系。职业、工种和岗位是将职业按不同需要或要求而进行的具体划分。

10.1.2　职业的属性

职业具有双重属性,即社会属性和系统属性。

（1）职业的社会属性

职业的社会属性包括三个方面:① 职业活动以获得现金或实物等报酬为目的。② 职业体现了社会系统中固有的关联特性。职业作为一种社会活动,反映了从业人员在特定社会生活环境中与其他社会成员相互关联、相互影响的特质。③ 职业活动的开展须与社会系统的规范相一致。

（2）职业的系统属性

职业的系统属性主要包括:① 职业生命周期。从职业本身而言,职业的形成和发展都具有一定的生命周期,这是职业赖以存在的基础,即稳定性。② 职业规范。职业活动具有一定的规范和技术要求。③ 从业群体性。职业的存在必须有一定的从业人数。

10.1.3　职业的分类

职业分类是以在业人口本人所从事的工作性质的同一性进行分类。这种分类不受其所有制形式、用工形式及分属行业的约束。各国对职业有不同的分类。

（1）职业分类定义及其目的

职业分类是依据一定的原则,采用一定的方法,在对职业构成进行分析研究的基础上,对社会从业人员从事的职业活动进行科学、系统的划分与归类。

对职业活动进行分类是对社会进行职业活动管理的基本条件,是国家或地区进行社会管理和经济管理的基础性工作,是社会人力资源宏观管理的必要环节,为职业教育和就业服务提供条件。

科学的职业分类可以为国民经济信息统计和人口普查规范化提供依据,是开展劳动力需求预测和规划,对就业人口的结构、层次及其发展趋势进行调查统计和分析研究的基础,是制定相应的职业培训计划,进行职业介绍、就业咨询和职业指导的重要依据。

科学的职业分类也是组织在实施人力资源战略管理的标准依据,同时也是组织建立培训、考核和使用及待遇等制度的主要参考依据。组织对职业进行分类的过程也是组织人力资源管理标准化的过程,而组织对职业进行分类,则是组织人力资源管理标准化的具体体现。

(2) 职业分类体系的建立

世界上经济发达的国家和地区对职业分类工作十分重视。国际劳工组织早在1949年就开始研究制定可供各国参考和比照的职业分类,并在1949年召开的第七届国际劳动统计专家会议上通过了一个《国际标准职业分类(草案)》,拟制定《国际标准职业分类》。1958年,《国际标准职业分类》出版发行,后经1968年和1988年等几次修订(ISOC－68 以及 ISOC－88),现已成为世界各国制定本国职业分类体系的蓝本。

在此基础上,世界上有140多个国家根据本国经济发展状况、科学技术水平等本国国情,结合各自国家的职业结构特点,制定了各具特色的职业分类词典,并为社会所广泛应用。以内容最详尽的《加拿大职业分类词典》为例,它不仅在加拿大社会调查、人口普查、就业人口等社会经济调查中作为重要依据,而且也为教育、培训部门进行相关调研和制定培训规划等提供了重要依据。

我国现代职业分类起步较晚,但随着劳动力市场的发育与完善,职业分类作为一项基础性的工作,越来越受到社会各界的广泛关注和重视。1986年,我国颁布了国家标准《职业分类与代码》(GR6565－86)。1992年,原劳动部组织46个行业主管部门编制并颁布了《中华人民共和国工种分类目录》。1995年,原劳动部、国家统计局、原国家技术监督局联合成立了"国家职业分类大典和职业资格工作委员会",开始组织编制《中华人民共和国职业分类大典》。国务院50多个部委(局)企业、院校和研究单位的近千名专家学者参加了历时4年的编制工作。1999年5月《中华人民共和国职业分类大典》正式颁布,它是我国第一部对职业进行科学分类的权威性文献。它参照国际标准职业分类,从我国实际出发,在充分考虑经济发展、科技进步和产业结构变化的基础上,将我国社会职业划分为八个大类和1838个细类(职业),比较全面客观地反映了我国社会职业的结构现状。

(3) 职业分类结构

职业分类是在总体职业结构的基础上进行的职业的划分和归类。

① 国际标准职业分类体系的基本结构

《国际标准职业分类》结构为四个层次:大类、小类、细类和职业项目。《国际标准职业分类》(1988年版)(ISOC－88)中分为十个大类,分别为:立法者、高级官员和管理人员,专业人员,技术和辅助专业人员,职员,服务人员和商店与市场销售人员,农业和水产业技术工作者,手(工)艺人和有关行业的工人,设备与机械的操作工和装配工,简单劳动职业者,军队。

② 我国职业分类体系的基本结构

我国现行职业分类的总体结构根据职业类别由粗到细,依次分为大类、中类、小类和细类四个层次,细类为我国职业分类结构中最基本类别。《中华人民共和国职业分类大典》(CSOC－99)将职业划分为八个大类,66个中类,413个小类和1 838个细类(职业)。在八个大类中,第一大类为"国家机关、党群组织、企业、事业单位负责人",第二大类为"专业技术人员",第三大类为"办事人员和有关人员",第四大类为"商业、服务业人员",第五大类为"农、林、牧、渔、水利业生产人员",第六大类为"生产、运输人员及有关人员",第七大类为"军人",第八大类为"不便分类的其他人员"。

(4) 职业分类的基本标准

职业分类标准就是职业分类的依据,它在整个国家职业资格体系中处于龙头位置,起着导向作用。一个统一的、符合劳动力市场目标和企业发展目标的职业标准体系,对国家职业技能开发事业的发展有决定性的意义和影响。以技能为标准的职业分类如下表 10-1 所示。

表 10-1 以技能为标准的职业分类

序号	大　类	技能等级
1	立法者、高级官员和管理者	
2	专　家	4
3	技术人员和准专家	3
4	办事员	2
5	服务类和商场销售员	2
6	熟练的农业、渔业工作者	2
7	技工和相关从业者	2
8	车间机械操作员和装配工	2
9	初等职业	1
10	军　队	

10.2　职业生涯概述

生涯常指人的一生,职业生涯则在不同人眼里含义不同。Super(1976)认为,职业生涯是生活中各种事态连续演进的历程,它统合人一生中以此发展的各种职业和生活的角色,包括人一生中一连串有酬或无酬职位、角色的综合。Hall 强调职业生涯是个体一生中与其工作和职业相关的经验和态度。也就是说,职业生涯首先是一个人连续的职业经历,包括职业变动、工作任务、工作职务的变化以及工作经验的积累等。

职业生涯规划是指员工在组织的协助下对其职业生涯的主客观因素进行分析、总结和测定,确定其职业目标,编制相关的工作、教育和培训计划,对每一步骤的时间、顺序和方向进行合理安排,以此来实现职业目标。

职业生涯开发是指一切通过传授知识、转变观念或提高技能的手段来改善当前或未来绩效、发展和职业生涯目标相应的职业能力的过程。

职业生涯管理是指对一个人一生工作经历中从事的一系列活动和行为进行的规划和管理。职业生涯管理强调组织和员工的共同努力与合作,使个人职业发展目标与组织发展目标匹配。有人将职业生涯管理分为两种:员工自我职业生涯管理和组织职业生涯管理。前者是个人的职业管理,包括职业计划、自我学习、发现并争取机会和实现最终职业目标的过程。后者是指组织帮助员工制定职业计划和实现职业计划的一系列过程。

职业生涯管理无论对个人还是组织都有很重要的意义，如下表 10-2 所示。

表 10-2　职业生涯管理的意义

管理对个人的意义	以既有的成就为基础，确立人生的方向，提供奋斗策略； 突破生活的局限，塑造清新充实的自我； 准确评价个人特点和强项； 评估个人目标和现状的差距； 准确定位职业方向； 重新认识自身的价值并使其增值； 发现新的职业机遇； 增强职业竞争力； 将个人、事业与家庭联系起来
管理对组织的意义	帮助组织深入了解员工的兴趣、愿望、理想，以便使人力资源部门合理安排工作，实现人尽其才，才尽其用； 真正了解员工的需求，有针对性的激励员工； 使员工个人目标与公司目标得到统一，进而形成企业发展的巨大推动力，更好实现组织目标

（资料来源：陈胜军. 培训与开发. 北京：中国市场出版社，2010）

10.3　员工个人职业生涯规划

　　企业组织中的绝大多数员工，其中包括受过良好教育的员工，都有从自己现在和未来的工作中得到成长、发展和获得满意成就的强烈愿望和要求。为了实现这种愿望和要求，他们不断地追求理想的职业，根据个人的特点、企业发展的需要和社会发展的需要，制定自己的职业规划，我们把它称为个人职业生涯规划。

　　个人职业生涯规划是个人对自己一生职业发展道路的设想和规划，它包括选择什么职业、在什么地区和什么单位从事这种职业，以及在这个职业队伍中担负什么职务等内容。一般来说，个人希望从职业生涯的经历中不断得到成长和发展。个人通过职业生涯规划，可以使自己一生的职业有个方向，从而努力地围绕这个方向，充分地发挥自己的潜能，使自己不断走向成功。

　　个人职业开发活动称为员工职业计划，即确定职业目标并采取行动实现职业目标的过程。组织内的成员都有从现在和未来的工作中得到成长、发展和获得满意成就的强烈愿望和要求。为了实现这种愿望和要求，需要有一个实现目标的途径，制定自己的成长、发展和满意的计划，这个计划就是个人的职业计划。

　　制定职业计划的主要责任在于员工个人，只有员工个人才知道自己在职业生涯中真正想得到什么，而这些愿望当然也会因人而异。开发职业计划需要员工自觉的努力，这是一项艰苦的工作。虽然员工可能深信，开发一个完好的职业计划将是自己最大的兴趣，但是抽出时间专门开发这样一个计划常常又是另外一回事。组织可以通过提供训练有素的专家去帮助、鼓励和指导员工，在这类计划上，每个季度花几个小时的工作时间，就能很好地完成。

10.3.1　制定职业生涯规划的步骤

（1）自我评估。自我评估是对自己做出全面的分析，主要包括对个人的需求、能力、兴趣、性格等的分析，以确定什么样的职业比较适合自己和自己具备哪些能力。

【超级链接】

测试你的职业兴趣：三个圆的启示

可以通过以下测试确定自己感兴趣的职业目标。本测验约需15分钟。

首先要做的是画三个圆。然后写上：

第一个圆里，你最喜欢做的事。

第二个圆里，你最适合做的事。

第三个圆里，你目前有能力做的事。

你最喜欢做的事情：每个人都有自己的理想职业，这是你的兴趣所在，如果从事一项你喜欢的工作，工作本身就给你一种满足感，你的职业生涯从此将变得妙趣横生。

你最适合做的事情：你具备什么样的性格特点？这决定你的"职业个性"，并由此推出最擅长做什么职业。你在设计自己的职业生涯时，要注意选择有利于发挥自己优势的职业，即择己所长。

你目前有能力做的事情：任何人都不可能在一生中掌握所有的技能。你目前具备什么能力？你置身的行业需要什么样的人才？只有在这个范围内，你的职业规划才是可行的，才是符合发展的。

如果你所从事的工作（或学习）在这三个圆圈的交集里面，那么你是幸福的。你的工作（或学习）既是你最喜欢的，也是你最适合的，更重要的是，它也是你目前最有能力和有条件去做的。

（资料来源：陈国海，李艳华，吴清兰.管理心理学.北京：清华大学出版社，2008：325-327）

（2）组织与社会环境分析。组织与社会环境分析是对自己所处的环境的分析，以确定自己是否适应组织和社会环境的变化以及怎样来调整自己以适应组织和社会职业。相反，他们总是倾向于选择那些能够保证自己在既定的技术或功能领域中不断发展的需要。短期的规划比较注重组织环境的分析，长期的规划要更多地注重社会环境的分析。

（3）生涯机会的评估。生涯机会的评估包括对长期的机会和短期的机会的评估。通过对社会环境的分析，结合本人的具体情况，评估有哪些长期的发展机会；通过对组织环境的分析，评估组织内有哪些短期的发展机会。通过职业生涯机会的评估可以确定职业和职业发展目标。

（4）职业生涯目标的确定。职业生涯目标的确定包括人生目标、长期目标、中期目标与短期目标的确定，它们分别与人生规划、长期规划、中期规划和短期规划相对应。一般来说，我们首先要根据个人的专业、性格、气质和价值观以及社会的发展趋势确定自己的人生目标和长期目标，然后再把人生目标和长期目标进行分化，根据个人的经历和所处的组织和社会环境制定相应的中期目标和短期目标。

（5）制定行动方案。在确定以上各种类型的职业生涯目标后，就要制定相应的行动方案来实现它们，把目标转化成具体的方案和措施。这一过程中比较重要的行动方案有职业生涯发展路线的选择、职业的选择和相应的教育与培训计划的制定。

（6）评估与反馈。在人生的发展阶段,由于社会环境的巨大变化和一些不确定因素的存在,会使我们原来制定的职业生涯目标和规划与现在的有所偏差,这时需要对原来的职业生涯目标与规划进行评估和做出适当的调整,以更好地符合自身和社会发展的需要。职业生涯规划的评估与反馈过程是个人对自己不断认识的过程,也是个人对社会的不断认识的过程,是使职业生涯规划更加有效的手段。

10.3.2　职业生涯规划的理论基础

（1）职业锚与职业生涯规划

职业锚的概念是由美国埃德加·施恩教授提出的,他认为职业生涯规划实际上是一个持续不断的探索过程。在这一过程中,每个人都在根据自己的天资、能力、动机、需要、态度和价值观等慢慢地形成较为明晰的与职业有关的自我概念。施恩还说,随着一个人对自己越来越了解,这个人就会越来越明显地对职业形成一个占主要地位的职业锚。所谓职业锚就是指当一个人不得不做出选择的时候,他或她无论如何都不会放弃的职业中的那种至关重要的东西或价值观。正如"职业锚"这一名词中"锚"的含义一样,职业锚实际上就是人们选择和发展自己的职业时所围绕的中心。一个人对自己的天资、能力、动机、需要、态度和价值观有了清楚的了解之后,就会意识到自己的职业锚到底是什么。

施恩根据自己多年的研究,提出了以下五种职业锚:

① 技术或功能型职业锚

技术或功能型职业锚是个体的整个职业发展,都是围绕着他所擅长的一套特别的技术能力或特定的职业工作而发展。职业成长只有在特定的技术或职业领域内才意味着持续的进步。当然,职业提升对于他们来讲并非不重要,有可能的话,他们也力求向上发展,但是,不要求在区域外谋求发展,而是坚持在能力区内的提升。

② 管理型职业锚

有些人则表现出成为管理人员的强烈动机,"他们的职业经历使得他们相信自己具备被提升到那些一般管理性职位上去所需要的各种必要能力以及相关的价值倾向。"必须承担较高责任的管理职位是这些人的最终目标。当追问他们为什么相信自己具备获得这些职位所必需的技能的时候,许多人回答说,他们之所以认为自己有资格获得管理职位,是由于他们认为自己具备以下三个方面的能力:a. 分析能力,即在信息不完全以及不确定的情况下发现问题、分析问题和解决问题的能力;b. 人际沟通能力,即在各种层次上影响、监督、领导、操纵以及控制他人的能力;c. 情感能力,即在情感和人际危机面前只会受到激励而不会受其困扰和削弱的能力,以及在较高的责任压力下不会变得无所作为的能力。

③ 创造型职业锚

麻省理工学院的有些学生在毕业之后逐渐成为成功的企业家。在施恩看来,这些人都有这样一种需要:"建立或创设某种完全属于自己的东西——署着他们名字的一件产品或一道工艺、一家他们自己的公司或一些反映他们的成就的个人财富等。"比如,麻省理工学院的一位毕业生已经成为某大城市中的一个成功的城市住房购买商、修缮商和承租商;另外一位麻省理工学院的毕业生则创办了一家成功的咨询公司。

④ 自主与独立型职业锚

麻省理工学院的有些毕业生在选择职业时似乎被一种自己决定自己命运的需要所驱使着,他们希望摆脱那种因在大企业中工作而依赖别人的境况,因为,当一个人在某家大企业中工作的时候,他或她的提升、工作调动、薪金等诸多方面都难免要受别人的摆布。这些毕业生中有许多人还有着强烈的技术或功能导向,然而他们却不是(像持有技术或功能型职业锚的人那样)到某一个企业中去追求这种职业导向,而是决定成为一名咨询专家,要么是自己独立工作,要么是作为一个相对较小的企业中的合伙人来工作。具有这种职业锚的这些人则成了工商管理方面的教授、自由撰稿人或小型零售公司的所有者等。

⑤ 安全型职业锚

麻省理工学院还有一少部分毕业生极为重视长期的职业稳定和工作的保障,他们似乎比较愿意去从事这样一类职业:这些职业应当能够提供有保障的工作、体面的收入以及可靠的未来生活。这种可靠的未来生活通常是由良好的退休计划和较高的退休金来保证的。

持有不同职业锚的个体对职业的偏好不同。对于那些对地理安全性更感兴趣的人来说,如果追求更为优越的职业,意味着将要在他们的生活中注入一种不稳定或保障较差的地域因素的话——如迫使他们举家搬迁到其他城市,那么他们会觉得在一个熟悉的环境中维持一种稳定的、有保障的职业对他们来说是更为重要的。对于另外一些追求安全型职业锚的人来说,安全则是意味着所依托的组织的安全性。他们可能优先选择到政府机关工作,因为政府公务员看来还是一种终身性的职业。这些人显然更愿意让他们的雇主来决定他们去从事何种职业。(资料来源:杜映梅.职业生涯管理.北京:中国发展出版社,2006)

职业选择后,还须考虑向哪一路线发展。是走行政管理路线,向人力资源管理方面发展,还是走专业技术路线,或者向业务方面发展。发展路线不同,对个体的要求也不同。通常职业生涯路线的选择须考虑以下三个问题:我想往哪一路线发展? 我能往哪一路线发展? 我可以往哪一路线发展? 对以上三个问题,进行综合分析,以此确定自己的最佳职业生涯路线,如图 10-1 所示。

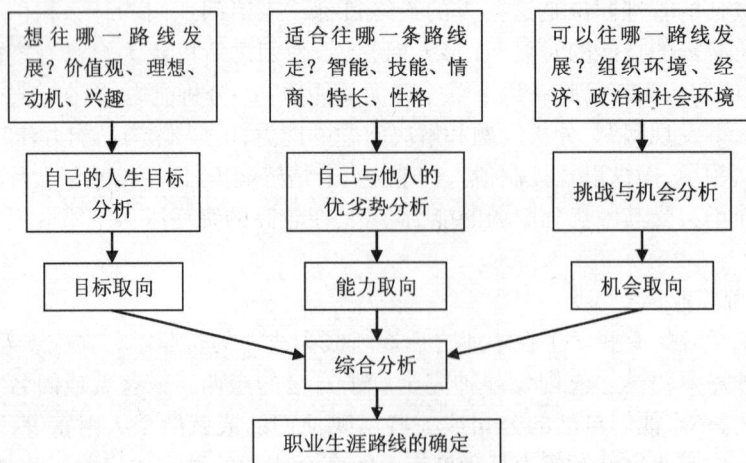

图 10-1 个人职业路线图

（2）职业性向与职业生涯规划

职业性向也称职业倾向,由美国职业咨询专家 Holland 提出。他认为人格(包括价值观、动机和需要等)是决定一个人选择何种职业的重要因素。他提出了六种基本的"人格性向"(如图 10-2 所示)。同时,他还提出了职业性向与职业类型匹配的思想,如表 10-3 所示。

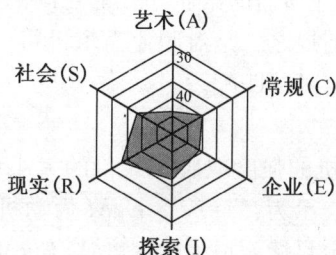

图 10-2　职业性向与职业特征匹配

表 10-3　职业性向与职业匹配

职业性向类型	个性特征	匹配的职业
现实型:喜欢需要技能、力量、协调性和体力活动	害羞、真诚、持久、稳定、顺从、实际	机械师、钻井工、装配工
研究型:喜欢需要思考、组织和理解的活动	分析、创造、好奇、独立	生物学家、经济学家、数学家、新闻记者
社会型:喜欢能够帮助和提高别人的活动	好交际、友善、合群、善解人意	社会工作者、教师、咨询人员、临床心理学家
传统型:喜欢规范、有序、清楚明确的活动	顺从、高效、实际、缺乏想象力、缺乏灵活性	会计、业务经理、银行出纳、档案管理员
企业型:喜欢说服别人、影响别人、获取权力	自信、进取、精力充沛、盛气凌人	法官、房产经纪人、公关人员、小企业主
艺术型:喜欢需要创造性表达的模糊且无规则可循的活动	富于想象力、无序、杂乱、理想化、情绪化、不实际	画家、音乐家、作家、室内装饰人员、设计师

Holland 的职业性向理论强调劳动者的职业性向要适应特定职业的需要。当人们无法在个人所偏好的职业群中找到合适的工作时,如果在六边形的某一顶点相邻的职业群中找到工作,也能相对满足职业性向与职业类型匹配的要求。

（3）职业—人匹配理论

该理论由 Parsons 提出,也称特质因素理论。他认为,个人都有自己独特的人格模式,每种人格模式的个人都有其相适应的职业类型。一个人的职业选择要考虑三个方面的因素:

① 应该清楚的了解自己的态度、能力、兴趣、智谋、局限和其他特征。

② 应清楚了解职业选择成功的条件、所需知识、在不同职业工作岗位上所占有的优势、不利和补偿、机会和前途。

③ 上述两个条件的平衡。

职业—人匹配包括两种类型:因素匹配和特性匹配。因素匹配是指需要有专门技术和专业知识的职业与掌握该种技能和专业知识的择业者相匹配。特性匹配是指人格特质与职业特征的匹配,如具有敏感性、易动感情、不守常规、理想主义等人格特征的人,适宜于从事审美性、自我情感表达的艺术创造类职业。

该理论强调个人特征与职业所需的素质和技能之间的匹配。因此,职业选择的前提之一是对个体进行人格测评,前提之二是对职业需求进行分析。只有清楚了解个体的素质特征和职业需求,才能进行合理的匹配。

(4) 职业动机理论

Vroom 认为,个体行为动机的强度取决于效价的大小和期望值的高低,动机强度与效价及期望值成正比,用公式表示为:$M=V \times E$,M 为动机强度(Motivation),指积极性的激发程度,即个体为达到一定目标而努力的程度;V 为效价(Valence),指个体对一定目标重要性的主观评价;E 为期望值(Expectancy),指个体对实现目标可能性大小的评估。

职业动机理论即将上述动机理论用来解释个体的职业选择行为,它强调个体在职业选择中的主动性,个体通常选择对自己有价值而且可以得到的职业。

(5) 职业发展理论

与职业选择时强调人—环境匹配理论不同的是,还有一些理论倾向于描述个人一生的职业生涯发展历程。Ginzberg(1972 年)指出,对于从工作中寻求最大满足的人,职业选择是个终其一生的决定历程,这使得人们须不断地评估如何修正其职业生涯目标,以使其目标能契合工作世界的现实。而最为全面地描述人一生的职业生涯发展的理论是Super(1953 年,1990 年)的生活—职业生涯发展理论(Life-Career Development Theory)。这一理论主要依据发展心理学和社会学对各种职业行为的分析,以年龄阶段分析发展过程,每个阶段有其独特的发展任务。具体地说,他将职业生涯分成五个主要阶段。

① 成长阶段

属于认知阶段,从出生到 14 岁左右。此阶段属于儿童期,在这个阶段内的儿童经过对父母以及周围家人、小伙伴等的观察和模仿,开始了解自我、探索自我。然而,由于处于这个年龄阶段的儿童认识发展水平较低,抽象思维能力较差,还不能全面地分析问题和解决问题,思维有片面性和局限性,往往会抓住事物的一个方面来解决问题。因此,当电视上宣传某个科学家时,可能就立志当科学家;当发现侦探能抓住坏蛋时,就想将来当个警察;当老师表扬自己的圆画得好时,就准备当一个画家。在这个阶段,需要、幻想与喜好为这阶段最重要的特征。

成长阶段可再细分为三个时期:幻想期(0～10 岁),以需求为主,情景性较强,主要是通过幻想中的角色扮演与经验尝试来选择职业;兴趣期(11～12 岁),喜好是参与各种活动的主要考虑因素,相对忽视自己的能力等因素;能力期(13～14 岁),能力逐渐提升到重要位置,并能考虑到各种工作的条件,了解工作的意义,发展对工作世界的正确态度。

② 试探阶段

此阶段包括青少年时期和成年期,在 15～24 岁之间。该阶段主要涉及学校和工作前期。个人通过学校、娱乐活动及各种工作经验,经过自我认识、反省,检验形成自我观念、职业角色的合理性,并在此基础上对选定的职业进行修正。在这个时期,个人还可以尝试性地从事一些短期的工作,如周末或寒暑假期的打工。

此阶段又可划分为三个时期:试探期(15～17 岁),考虑到个人的兴趣、需求及社会就业机会因素,作暂时性的试探,并在学业科目经验中进行试探,使职业喜好逐渐具体。转变期(18～21 岁),正式进入就业市场或进一步接受专业训练,由一般性的选择转变为特定目标的选择,以实现职业自我观念。尝试与初步承诺期(22～24 岁),正式选定职业并努力工作,考虑该职业成为长期职业发展目标的可能性;若职业适应不良,则需要重新调整;若工作满意度高,则可以确定个人的职业发展方向,实现个人职业喜好。

③ 立业阶段

属于选择、安置、立业阶段,年龄介于 25～44 岁。经过早期的试探后,个人会逐渐显现一种安定于某类职业的趋向。从开始认同所选定的职业,经过经验的累积,逐渐建立起稳固、专业、能独当一面的地位,以提高晋升的能力。工作职位或工作项目可能有所变动,但职业不会轻易地改变。

此阶段又可细分为:承诺稳定期(25～30 岁),重点在寻找职业及生活上的稳定;立业期(31～44 岁),重点是致力于职业的安定及工作的满意,并力求上进,突破成长。

④ 维持阶段

属于专精、升迁阶段。此阶段为保持并持续建立阶段性工作成果,逐渐迈入中老年阶段,年龄在 45 岁至 65 岁。心态渐趋保守,重点为维持家庭及工作间的和谐关系,大部分人是享受努力后成功的喜悦及成果,少部分人则要面对失败或是不如意的困境。成功者还逐渐传承经验,寻觅接替人选。

⑤ 衰退阶段

衰退阶段即退休阶段,此时员工年龄在 65 岁以上(西方国家雇员退休年龄)。此阶段,人的身心状况逐渐衰弱退化,适合退出工作舞台。原来的工作停止,于是需要发展新的角色,寻求不同的工作方式以满足身心的需要。采取主动方式适应退休生活,如参加老年大学进修,从事义务活动等,以延缓身心上的衰退,持续生命力。

从总体上看,Super 的理论是伸张性很大的一个发展理论。它既考虑到了发展的年龄阶段,同时也考虑到了发展的子阶段。将一般规律和特殊规律很好地整合起来,对于不同的人的职业生涯发展有很强的解释力。此外,该理论重视心理属性,并以自我概念为核心,突出职业价值观、能力、兴趣等的作用,抓住了本质的职业心理属性。在职业选择方面,将心理、生理、社会经济、文化等方面的作用结合起来考虑,是一种比较综合的决策模型。由于社会变迁的速度加快,该理论对中年期、老年期的发展与适应,提出了一些关键性的概念,如"中年危机"、"更新期"等,有助于对该领域的深入研究。

该理论的主要问题是过于全面、宏观,在分析群体职业变化方面具有优势,但不适合与个人职业生涯辅导或规划。如果要将此理论作为职业咨询或职业生涯管理工作的参考,则需要进一步对该理论进行分析。

10.4　组织职业生涯管理

10.4.1　职业生涯管理中的不同角色

员工、经理、人力资源经理和公司应共同担当职业生涯规划的责任。表10-4列出了员工、经理、人力资源经理、公司在职业生涯管理中各自所扮演的角色。

表 10-4　职业生涯管理中不同角色的责任

员工的责任	经理的责任	公司的责任	人力资源经理的责任
具有好的工作业绩 与经理会面 明确开发需求 确定未来的职业生涯 发展方向	在职辅导 咨询 沟通交流 从公司的其他部门获取信息	开发职业生涯管理支持系统 培育能支持职业生涯管理的企业文化	提供信息和建议 提供专业服务（测试、咨询、研讨会）

（1）员工的角色

新型的心理契约要由员工对职业生涯规划负起责任，从而增加其对雇主的信任（也提高了员工的就业机会）。具有成功的职业生涯管理体系的公司（如西尔斯信用卡公司和联合邮包公司）都希望员工能负责管理好自己的职业生涯。英国石油开采公司为员工提供了一本人员开发规划指南，从而指导其进行评估、目标设置、开发规划和行动计划。

员工可以自愿参与项目。同时，员工还必须同其经理开展有关职业生涯的面谈，这也是人员开发规划过程的一部分。无论公司的职业生涯规划系统有多错综复杂，员工都可以采取以下几种职业生涯管理行动中的一种或几种：主动从经理和同事那里获取有关自身优势及不足的信息反馈；明确自身的职业生涯发展阶段和开发需求；了解存在着哪些学习机会（如与销售、产品设计和行政管理相关的学习活动）；与来自公司内外不同工作群体的员工进行接触（如专业协会、项目小组）。

（2）经理的角色

不管职业生涯规划属于哪种类型，经理都应在职业生涯管理过程中扮演主要的角色。在大多数情况下，员工会从经理那里来获取有关职业发展的建议。因为经理常会对员工的工作调动（晋升）资格进行评估，并提供关于职位空缺、培训课程和其他开发机会等方面的信息。

可是，有许多经理不愿参与员工的职业规划活动，其原因在于他们感到不具备足够的资格来回答员工有关职业发展的问题；没有足够的时间；认为自己缺乏良好的人际沟通技能，不能透彻地理解职业生涯问题。然而，为了帮助员工处理好职业发展问题，经理却需要有效地承担四种角色：即教练、评估者、顾问和推荐人。

经理应通过满足员工的个人需求和公司需求，来帮助员工管理其职业生涯。在员工职业生涯的各个阶段，经理都要承担起教练、评估者、顾问和推荐人等重要角色。处于早期职业生涯的员工需要了解自己的绩效能否满足顾客的期望，处于立业阶段和维持阶段的员工应该从经理那里听取工作调换和职业发展路径的意见。

为了更好地理解职业生涯管理中经理的角色,让我们来看一下乔斯的案例。乔斯是一家化工厂的工业卫生研究员。在这家化工厂,安全是首要问题。由于他感觉在该公司不能得到良好发展,因此他感到很沮丧,并考虑要离开公司。乔斯过去一直在得克萨斯州的这家化工厂工作,而由于家庭的缘故,他想到犹他州工作。乔斯想通过平级调动去犹他州的一家化工厂,但是遭到了拒绝。当他提出这个要求时,公司正在裁员,并鼓励自愿退休。公司理解乔斯要回到犹他州的想法,但并不认为他适合再次调动。乔斯则觉得其职业生涯受阻,而且公司也并不重视他。但是,尽管他闷闷不乐,却依然有着不俗的业绩表现。　.

乔斯的经理该如何帮助他解决职业生涯问题,以避免损失一员干将呢?乔斯和他的经理需要坐下来,好好讨论其职业发展问题。表 10-5 列举了在职业生涯面谈中经理应达到的成效。乔斯的经理首先要了解乔斯的职业需求(充当教练的角色),还应让乔斯知道,尽管其表现良好,但公司认为他应在得克萨斯的工厂获取更多的经验(充当评估者的角色)。第三,经理还应该同乔斯商量,目前能为他做些什么,才能使其对工作和公司恢复信心。同时,还应该帮助乔斯了解得克萨斯化工厂对他这种卫生员的需求该怎样与其自身未来的职业生涯发展相结合(充当顾问的角色)。另外,乔斯和其经理还应对他下一次的调动时间进行讨论,并取得一致意见。经理应向乔斯建议,他应当根据公司的财务状况来确定提出调动的合理时间。最后,经理应让其了解可利用的职业咨询机构或公司内其他可利用的职业生涯管理资源(充当推荐人的角色)。

表 10-5　富有成效的职业生涯发展规划面谈的特点

序号	面谈内容
1	经理要了解员工的工作目标和兴趣
2	经理和员工就未来开发行动达成一致意见
3	员工能理解经理对其工作表现、开发需求和见解的看法
4	员工和经理能就目前的工作如何满足员工需求这一问题取得共识
5	经理确定该利用哪些资源,来帮助员工达到职业生涯面谈中所确定的目标

(3) 人力资源经理的角色

人力资源经理应提供培训与开发机会的信息或建议。同时,人力资源经理还应该提供专业服务,如对员工的价值观、兴趣、技能进行测评,帮助员工做好寻找工作的准备,并经常提供与职业相关问题的咨询。

(4) 公司的角色

公司要负责为员工提供成功的职业生涯规划所必需的资源。这些资源包括专门的项目和职业生涯管理流程:

① 举办职业生涯研讨会(主题是职业生涯管理系统的运作方式,自我评估目标设置,以及帮助经理理解和承担其在职业生涯管理中的角色)。

② 提供关于职业和工作机会的信息(建立职业管理中心或创办通信系统建立电子数据库及网址,让员工能找到关于职位空缺和培训计划的信息)。

③ 职业生涯规划工作手册(它通过一系列的练习、讨论及与职业生涯规划相关的说明来对员工进行指导)。

职业生涯咨询(即由受过专业培训的顾问提供建议,这些顾问专门与员工一起解决职业生涯问题)。

④ 职业生涯发展路径(即规划工作序列,并明确在工作领域内部和跨领域发展所需的技能,如由技术职务调任管理职务)。

⑤ 公司还需对职业生涯规划系统进行监管,从而确保经理和员工按照预期目标来运用该系统;对该系统能否帮助公司达到目标(如缩短为某一职位招聘人员所需的时间)进行评估。

【超级链接】

知名公司的职业援助措施

Sun 公司每年为员工提供 2 小时的自由咨询时间,该公司鼓励员工把自己当成是组织内的自由职业者。由于 Sun 公司的经理很少有人受过专业培训,而且公司意识到要培养这些技能需要花费很多的时间和资金,因此该公司与某职业管理中心签订了合约。职业管理中心是一个非营利组织,它为员工提供咨询,帮助其在公司内外找到最合适的工作。Sun 公司还有一个为员工而设的职业生涯图书馆,里面有关于职业生涯管理技巧、职业发展趋势等专业的书籍、磁带、录像带等。

3M 公司建立了一个公司的内部网来协助进行职业生涯管理。该公司开展了绩效评估并设计了人员开发流程等,旨在让员工和经理进行更有效的沟通。通过这种方式,经理和员工能在一起制定绩效和职业生涯发展计划。公司还设有一个职业生涯资源中心,它能提供关于职业生涯规划以及公司内部发展机会的参考资料、出版物和书籍。员工可以与受过培训的顾问一起,来探讨职业生涯问题,并通过心理测试来研究兴趣、价值观和工作环境的偏好等问题。3M 公司的职业生涯资源部还定期举办关于自我评估、面试技巧、经理在职业生涯发展中的角色等研讨会。对于由于调动、精简性裁员、健康问题或残疾等原因而丧失工作的员工,公司还帮助其进行工作安置。最后,3M 公司有 2 个专门涉及职业生涯问题的信息库,可以在计算机管理的工作信息系统中让员工自行申请某个空缺职位。而通过借助内部查询系统,经理还可利用人力资源信息系统来了解哪些员工达到了工作要求,以及获取员工的工作经历、岗前培训经历、绩效评估记录和职业兴趣等方面的信息。

总的来说,职业生涯管理中,员工个人、管理者和组织分别承担以下责任:

① 员工的责任:评价自己的能力、兴趣和价值观;分析职业生涯选择的合理性;确立发展目标和需要;和上级交换发展愿望;和上级一起达成行动计划;落实达成的行动计划。

② 管理者的责任:作为催化剂,使员工对发展过程本身产生认识;评价员工的目标和发展需要的现实;对员工进行辅导,并达成一个一致的计划。跟踪员工的职业计划,并权衡形势,适时对计划进行更新。

③ 组织的责任:提供职业生涯规划所需的样板、资源、辅导、信息;为员工、管理者以及参加具体实施职业生涯管理的管理者提供必要的培训;提供相应的技能培训,以及在职锻炼和发展机会。

组织的职业开发活动称为职业管理,即从组织角度对员工从事的职业所进行的一系列计划、组织、领导和控制等管理活动,以实现组织目标和个人发展的有机结合(如图 10-3 所示)。对这一概念,需要明确以下几点:第一,职业管理的主体是组织;第二,职业管理的客体是组织内的员工及其所从事的职业;第三,职业管理是一个动态的过程;第四,职业管理是将组织目标同员工个人职业抱负与发展融为一体的管理活动,它谋求组织和个人的共同发展,同时也是促使其得以实现的重要方式、手段和路径。

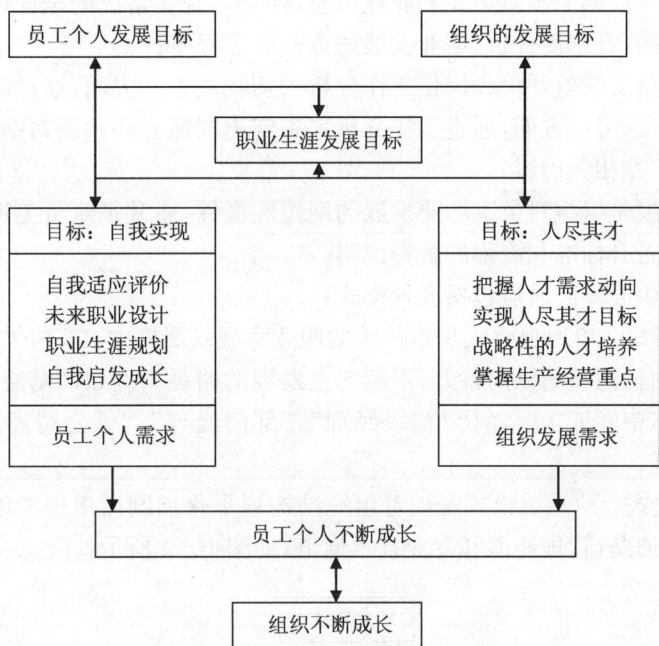

図 10-3　组织发展与员工职业生涯发展的匹配

职业管理是组织进行的一种持续的正规化的努力,它的重点集中在根据员工和组织双方的需要开发和丰富组织的人力资源上。组织是一个实体,它对激发和确保职业发展的实施负主要责任。组织的责任是开发并在组织内部向员工通告职业选择权。组织应该慎重地对有关员工实现其职业目标的道路提出建议。一般来说,当新的工作岗位设立、旧的岗位取消时,人力资源部工作人员一直有最新的工作信息。通过在工作中与员工和他们的管理者的紧密联系,人力资源部工作人员应该看到准确的信息已经被传达下去,不同的职业道路引导之间的相互关系已经被员工理解。因此,组织的主要责任不是准备个人职业计划,而是应该改善条件并创造一种便于员工实现职业目标的工作环境。

10.4.2　组织职业生涯管理程序

(1)确定个人需求和组织需求

职业生涯管理的第一步就是将组织需求与个人职业生涯需求结合起来,以便个人的有效性和满意度与组织战略目标联系在一起。

组织需求包括战略方面需求和运营方面的需求,个人需求包括个人条件和工作特征两个方面。战略方面的组织需求:组织实力、预期实力、市场变化、创新、重组等;运营方面需求：员工离职、缺勤、外包、生产力等。

个人有效性包括年龄、工龄、家庭关注、配偶工作状况、流动性、外部兴趣等主客观条件。工作特征方面的需求包括职业生涯阶段、教育和培训、晋升愿望、绩效、当前职业路径等需求。

（2）识别职业机会

职业生涯管理的第二步就是识别职业机会，即指对现实情况的全面审查，它包括：员工能力分析、工作晋升制度分析、职业发展通道分析等程序。

能力分析与员工绩效评价和岗位工作分析密切相关。一方面，通过绩效评价来分析员工的能力和素质，另一方面，通过工作分析来确定不同能力和素质对绩效贡献的权重。（具体可参考第三章相关内容）

工作晋升制度是组织对员工职业发展的纲领性文件，通常是对员工进入组织后可能的发展模式以及晋升标准和流程的解释说明。

常见的职业生涯发展通道包括五种模式：

① 单通道模式。单通道模式是指传统的职业生涯发展模式，单一的金字塔式的职业阶梯，强调个体由低到高的纵向晋升、不断向上发展的路径。例如，"基层管理人员"晋升到"总公司经理"，中间依次要经历"初级经理"、"部门经理"、"子公司经理"、"分公司经理"等职位的变迁。

② 双通道模式。双通道模式是随着组织结构扁平化加剧而出现的结果。组织为员工提供两种职业通路：管理通道和专业技术通道，如图10-4所示：

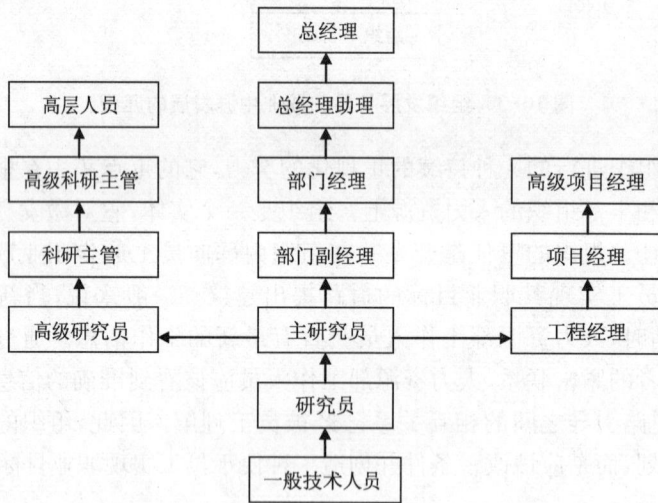

图10-4 双通道模式

双通道模式设计需要注意三个问题：

a. 清晰定义管理通道和专业通道。管理通道与组织结构对应，明确每个级别的行为标准、资历准则、职责范围等。专业技术通道的高度取决于研发人员从事工作的性质以及研发人员相对于管理人员的劳动力市场价值。

b. 保证两条通道之间的平行、平等。组织必须对两种通道提供同等程度的认可、地位和报酬,每个专业技术级别应对应一个管理等级。

c. 确保专业通道的声誉。允许专业技术人员自行决定其职业发展方向,但不能将专业通道作为安置失败的管理人员的"收容所"。

③ 水平发展模式

事实上,职业生涯发展并不仅限于直线向上发展,这种传统式的发展是相当有限的,而现在组织结构的扁平化使得这种传统模式的提升机会越来越少。前面已提到的施恩的员工职业发展三维圆锥模型有三种职业发展线路:垂直的、向内的、水平的。其中,工作扩大化、工作丰富化和职务轮换就是员工水平发展的一种模式。

④ 网状发展模式

纵向职务序列和横向转换线路相结合的发展网络通道。如银行中,从私人业务部经理、公司业务部经理、二级分行行长、一级分行业务部经理、甲省一级分行行长、乙省一级分行行长到总行副行长的职业路径模式。这一模式承认某些层次的工作经验的可替换性,是员工在纵向晋升到较高层次职位之前具有拓展和丰富层次工作经验的经历。这种通道要比传统通道更真实地代表了员工在组织中的发展机会,纵向和横向的选择交错,减少了职业道路堵塞的可能性。

⑤ 多通道发展模式

建立职业生涯发展的双重通道,既是为了满足员工职业生涯发展的需要,更是为了建立起稳定的关键/核心员工队伍,从而确保组织竞争力的不断提升并促进组织的持续发展。现代企业更多地开始建立多层次的职业发展通道,它包括管理、技术和业务等不同的职级序列,还可以建立岗位轮换、丰富工作内容等管理机制,并且在薪酬设计上相互衔接和对应,使具有不同能力素质、职业兴趣的员工都可以找到适合自己的上升路径和比较满意的工作状态,避免造成管理通道堵塞。

(3) 职业目标设定

第三步是组织和个人共同设立职业目标。职业目标的设定要符合可实现性和有时间限定两个基本条件。可实现性是指职业目标是在个体能力和组织环境下可以实现的;有时间限定是指职业目标的实现有明确的时间限制。

(4) 评估员工的潜能

评估员工潜能的方法有心理测量法、行为观察法、关键事件访谈法、评价中心等。

(5) 行动规划并给予员工特定的支持

行动规划是在综合个人评价和组织评价结果的基础上,为提高个人竞争力和达到职业目标所采取的措施:个人体验、培训、轮岗、申请空缺职位等。

(6) 评估和反馈

职业生涯管理系统应该适应外界环境和组织条件的变化,因此,职业生涯的评估和反馈必不可少。

【超级链接】

毕马威的员工晋升之路

毕马威(荷兰的著名会计事务所)中国内地的员工数目预计在今后三四年将增加至

超过 10 000 人,新入职的员工将获得无限的发展空间。在该公司为期两个月的新人入职培训中,会有人际交流技巧、行业知识和专业技术等方面的系统培训;对于非会计专业的员工,他们还有转型课程,以帮助新人更快掌握专业知识。该公司还会指定前一年加入公司的员工成为新人的"伙伴",协助新人适应公司的文化,进行职业规划,解决学习工作中的问题。应届毕业生入职后,会由一名指定的合伙人领导,他们可向该合伙人寻求建议、指引和支援。

据介绍,正常情况下,毕马威的员工每两三年就可以晋升一个等级。员工从会计师、助理经理、经理、高级经理晋升到合伙人约需 11 年时间。大学毕业生表现优异者,最快只需 8 年时间就可以成为合伙人。

10.4.3 职业生涯管理评估

员工个人职业计划开发的环境。为确保职业生涯管理体系能满足员工和公司经营业务的需求,必须对其进行评价。我们在第 6 章中已讨论过了与培训评估有关的成果、方法和评估方案设计,这些原理同样适用于职业生涯管理系统的评估。

可以利用几种成果来评估职业生涯管理系统。首先,通过调查,可以了解职业生涯管理系统使用者(员工和经理)的反应。例如,可以要求使用了某些服务(规划、咨询等)的员工来评估该系统的适时性、有用性和质量。经理可以提供信息,来说明这个系统对于为该部门空缺职位招聘人员所花的时间、候选人的素质和所录用员工的素质产生了何种影响。其次,还可更多地了解与职业生涯管理系统结果有关的客观信息,例如,为空缺职位招聘人员实际所用时间,员工对该系统的使用状况(包括同职业生涯顾问接触、使用职业生涯图书馆或对空缺职位的咨询),以及具有管理任职资格的后备人员数量等。如果系统的目标能与多元化相关,那么能晋升到管理层的妇女和少数民族的人数可能也可以进行测定。

对一个职业生涯管理系统的评价应以其目标为基础。如果系统的目标是提高员工的士气,那么就应该测量员工的工作态度;如果系统的目标更为具体、更具有可测性(系统的目的在于留住管理人才),那么就应该收集与此相关的数据(如离职率)。

在广大员工希望得到不断成长、发展的强烈要求推动下,企业人力资源管理与开发部门为了了解员工个人的特点,了解他们成长和发展的方向及兴趣,不断地增强他们的满意感,并使他们能与企业组织的发展和需要统一协调起来,而制定与组织需求和发展相结合的有关员工个人成长、发展计划,我们把它称为员工职业生涯管理。

(1)个人职业生涯评估

员工职业生涯成功的标准不同,个人职业生涯评估的结果也不一样。总体上,个人职业生涯的测量方法可以分为三类:客观测量、职业成功的主观测量和主客观指标的整合。

① 客观测量法

Arthur 和 Rousseau 的研究认为,在 20 世纪 90 年代初期以前,对职业成功的测量绝大多数都采用的是客观指标,即那些客观的或外在的职业成功的变量,如薪水和职业地位、工资及工资增长、晋升、收入水平和头衔、从事某个工作的年限或在某个组织中任职的年限等等。

在西方，随着社会经济的发展，特别是知识经济的到来和企业组织结构的重建，对职业生涯的定义产生了深刻影响。企业组织的扁平化减少和取消了原先存在的管理层级或工作阶梯，使原先的职业生涯发展路径变得模糊不清，有人因此而提出了"职业生涯的终结"的说法，而许多研究者则开始采纳一种更广泛的对职业生涯的定义，许多新的含义被引进职业生涯的定义。如 Mirvis 和 Hall 认为，职业生涯不仅包含工作（Work），更包含个体的生命工作（Life Work）；职业生涯与生命阶段之间的区别、职业生涯与自我开发之间的区别都是主观臆断的，也是不需要的，因此提出了"无边界的职业生涯"（Boundaryless Career）的概念，即职业生涯既包括在组织之间的移动，也包括在灵活的和没有层级的组织之间的移动。在无边界职业生涯时代，员工职业生涯的最大特点就是其不稳定性或者动荡性。那么，当员工在不同组织之间、或组织内部进行流动成为常态的时候，职业成功的评价标准也出现了相应变化，员工在流动中的竞争性——就业能力成为一个新的评价指标。Bird 指出，只有那些能对当前雇主有增值价值、或在外部劳动力市场上非常有竞争力的人才是成功的，而 Arthur 认为，无边界职业生涯背景下的职业成功除了主观成功和客观成功以外，还应包括组织之间的流动性（Inter-organization Mobility）和组织之外的职业生涯支持（Extra-organizational Career Support）。

由此，Eby 等人提出，在无边界职业生涯背景下，衡量客观职业生涯成功的标准应该是职业竞争力，他们所编制的职业竞争力问卷包括两个维度：组织内竞争力（3 个项目）和组织外竞争力（3 个项目），共 6 个项目。"组织内竞争力"指标用于测量员工对现任雇主的价值，用于评估员工在组织内部的职业发展状况以及被解雇的可能性，它的 3 个测量项目分别为："单位视我为宝贵的资源"、"因为我的技能和经验，单位认为我能为组织创造价值"、"我在单位里有许多发展机会"。"组织外竞争力"则用于测量员工在外部劳动力市场上的适应能力和竞争力大小，主要体现为员工找到新工作的难易程度，它的 3 个测量项目分别为："我很容易就能在别的单位找到类似的工作"、"凭我的技能和经验，我有很多工作机会可以选择"、"凭我的技能和经验，其他组织会视我为有价值的资源"。

② 职业成功的主观测量法

无论上述客观测量法中的指标如何完善，但他们的共同缺点就在于：这些测量法都是将个体视作消极、被动的人，它们仅仅强调情境对人的行为的作用和影响，而忽略了个体的性情和人格对职业成功的影响。随着心理学家加入职业成功的研究领域，学者们对职业成功的界定增加了主观的维度，研究者开始采用一些主观的或内在的指标来反映个体对其职业成就的主观判断。如有些学者认为，主观的职业成功是一个人从其认为重要的角度对其职业所做出的内在理解和评价。在操作化的层面，主观的职业成功在概念上一般被操作为"工作满意度"（Job Satisfaction），其根据是，如果个体对其工作的许多方面感到不满意，则不太可能认为其职业生涯是成功的。因此，工作满意度是主观的职业生涯成功的最重要的体现，许多研究都采用这一标准来测量主观的职业生涯成功。但是，用工作满意度来测量主观职业成功仍然存在一定的缺陷，因为职业成功的主观维度旨在测量个体对其职业生涯的满意程度，而工作满意度这个指标却容易将测量引导到个体仅仅对其当前所从事的工作的评价上，而这显然是有所偏颇的，原因在于：其一，个体的工作并不能涵盖其整个职业生涯历程;其二,工作满意度本身也无法涵盖职业生涯的满意度。例如,个体可能对当前的工作非常满意,但该工作缺乏职业发展的机会或上升空间,这种状况下,他可能仍然缺乏职业成功的感觉。因此,有的学者建议,应该避免将工作满意度作为主观职业成功的唯一指标;另有一些学者建议加入"职业满意度"这个指标,并将其单独使用或者与工作满意度一起来评价主观职业成功。例如,Green-haus 等人认为,主观职业成功包括对于实际的和期望的与职业有关的成就的反应,他们开发了"职业满意度量表"来测量主观职业成功,目前得到了最为广泛的应用。龙立荣在中国文化背景下曾对该问卷进行过修订。

③ 主客观指标的整合

在无边界的职业生涯时代,职业生涯理论发生了深刻的转变,职业成功的内涵和标准也发生了相应的变化。如施恩认为,职业生涯的定义既包括客观部分,例如工作职位、工作职责、工作活动以及与工作相关的决策,也包括对工作相关事件的主观知觉,如个人的态度、需要、价值观和期望等。一个人的职业生涯发展既包括一系列客观事件的变化,也包括与之相应的主观知觉的变化。与工作相关的个人活动及其所做出的主观反应都是其职业生涯的组成部分,这二者是不可或缺的。因此,在 20 世纪 90 年代中期之后,已经有越来越多的学者开始注意到职业生涯的二元性,并以此为基础来构建职业生涯成功的评价标准,从主观和客观两方面的指标来衡量职业生涯成功。如 Seibert 和 Kraimer 将职业成功定义为从一个人的工作经历中获得的积聚性的正面的工作和心理成果。

Eby 等人针对无边界职业生涯的特征,提出用过去已有的主观指标加上客观指标作为综合的职业生涯成功指标,主观指标主要是指职业满意度(Career Satisfaction),而客观指标则包括可感知的组织内竞争力(Perceived Internal Marketability)和可感知的组织外竞争力(Perceived External Marketability)。在这个新的综合性职业成功标准中,传统的客观标准(如薪资、晋升、甚至管理幅度、自主权等)已不复存在,它们都被竞争力指标所取代,而这个竞争力指标既能在一定程度上消减传统的客观指标的弊端(如难以横向比较),又比较符合无边界职业生涯时代的特征,既具有动态性,又有可比性。

(2) 组织职业生涯管理评估

Gutteridge(1986 年)对职业生涯管理有效性标准进行了探讨,提出了 4 个标准:

① 达到个人或组织目标

个人目标包括高度的自我决定;高度的自我意识;获得必要的组织职业信息;加强个人成长和发展;改善目标设置能力。组织目标包括改善管理者与员工的交流;改善个人与组织的职业匹配;加强组织形象;确定管理人才库。

② 考察项目所完成的活动

项目完成活动具体包括员工使用职业工具(参与职业讨论会,参加培训课程);进行职业讨论;员工实施职业计划;组织采取职业行动(提升跨职能部门流动);组织明确选定继承人。

③ 绩效指数变化

绩效指数通常是指离职率降低、旷工率降低、员工士气改善、员工绩效评价改善、添补空缺的时间缩短、增加内部提升等可量化的指标。

④ 态度或知觉到的心理变化

员工知觉到的变化主要包括：职业工具和实践评价（参加者对职业讨论会的反应，管理者对工作布告系统的评价）；职业系统可觉察到的益处；员工表达的职业感受（对职业调查的态度）；员工职业规划技能的评价；组织职业信息的充足性。

事实上，在评价职业生涯管理有效性时，并没有考察所有涉及有效性的方面，而组织也不必将所有的职业生涯管理方面均在组织中实施。但是这种系统的思考给未来实施评价提供了基础。

由于大多数中小企业缺乏有效的职业管理框架体系，员工流动率高。企业在成长的过程中，非常需要建立一个管理体系，既能够帮助企业减少员工流失率、增加员工参与度；同时还能够帮助企业在那些员工最难以招募或保留的职能领域，如销售、工程管理和技术开发等领域，塑造其内部的卓越品质。然而，从实际情况看，我国企业在推动职业管理流程和工具正式化方面却并不令人满意，对职业管理框架体系、核心构建还处于摸索的初级阶段。一个突出的问题就是，很多企业人力资源管理在专业管理上认识片面，大部分人力资源管理人员只是把职业管理简单归结为个人的职业定位与职业发展，这是静态的认识。而真正的职业生涯规划完全是动态和互动的关系，它至少应该包括：明确驱动绩效的关键职业生涯发展路径；员工晋升的特定路径，企业需要的关键岗位按照角色明确划分；取得成功所必需的技术和行为素质；每个职业路径的"入口"和"出口"；获得技术和行为经验所需的培训和发展项目；管理人士和员工为了做出明智的决策、执行正确的职业行动所需的工具、信息和支持。

上述基本功能的主动设计是构成有效职业管理框架基本体系。但是我国企业普遍性地缺失这种框架体系，直接导致了员工对其未来发展缺乏合理的预期与定位，另一方面也是企业人员高流动率的重要原因之一。在当前的劳动力市场上，人员流动频繁，加上潜在雇主总是伺机而动招揽优秀人才，不能够给员工未来发展明确的预期定位，许多员工都会考虑弃"暗"投"明"，那么企业员工高流动率仍将持续。MERCER（美世人力资源咨询公司）长期的调研发现，在中国每 5 个员工中就有 1 个正在考虑离开现在的公司，寻找新的工作。

本章精要

职业是从业人员为获取主要生活来源所从事的社会工作类别。职业具有社会属性和系统属性。职业生涯首先是一个人连续的职业经历，包括职业变动、工作任务、工作职务的变化以及工作经验的积累等。职业生涯规划分为个人职业生涯规划和组织职业生涯规划两类。

个人职业生涯规划是个人对自己一生职业发展道路的设想和规划，它包括选择什么职业、在什么地区和什么单位从事这种职业，以及在这个职业队伍中担负什么职务等内容。个人职业生涯规划的步骤包括：自我评估、组织与社会环境分析、生涯机会评估、职业生涯目标的确定、制定行动方案、行动与反馈。

职业生涯规划的理论基础包括：职业锚理论、职业性向理论、职业—人匹配理论、职业动机理论、职业发展理论等。

员工、经理、人力资源经理和公司应共同担当职业生涯规划的责任。组织职业生涯规划程序与个人职业生涯规划程序相似,不同之处在于组织职业生涯规划的出发点是组织的发展需求与个人发展需求的匹配。组织是个人职业生涯成功的舞台,所以,忽视具体的组织发展需求的个人职业生涯规划是不可能实现的。

职业生涯发展评估有客观测量、职业成功的主观测量和主客观指标的整合等方法。

复习思考

1. 讨论本章谈到的职业发展模式对员工培训和开发的意义。

2. 企业为何要积极帮助员工规划其职业生涯?企业能获得什么收益?企业又面临什么风险?

3. 管理人员在职业生涯管理中承担何种责任?列出管理人员可能不愿意参与职业生涯管理的理由。

4. 进行自我评估,为自己拟定一份职业生涯规划。

案例分析

IBM 的蓝色"半边天"

IBM 大中华区创始人、CEO 周伟焜说:"女性在职业上的成就标志着社会和企业的进步。"

IBM 把培养女性员工当作公司级战略任务看待,重视"蓝色'半边天'"的发展。IBM 鼓励有才华、有潜力的女性在 IBM 公司发挥她们的能力,并为女性员工提供良好的职业发展环境。在 IBM 公司,许多杰出女性成为全球高级领导人,尽情展示着她们的风姿。

从奥运会明星到 IBM"超级女深蓝"

Elizabeth Primrose-Smith,这位美丽迷人的女性曾经荣获过奥林匹克运动会游泳金牌,是全人类体育史上的一颗璀璨明星,如今她已经是 IBM 公司全球副总裁,成为 IBM 公司的"超级女深蓝"。

在本土,IBM 亚太区副总裁王嘉陵、IBM 香港公司总经理钟郝仪、IBM 大中华区人力资源部总监郭希文等众多杰出的 IBM 女性员工,都活跃在 IBM 的高级职位上。

在 IBM,如何培育女性人才是每一位高层主管的工作重点之一,IBM 为此制定出两性平衡发展的指标,女性主管的比例为 30%,女性员工的比例为 38%,并加强女性良师益友计划的推广。

2001 年 10 月,在《工作妈妈杂志》(Working Mother Magazine)评选的"100 家最适合工作妈妈的公司"中,IBM 成为唯一连续 14 年位居前 10 名的公司。自此项评比开始的 1986 年至今的 17 年中,IBM 每年都榜上有名。

客户是 IBM 重视女性理念的最终出发点,客户有男有女,他们希望 IBM 对待男性、女性是平等的。传统上,男女在工作上不太平等,所以 IBM 为保障女性的权利制定了众多措施。女性是 IBM 的"半边天",IBM 尤其重视女性的发展,给女性员工以与男性员工同等的地位、同等的发展机会。实际上,如 IBM 上海公司,女性所享受到的公司职业发展、福利政策等要比男性优越许多。

重视女性员工的措施

IBM 设有妇女领导委员会会议,专门为女性在公司的发展服务。IBM 会在年初组织对女性员工所关心的问题进行讨论,根据讨论的结果,人力资源部门制定相应政策与方向,由公司高层领导牵头定期组织活动。

这些活动包括及措施有:

(1)女性社团:成立与壮大女性成长社团,活动内容包括读书会、座谈会、定期分享经验的聚会、健康讲座等。

(2)弹性环境:除了通过各种女性员工组织开展众多丰富多彩的活动,IBM 还为女性员工创造更具弹性的工作环境。包括"弹性工作制"、人性化管理和"幼儿园计划"。

(3)女性会议:这是针对 IBM 女性员工的工作开展的活动,旨在让 IBM 的女性员工交流与分享工作经验,提醒女性在自我定位和思维方式上以及实际工作中都要注意和男性平等。

(4)定期聚会:IBM 同样重视通过各种聚会来关心女性员工的生活,使 IBM 的女性员工能够舒畅地交流与分享她们生活上的心得与经验。在轻松的气氛中谈天说地,话题无所不包:从怎么带孩子到最新的美容方式,从瘦身计划到时尚街拍……无不流露出对女性的充分尊重与关爱。

(5)关怀女性员工生活:对女性员工,家有学龄前儿童的还可享受停薪留职的待遇,可请假 1~2 年,在家专心照顾小孩。

在西方,IBM 在平等地对待不同肤色、种族等的员工方面成为业界的典范,在尊重女性方面也倍受业界推崇;而在亚洲,IBM 对女性的关注度甚至还要超出西方的分公司。

在大中华区,IBM 定期在各地召开妇女员工大会,公司高层设有妇女工作领导委员会。妇女大会为大中华区的女性员工提供了互相交流的机会,许多男性员工也成为妇女大会的嘉宾,他们中的许多人会被 IBM 的女性员工点中,要求他们发言,谈他们对 IBM 女性的看法。在 IBM 上海公司,女性被认为比男性的"地位"更高,表现也出色,更受到公司关注与同事的尊重。

思考题:

1. 文化背景对员工职业生涯管理有什么影响?
2. 女性职业生涯管理与男性职业生涯管理有何不同?

第 11 章　培训与开发的发展趋势

学习目标

学完本章后,你应该能够:

1. 了解未来培训理念的新发展
2. 了解未来新的主流培训方式
3. 了解未来培训内容的转变
4. 了解培训与开发的大学化(企业大学)
5. 探讨如何运用流程再造来考核和重新设计培训管理活动
6. 了解变革管理的内涵特征
7. 了解学习型员工的基本特征

关键术语

学习型组织　业务流程再造　自主管理　组织边界　培训虚拟化　培训外包企业大学　变革管理　学习型员工

开篇案例

玛氏大学

全球最佳企业大学之一的玛氏大学(Mars University)在 2004 年成立之际,正处于这家全球最大的糖果和宠物食品企业由家族式管理向外部职业经理人管理的过渡过程中,企业大学的设立希望能支持企业的区域扩张及分散化管理,帮助企业传递核心价值观(玛氏的五项准则:质量、责任、互惠、效率、自主),更好地帮助企业培养世界上最优秀的人才。玛氏认为人力资源是一个公司参与市场竞争最重要的战略资源,只有一流的人才才能做别人不能做的事,才能做出一流的业绩。

玛氏大学一开始就定位于服务企业内部员工的学习与成长,并希望能覆盖玛氏内部所有的员工。玛氏大学的设立获得了玛氏全球 CEO(Paul Michaels)的大力推动,他亲自担任玛氏大学的首任校长。玛氏大学也设立由公司高层和外部顾问共同组成的大学管理委员会,定期对于大学的发展方向、运作重点和企业未来的能力需求进行讨论、指导和管理。玛氏大学帮助公司大力发展本地化人才,并给予其最大的责任。这样的培训体系,保证了玛氏公司能够满足各地不同消费者的独特需求,在每个市场上都取得成功。自 2006 年开始在美国和全球市场份额全面增长。到 2009 年底,公司全球年销售额超过 140 亿美元,全球员工总数 30 000 名,产品行销 100 多个国家和地区。

(资料来源:陈胜军.培训与开发:提高·融合·绩效·发展.北京:中国市场出版社,2010)

11.1　培训理念

11.1.1　打造学习型组织成为企业培训的目标

学习型组织理论是 20 世纪 90 年代以来,在管理实践中发展起来的全新的管理理论。这一理论的最初构想来源于佛瑞思特在 1965 年写的一篇论文《企业的新设计》。在这篇文章中,他运用系统动力学的基本原理,非常具体地构想了未来企业的一些基本特征,包括组织结构扁平化、组织信息化、组织更具开放性、员工与管理者的关系逐渐由从属关系转向工作伙伴关系、组织不断学习、不断调整组织内部的结构关系,等等。圣吉作为佛瑞思特的学生,一直致力于研究如何以系统动力学为基础建立起一种更理想的组织。在研究过程中,他除了进一步融入更多整体动态搭配的细节性技术外,还将一些新的创造性管理技术结合起来,终于在 1990 年出版了他的旷世之作《第五项修炼:学习型组织的艺术与实务》一书,创立了学习型组织理论。在该书中,圣吉在系统、细致地分析了学习型组织的内部结构和运作规律后认为,学习型组织是 21 世纪全球企业组织和管理方式的新趋势。《财富》杂志也曾明确指出:"90 年代最成功的公司,将是那些建基于学习型组织的公司"。从此,无论在理论界还是实业界,对学习型组织的探索不断增多,进而丰富了学习型组织理论。

学习型组织,亦称学习型团队或学习型企业,是指通过弥漫于整个组织的学习气氛而建立起来的一种符合人性的、有机的、扁平化的组织。这种组织具有持续学习的能力,是可持续发展的组织。一般而言,学习型组织具有以下特征:

(1) 组织成员拥有一个共同的愿景

共同愿景是大家共同愿望的景象,是在客观分析现实情况基础上勾画出来的远景规划,它来源于员工个人的愿景而又高于个人愿景。共同愿景使具有不同个性的人凝聚在一起,朝着共同的目标前进。

(2) 组织由多个创造性团体组成

在学习型组织中,团体是最基本的学习单位,也是最具创造力的单位。组织的所有目标都是直接或间接地通过团体作战来达到的。所谓"终身学习"、"全过程学习",不仅是对员工个人提出的要求,更是对组织中所有团体提出的要求。所以,作为组织,必须大力倡行"团体学习",并借此提取出高于个人智慧的团体智慧,从而形成多个创造性团体,以不断地创新、创造推动组织的发展。

(3) 善于不断学习

这是学习型组织的本质特征。所谓"善于不断学习"主要有四点含义:一是强调"终身学习",即组织成员均能养成终身学习的习惯;二是强调"全员学习",即组织中的决策层、管理层、操作层都能全身心地投入学习,尤其是决策层(包括管理决策层和技术决策层),因为他们是决定企业发展方向与命运的重要阶层;三是强调"全程学习",即学习必须贯穿于组织系统运行的整个过程中;四是强调"团体学习",即组织不但重视个人学习和个人智力的开发,更强调组织成员的合作学习和群体智力的开发。学习型组织正是通过学习能力的保持,及时铲除发展道路上的障碍,不断突破组织成长极限,进而实现可持续发展。

(4)"地方为主"的扁平式结构

传统的组织结构通常是金字塔式的,学习型组织的组织结构则是扁平的,从最上面的决策层到最下面的操作层,中间相隔层级极少,尽最大可能将决策权向组织结构的下层移动,让最下层单位拥有充分的自主权,并对产生的结果负责。只有这样的体制,上下才能不断沟通,下层能直接体会到上层的决策思想和智慧,上层能亲自了解到下层的动态,汲取一线的营养。只有这样,组织内部才能形成互相理解、互相学习、整体互动思考、协调合作的群体,才能产生巨大的、持久的创造力。

(5)自主管理

按照学习型组织理论,现在的企业管理方式有两类:一类是权力型的,一类是学习型的。权力型的基本管理模式是等级式的,逐级管下来,问题要逐级上报。这种方法的一个致命弱点是任何问题都是权力大的人在做主,虽然大多是正确的,但不可否认也有下级正确的时候,有许多工作在基层的员工有好的想法和经验,要充分发挥员工的管理积极性,实行"自主管理"。学习型组织是人性化组织,坚持以人为本的现代管理思想,真正把员工当作组织的主人翁。这是使组织成员能边工作边学习,把工作与学习紧密结合起来的好方法。通过自主管理,可由组织成员自己发现工作中的问题,自己选择伙伴组成团队,自己进行现状调查,自己分析原因,自己制定对策,自己组织实施,自己检查结果,自己评估总结。团队成员在自主管理的过程中能形成共同愿景,并以开放求实的心态相互切磋,不断学习新知识,不断进行创新,从而增强组织快速应变、创造未来的能力。日本企业几乎都实行自主管理模式,不定期地召开会议,气氛很活跃,领导们都坐在后面以示支持。一个聪明的领导要让员工的手动起来、脑动起来、自主管理,肯定其工作成果,让员工体会到人生价值,这样员工就乐于奉献,领导也就成功了,企业也就成功了。

(6)组织边界将被重新界定

学习型组织尽可能地重新界定组织边界,推倒各式各样的隔墙,使部门与部门之间、员工与员工之间、组织与外界之间能够更便捷、更顺畅地沟通与交流。学习型组织的边界界定,建立在组织要素与外部环境要素互动关系的基础上,将超越根据职能或部门划分的"法定"边界。

通用电气公司第八任总裁杰克·韦尔奇提出了"无边界行为"。韦尔奇反对通用旧有的"不是土生土长的"观念,提倡员工之间、部门之间、地域之间广泛地相互学习,汲取新思想,他说:"你从越多的人中获取智慧,那么你得到的智慧就越多,水准提升得越高。"这种"无边界"的推广,使得通用公司将注意力集中在发现更好的方法和思想上,促使公司发展不断升级。"无边界"成为通向学习型文化和自我实现的关键一步。为了真正达到"无边界"的理想状态,韦尔奇坚决执行减少管理层次的决定,加强公司硬件建设;大力提倡全球化思维;创立"听证会"制度。"听证会"制度不仅使普通员工参与公司的管理,而且成为领导者和员工相互沟通、相互学习的场所,大大提高了工作效率。

(7)员工家庭与事业的平衡

学习型组织是人性化组织,坚持以人为本的现代管理思想,真正把员工当作组织的主人翁。学习型组织将努力使员工丰富的家庭生活与充实的工作生活相得益彰,学习型组织将对员工承诺,支持每位员工充分地自我发展,而员工也以承诺对组织的发展尽心尽力作为回报。这样,个人与组织的边界变得模糊,工作与家庭的界限也逐渐消失,两者之间的冲突也必将大大减少,从而达到家庭与事业的平衡。

(8) 领导者的新角色

在学习型组织中,领导者是设计师、仆人和教师。领导者的设计工作是一个对组织要素进行整合的过程,它不只是设计组织的结构和组织政策、策略,更重要的是设计组织发展的基本理论;领导者的仆人角色表现在他对实现愿景的使命感,他自觉地接受愿景的召唤;领导者作为教师的首要任务是界定真实情况,协助人们对真实情况进行正确、深刻的把握,提高他们对组织系统的了解能力,促进每个人的学习和发展。

【实践启迪】

微软公司的学习型组织四项原则

微软提出的理念是:学习是自我批评的学习、信息反馈的学习、交流共享的学习。为此,微软提出了四项原则:

(1) 系统地从过去和当前的研究项目与产品中学习。

(2) 通过数量化的信息反馈学习。

(3) 以客户信息为依据进行学习。

(4) 促进各产品组之间的联系,通过交流共享学习成果。

11.1.2　企业培训从知识更新型为主向智能增强型为主转变

在社会经济转型时期,知识更新型培训永远是需要的。但这些知识的学习今后会越来越多地依赖于智能的增强。人们能通过多种途径学习和更新知识。而智能的强化培训则将更多地依仗培训机构的努力,包括精心设置的环境、课程,特别是成功的模拟或实训。这种智能的培训将不同于过去的能力培训。至少应该具有以下特征:(1) 首先是强调智力的训练和提高,尤以思维能力的全面提高为支柱。(2) 这种智能培训应尽量与国际标准和行业规范相结合,同时通过培训达到企业对各类高中级管理人员的特殊要求。(3) 这种智能培训要与学员的素质测评、工作观察、同伴评价和组织鉴定等多种评估方法结合起来进行科学的评价。当前要在三大传统能力即技术能力(如信息处理)、交际能力(如面对面交流)、概括能力(如战略性分析)的基础上加强合作适应能力的培训,进一步发展灵活应变的智能和潜力,并以领先一步的出色智能竞争未来。确立这样一个理念,对培训机构和培训师又提出了新而高的要求,要求其更加全面地掌握智能培训的新方法、新技术、新策略。同时,要大力增强和提高培训师和培训管理者自身的专业能力和综合智能。

11.1.3　企业培训从大众普及型向个性化方向转变

以往的企业培训以企业某一层次的经营管理人员或某一工种的职工作为群体对象进行培训的居多。班级大到一二百人,小的往往也有三四十人。这种面向大众以普及经营管理知识为特征的、面广量大的培训仍是不可替代的。但是,随着时代的发展,个性化的差异与需求将越来越突出,培训必须充分注意这种个性差异与需求,尽可能创造条件为他们"量体裁衣",实现个性化服务。这种个性提高型的管理培训难度甚高,要求培训者和培训管理者事前要充分研究、精心设计、认真实施、综合提炼。但是,这毕竟是一个顺应知识经济与信息社会的培训方向。实行小班化培训直至为经理人员单个培训,不仅具有现实需要性,而且应该作为坚定不移的一个方向加以研究、设计、探索。只有真正确立起这样一个理念,培训才能向企业提供全方位、高质量、高水平、高效用的专业性培训。

个性化培训具有如下几个特点:

(1) 针对性

个性化培训立足于组织当前或预期的需求变化与人员现有能力水平进行比较分析后,确定出人员现有的能力与岗位要求能力之间的差距。结合员工自身需求,选择一种弥补人员现有能力差距的培训,把员工需要作为培训目标,体现出"干什么学什么,缺什么补什么"的原则,以培训推动个人职业生涯发展,挖掘个人潜能,具有较强的针对性。

(2) 灵活性

个性化培训的"活"突出表现在,培训内容和方式灵活多样,不拘一格。它建立在对员工培训需求分析的基础上,随着员工需求、偏好的变化而变化,员工可以寻求符合自身特点、乐于接受的培训方式,可以是一种或几种,也可以将多种方式方法有机结合起来共同完成培训内容,达到预期的培训目标。

(3) 多元性

个性化培训既能够突出企业主体专业、关键岗位和拔尖人才培训,又能促进全员培训,推动开展多层次、多形式的培训活动。通过配置、培训、再设计等手段促使员工向"知识员工"转变,开发、整合、利用现有人力资源,更有效地把人才资源优势转化为现实生产力,以适应企业发展的需要。

(4) 实效性

个性化培训能够自然地融入到企业发展与员工学习进步中,投资少,见效快,不受时间、地点等因素制约,易于被员工接受,既能有效解决企业工作学习矛盾问题,又能有效提高员工的知识技能;既能实现培训的规模化,又能提升培训资源的利用效率。

11.2 培训方式

11.2.1 E-Learning 成为培训方式的主流之一

E-Learning 可以给我们带来什么?有人把它比作 E 时代学习型企业的孵化器,通过在企业实行 E-Learning,最大限度地为员工创造学习条件、开发合适的培训内容,使每一位员工都能学到适合自己学习的内容,使员工自主学习成为现实,为企业成为学习型组织提供条件。它具有如下一些优点:

(1) 降低培训成本,这是 E-Learning 最具魔力的优势。据统计,采用 E-Learning 模式较之传统的教室模式可节约 $15\%\sim50\%$ 的费用。这笔费用中,40%用于旅行和住宿,7%是花在设备上。E-Learning 完全可以削减这些开销,成本的降低从某种程度上意味着利润的提高。而且，人们不必为了参加某一课程离开工作场所，节约时间的同时提高了工作效率。

（2）便于管理

E-Learning 可以提供同步或不同步的培训模式。不同步的沟通技术包括讨论、E-mail 和共享数据库等。这些技术能让身处不同地区，甚至是世界各地的学员分享丰富的学习资源，以便于他们在课程和作业上进行密切地合作，而无需考虑时间、地点的局限，因而我们常称 E-Learning 为"随时随地的学习"。不同步的沟通亦为教员提供了方便。教员不一定要立刻提供帮助，而是可以离线进行。课程的评估、布置作业、安排测验亦可以如此。

福特汽车（Ford Motor）的员工培训正是得益于 E-Learning 的此种功能。位于美国密歇根州的福特汽车公司设计院（FDI），计划运用 E-Learning，在四年内对其近 20 000 名工程师和技术员工实施 160 小时的培训。通过 Solstra 系统（一种学习管理系统），当福特的工程师们参与培训时，FDI 可以监控他们的成绩，跟踪过程，颁发合格证。

若采用同步的、实时的模式，公司的所有员工可以在规定的时候同时进行交流，却无需离开办公室或家。同步的合作是由教员作为主导者，学员在虚拟的环境中与教员交流，互相讨论。教员通过交互式的在线学习及时、有针对性地指导学员。以英国电信（British Telecom）为例，该公司为其 10 000 多名员工的 PC 安装了 E-Learning 管理系统后，又从哈佛商学院、CBT、NETg 大量购买了使用其在线培训内容的许可权，而后把这些资源放到内部网上。这种能从 PC 上直接调用世界级培训资源的能力，对使用者来说最大的好处是，鼓励更多的人拓展他们的技术和知识。

（3）高可扩展性。E-Learning 解决方案具有很高的可扩展性，只需要很小的努力和很少的再投资，就可使用户从 10 个扩展到 100 个，甚至更多。

（4）让自主学习成为现实

对学员来说，E-Learning 最有意义的地方是从以教员为主的学习模式，转向以学生为中心的模式。在这种转变中，计算机所取代的不仅是教室，还有教员。以学习者为主的培训，把焦点放在学员，而不是课程。从学习伊始，学员可以自己设定进程和所学内容。这样，学习一个课程不一定非得循规蹈矩地依照从 A 到 Z 的顺序，他完全可以从 Q 开始，然后跳到 F，忽略 M，最后在 T 这儿结束。在传统教室的环境下，当学员遇到不懂的问题时，他们通常因为恐惧或面子问题而不敢在课堂上提问。在电脑面前，完全不会有这种顾虑，学员可以一次又一次地问一些最基本的问题，直到他们得到所需的正确答案。此外，学员也可以按自己所需经常复习课程内容，如需帮助可随时得到。

（5）适应知识变化

现在是知识爆炸的时代，各种新知识层出不穷，企业员工的知识如不及时更新，不仅跟不上时代发展，而且会影响员工的工作效率和工作能力。因此，新知识培训历来是企业培训管理的重要内容之一，也是管理者最为头痛的事情。E-learning 培训方案可以解决这个问题，它的内容比较容易更改，一旦发现有新知识培训的需求，相关管理者就可以及时更新培训内容，并进行发布，使每一位员工都能及时学习到最新、最前沿的知识，研究表明 E-Learning 还可以使人们的学习效率提高 25%～40%，正是从"要我学"到"我要学"的转变激发了人们的学习兴趣,从而提升了效率。

由于 E-Learning 具有可以克服空间上的距离、节省时间、在一个特定的时间宽度内能不定期持续地接受培训以及学员更易接近电子数据库等众多优点而受到越来越多的企业的青睐。计算机行业的巨子 IBM 就是成功地开展 E-learning 培训的典型例子。IBM 培训部将各分部员工所需培训内容进行编辑制作成电子教材后在内部局域网发布供学员随时随地上网进行自我培训或集体培训,节约了大量的培训费用,有效地降低了产品成本并收到了良好的培训效果。

实践表明,利用网络开展 E-learning 培训方便、效率高,能满足多种行业的需要。另外,E-learning 培训利用网络实现跨地区、跨国联网,既满足了异地培训的需要,又可以较容易地获取各种新的知识和信息,大大减少有关培训的支出。随着网络的普及,E-learning 这种优越的培训方式在各行各业得到普遍应用,正逐渐成为主要的培训方式之一。

11.2.2　培训虚拟化

经济全球化的发展,导致竞争残酷激烈,无论哪个行业规避风险降低成本都成了迎接激烈竞争的有力武器和首要任务。为了满足这种要求,充分利用高科技手段,综合计算机、图形、仿真、通讯和传感等技术,为人们建立起一种逼真的虚拟交互式的三维空间环境,与现实世界极其相像的虚拟的人力资源培训技术应运而生。

培训虚拟化包括时空、内容、设备和角色的虚拟化,具有沉浸性、自主性、感受性、适时交互性、可操作性、开放性和资源共享性等优点。虚拟现实技术为现代企业的人力资源培训开辟了一条新的道路,特别为那些投资成本极高、难度很大、环境危险和操作性强的技能培训搭建了崭新的舞台。

建构在虚拟现实技术之上的现代的人力资源培训拥有传统企业培训所无法替代的优点,并且体现了信息化这一社会发展趋势。随着全球经济越来越一体化,竞争越来越白热化,虚拟化的企业培训方式必将得到众多企业的认可并加以运用,有着强大的生命力和发展前景。

11.2.3　自我培训受到更多的重视

随着企业国际化业务量的上升、跨国公司的大量涌现使得企业员工的分布变得分散,将这些分散的员工集中在一起进行培训,不但耗费巨额资金,同时也是不现实的。较好的解决办法是动员员工进行自我培训,企业也因为此种培训方法的省时、经济和可行而给予前所未有的重视。

自我培训的计划和内容,由企业培训管理人员与各位员工面谈、沟通,在对企业需求和员工个人培训需求进行分析的基础上,与员工一起制定自我培训的计划、确定培训内容和安排培训进度。员工自我培训的教材通常由企业提供,自我培训所需的时间也由企业酌情考虑,予以保证。为了保证培训效果,自主培训需要企业制定一系列及时的培训效果评估体系。

11.3　培训内容

11.3.1　企业文化成为必不可少的培训内容

企业文化是企业在经营活动中形成的经营理念、经营目的、经营方针、价值观念、经营行为、社会责任、经营形象等的总和。它是企业个性化的根本体现，是企业生存、竞争、发展的灵魂，是一个构建和倡导的价值评判体系，是企业最难仿冒的产权。企业文化由三个要素组成：第一是企业的价值观，表达人们对某种事物和行为的认知，是企业精神的基础；第二是人们共同拥有的信念，即关于对企业及其周围环境的看法，亦可称之为世界观；第三是行为规范。这三个要素在许多场合互相关联，互相支撑，其共有的世界观、价值观、行为规范即企业文化。

企业文化为组织提供了正确的途径来约束员工的行为，什么是员工该做的，什么是员工不该做的，并对问题进行概念化、定义、分析和解决。由于组织中的每一项工作都是由员工来完成的，因此，通过正确的途径来约束员工的行为显得尤为重要。要实现企业文化在每一位员工身上得到体现和发生行为约束作用，自然离不开向员工灌输、培训企业文化，使企业文化成为员工自身价值观的一部分，实现企业文化对员工的行为约束作用。在越来越多的企业开始建设自己的企业文化的同时，企业文化也正成为必不可少的培训内容之一。

11.3.2　跨文化培训成为主要的培训内容之一

跨文化培训是指提供给企业外派员工的针对不同文化国别的文化氛围而进行的一项人力资源培训。目的在于培养员工对不同文化的敏感性和认同感。经济全球化的发展导致企业内人力资源的多样化、国际化，即一个企业内的员工群体有可能由不同民族、不同肤色的人组成。不同文化背景、不同成长环境和不同宗教信仰的企业员工在工作生活中面临着不同的文化环境，要使企业内国际化的人力资源有效地发挥作用，提高工作绩效，对员工进行全员化的跨文化培训就成为整合企业人力资源的一项必不可少的培训内容。

对员工进行跨文化培训也是企业开展业务国际化的要求。众所周知，海尔在美国建立分厂，若生产的洗衣机销往澳大利亚，则洗衣机的外观设计和功能按钮的设置应符合澳大利亚人的习惯和欣赏品位，这就要求设计者对澳大利亚文化和风俗习惯有所了解，否则无法胜任洗衣机的设计工作。从这个意义上说，跨文化培训是经济全球化趋势下企业开展国际化业务的基础。

11.3.3　培训是进行职业生涯管理的必要途径

职业生涯管理是组织通过帮助成员设计职业发展计划，并从组织上给予这种计划实现的保证，达到满足其成员的职业发展愿望、满足组织对成员不断提升的质量要求，进而实现组织发展目标与个人发展目标的协调和相互适应，实现组织与员工的共同成长、共同受益。

在职业生涯管理中,员工对自己职业生涯进行设计,即对自己一生的职业发展总体计划和总轮廓有一个规划,与此同时,还需制定与之配套的培训计划,为职业生涯设计中的每一个步骤都落到实处提供条件,使职业生涯管理得以实现,达到企业和员工的双赢。从这个意义上讲,培训是进行职业生涯管理的必要途径。众所周知,向往在事业上获得成功的吴士宏从 IBM 公司的办公勤务到 IBM 华南分公司总经理,最后,于 1997 年任 IBM 中国销售渠道总经理,实现了自己的职业抱负,这一切与 IBM 公司的完善的培训体系和职业生涯管理体系具有密切的联系。

11.4 培训模式

11.4.1 企业大学

企业大学(Corporate University)又称公司大学,是指由企业出资,以企业高级管理人员、一流的高校教授及专业培训师为师资,通过实战模拟、案例研讨、互动教学等实效性培训开发手段,以培养企业内部中、高级管理人才和企业供销合作者为目的,满足人们终身学习需要的一种新型教育、培训体系。企业大学是比较完美的人力资源培训开发体系,是有效的学习型组织的实现手段,更是公司规模与实力的有力证明。

(1) 企业大学的起源

一般认为,通用电气在 1956 年建立的克劳顿培训中心(即现在的韦尔奇领导力发展中心)标志着企业大学的诞生。事实上早在 1927 年,通用汽车就创办了通用汽车技术和管理学院(GM 学院),试图将培训和学习带到工作中来,这个时间可以作为企业大学的发源时间。

在企业大学出现以前,传统的企业培训主要集中在员工的技能普及方面,企业大学的成立掀开了企业管理培训的序幕。在美国,1988—1998 年,企业大学数量由 400 家猛增到 1 600 家,到了 2003 年已超过 2 000 家,2010 年全球企业大学的数量达到 3 700 家。财富 500 强的大部分企业建立了自己的企业大学,如 GE 克劳顿学院、IBM 中国渠道大学、西门子管理学院、摩托罗拉大学、惠普商学院、麦当劳大学等。可以预测,不远的将来企业大学的数量甚至会超越传统的大学,成为未来成年职场教育以及终身学习的主流。

国外企业大学的发展经历了三个阶段。

第一阶段(20 世纪 20~70 年代),传统的培训体制发生了改变,"企业大学"这一术语在 20 世纪 50 年代由迪斯尼公司首先采用,并逐渐被人们所接受。

第二阶段(20 世纪 80 年代至 20 世纪末),摩托罗拉大学成立后,企业大学有了全新的功能和形式,它的成功运作,在全世界范围内引起了企业大学建立的高潮。

第三阶段(21 世纪初期至今)21 世纪初,企业的培训对象开始进一步对外扩展。2001年,惠普应客户和合作伙伴的培训需求成立了惠普商学院,很快客户面就扩大到了整个社会。2002 年,摩托罗拉大学完成了从企业内部培训为主到内外兼顾的整个价值链培训的转型,成了真正意义上的"综合性企业大学"。企业大学在企业结构中发挥的作用越来越重要。

（2）国内企业大学的发展历史

1993 年，摩托罗拉中国区大学正式成立，最早给中国带来"企业大学"这一全新的企业管理培训理念和形式。1999 年海尔大学的建立掀起了中国企业建立企业大学的浪潮，到 2009 年，国内企业大学已超过百所。有些企业大学初具规模，有些尚在摸索阶段，运作形式也是各种多样，并没有统一标准。表 11-1 列举出了部分国内企业大学。

表 11-1　部分国内企业大学一览表

成立时间	大学名称	所属企业	所在地
1993 年	春兰学院	春兰集团	江苏泰州
1998 年	海信学院	海信集团	山东青岛
1999 年	海尔大学	海尔集团	山东青岛
2000 年	金大地企业商学院	金大地复合肥有限公司	北京（中国人民大学）
2000 年	新希望商学院	四川新希望集团	四川
2000 年	完达山企业商学院	完达山公司	黑龙江
2000 年	联想 HR 培训中心	联想集团	北京
2000 年	TCL 集团培训学院	TCL 集团	广东惠州
2000 年	康佳学院	康佳集团	广东惠州
2001 年	伊利商学院	伊利集团	北京（中国人民大学）
2001 年	威克多企业商学院	威克多公司	北京
2001 年	平安大学	平安集团	广东深圳
2002 年	金蝶大学	金蝶国际软件集团	广东深圳
2002 年	保诚大学	英国保诚集团亚洲总部	上海
2002 年	首旅学院	首旅集团	北京
2003 年	中兴通讯学院	中兴通讯集团	广东深圳
2003 年	蒙牛商学院	蒙牛集团	北京
2003 年	中宏保险大学	中宏保险公司	上海
2004 年	创维学院	创维学院	广东深圳
2004 年	阿里学院	阿里巴巴公司	浙江杭州
2004 年	王老吉商学院	王老吉药业股份有限公司	广东广州
2005 年	国美管理学院	国美集团	北京
2005 年	华为大学	华为技术有限公司	深圳
2006 年	王府井商学院	王府井集团	北京

成立时间	大学名称	所属企业	所在地
2006 年	美的学院	美的集团	广东佛山
2006 年	奥康大学	奥康鞋业公司	浙江温州
2007 年	蒙自源管理学院	蒙自源公司	广东东莞
2008 年	青岛啤酒管理学院	青岛啤酒股份有限公司	山东青岛
2008 年	汇丰商学院	汇丰银行	深圳
2008 年	华夏大学商学院	华夏人寿保险股份有限公司	北京

（3）企业大学的意义

企业大学的意义，包括以下四个方面：

① 支持企业战略

企业大学是企业将培训开发工作提升到战略高度来建设的，企业的能力战略也正是通过企业大学这个有效载体来落实的。

能力战略就像是为企业战略落地保驾护航的两翼。企业的战略目标、业务增长方式、业务赢利模式、业务市场推广策略、战略举措、资源配置，都需要企业能力和员工能力作为动力引擎。没有能力战略，企业战略的落实就是纸上谈兵；没有能力战略，企业战略的实现就是空中楼阁。通过企业大学这个平台，企业战略分解到了培训开发课程体系中，如淙淙流水般灌入作为培训开发对象的各级管理者和员工的头脑，继而形成强大的推动战略落实的力量，确保各项战略举措和资源配置的行之有效。

企业大学从某种意义上讲，就是企业战略管理中心的一个延伸，它如同一条跑道，跑得快的企业，其人才战略、管理战略、成本控制战略等一系列的战略也必须跟得上它发展的脚步。作为企业发展战略系统中的一部分，企业大学在一定程度上完善和支持着企业前进中的各种支持后备力量的补给，或者相关资源的扩展。当然，各企业大学由于定位各异，各自策略的侧重点也是不同的。如摩托罗拉大学素以公司变革的推动者而闻名，联想学院则是建立在与合作伙伴长期共同成长的基础之上的。

② 提升企业综合能力

企业大学已经变成了企业用来整合战略资源的工具，它与市场策略、品牌、文化等结合得更为紧密。它应该是能根据客户的需求，为所有的客户、供应商和合作伙伴提供完整的解决方案，以此进一步巩固与它们的合作关系，增强客户忠诚度，在更深层次上进行市场营销，进一步占领市场。

③ 企业宣传窗口

企业大学成为企业文化建设的有效平台，从某种意义上讲，企业大学就是企业文化建设的一个"道场"。在这里，面向内部不同层级的员工可以进一步宣传贯彻企业所倡导的价值观、理念以及行为规范；面向外部，也可以向企业的供应链合作伙伴传递企业的市场原则、做事理念和规范。

④ 巩固人力资源体系

企业大学来源于人力资源管理职能中的培训，但高于培训。这其中一个主要的区别是对于人才的管理理念,企业大学将人才看做是人力资本,而不是人力资源或者人力成本,即企业大学的投入越多,人才增值会给予越多的回报。对企业而言,企业大学是对人力资源这一核心资源进行开发的投入。较之其他投入,这种投入更能给企业带来丰厚的回报,其效益是巨大的,且具有综合性、长远性。

企业大学的内涵是对员工潜在能力的开发,而不仅是知识的补足和技能的训练。其目的是促进员工全面地、充分地发展,从而给企业带来活力。将企业大学看成是对员工的一种福利,这种观点是片面的。实际上,以主动心态参与学习的人,在接受新知识、新信息的过程中,往往产生丰富的感悟。经常"充电",能使人保持旺盛的工作激情。注重个人发展的员工往往把培训开发看成是企业对他的奖赏。尤其是当企业大学与员工职业生涯设计结合起来的时候,更能激发员工的进取热情。不难预见,一个较少为员工提供学习机会的企业,将是缺乏吸引力的;而注重通过企业大学使员工得到发展的企业必然士气高涨。

（4）企业大学的类型

① 内向型企业大学

内向型企业大学主要是为构筑企业全员培训体系而设计,它的学员主要由企业员工构成,并不对外开放,如麦当劳大学、GE 克劳顿学院。

② 外向型企业大学

外向型企业大学又可以分为两类,一种是仅仅面向其供应链体系开放,将供应商、分销商或客户纳入学员体系当中,主要目的是支持其业务发展,如爱立信学院;一种是面向整个社会,主要目的是提升企业形象或实现经济效益,如惠普商学院。

a. 面向供应链体系

未来竞争不再是企业与企业之间的竞争,而是供应链与供应链之间的竞争。经营的关键不是取决于企业有多少资源,而是企业能支配多少资源。通过企业大学,向供应链合作伙伴渗透理念、文化和经验,是降低交易成本、增进相互信任、统一运营规范的较好方式之一,能有效提升企业基于供应链的竞争优势,从而有效拓展企业资源整合能力和快速响应的战略执行能力。

例如,摩托罗拉大学成立之初,其目的是为摩托罗拉内部员工提供优质的培训。随着摩托罗拉公司事业的发展,很多生产环节都被外包,只留下核心的产业。为了维护摩托罗拉公司的产品质量,摩托罗拉公司希望通过摩托罗拉大学在领导力、学习和业绩改进方面的优势,为客户、供应商和商业伙伴提供广泛的、端到端的业绩改进解决方案,建立起摩托罗拉的战略同盟。基于此,2002 年 4 月,摩托罗拉大学在北京宣布,其在亚太地区的战略重心发生重大转移,从主要培训内部员工转变成主要为供应商、客户和战略伙伴提供培训和咨询。

另外一个成功范例是爱立信中国学院,它成立于 1997 年 11 月 18 日。当时主要目的之一是使员工更注重能力的培养,并为员工提供更多的学习机会;另一个目的就是为其客户、合作伙伴以及相关政府部门做培训,使之更了解爱立信的技术和业务,为他们提供一些具有国际水准的学习机会和学习项目,以满足中国在电信及信息产业空前发展中对管理人才、技术培训的特殊需求。爱立信中国学院的使命是:致力于为爱立信的员工与合作伙伴提供终身教育的机会,创造一个增强业务技能的学习环境,塑造并推广专业精神与业务风范,以提高员工与客户的知识和技能,促进公司业务发展。它的愿景是:秉承积极、敏锐和不断创新的精神,塑造并保持爱立信中国学院的品牌形象,为信息产业界提供高质量、不断革新的学习环境,成为一流的企业大学。基于此,爱立信中国学院专门为中国的电信网络运营公司设计了高级经理培训项目,以培养企业的经理人员和管理者在新的世纪中应对日趋复杂的商业环境的能力。所有培训项目内容都是根据企业的具体情况量身定做的,以基本的管理理论为出发点,紧密联系企业实际运作。通过培训项目的学习,企业管理人员可以获取企业整体管理理念并能及时运用到实际管理中。该项目主体培训领域包括市场营销、企业战略、财务管理、人力资源管理、全球电信运营商实例、企业治理机构和成功电信企业改革。

　　b. 面向整个社会

　　这方面的典型范例是惠普商学院,其创办历史可以追溯到 1997 年,是在一个偶然的机会,惠普把几门公司的经典课程作了穿插,而公司内几个高管给正在中央党校上课的国内 1 000 多名大中型国有企业厂长经理讲课,结果激发了外部企业和经理人对惠普的管理及文化的强烈需求。惠普的内部业务需求也推动了惠普商学院的成立。当时惠普中国发现了这样一个现象,它的合作伙伴如增值代理商在帮助惠普支撑着中国业务,让惠普受益,但它们的平均寿命大概仅为三年多。帮助增值代理商们活得长一些,整合好自己的价值链,是当时惠普在中国急需解决的两个问题,但是惠普发现这些合作伙伴既不是资金出现了问题也不是惠普产品本身的问题,而是这些公司成长太快,它们对产品、财务和人员的管理跟不上企业壮大的步伐,是被活活地累死的。内外部两种力量的驱动,促使了惠普商学院的成立。

　　惠普商学院是惠普(中国)公司专业从事管理类培训的机构,其宗旨就是"分享惠普成功经验、奉献经典管理课程"。主要任务是将惠普公司多年经营实践中积累的管理经验进行总结和整理并推广、介绍给国内企事业的中高层管理者,旨在帮助国内企业培养优秀管理人才。自成立以来,惠普商学院以其独有的"惠普特色"(所有讲师均由在惠普任职多年,有丰富业务及管理经验的中高层领导担任)和课程的"实战性"(课程全部是惠普公司优秀管理经验的总结及提炼,有极强的可操作性)得到了中国企业界客户的高度评价。例如,万科公司虽然和惠普的行业背景迥然不同,为了迎接市场挑战,提高管理团队的综合管理水平,先后派人参加了惠普商学院的"企业文化"、"战略规划十步法"、"管理流程"以及"项目管理"等方面的专业培训。2004 年 12 月,万科再次联手惠普商学院开办"万科高级经理精英训练营",该项目是万科与惠普公司在培训业务合作的一个新里程碑,昭示着双方全面合作的开端。

　　(5) 企业大学和培训部以及传统大学商学院的区别

　　① 企业大学与培训部的区别

　　与单纯的企业培训机构相比,企业大学在孕育之初,就被赋予了一定的战略高度。美国企业大学咨询公司总裁、企业大学研究专家珍妮·梅斯特(Jemane C. Meister)在其著作《企业大学》(Corporate Universities)中就指出,企业大学与传统培训部区别的焦点在于从一次性培训活动(侧重培养员工的个人技能)转向于建立持续的文化(员工之间互相学习,分享创新和最佳实践,着眼于解决实际的经营问题)。

公共关系专家罗振宇也曾表示,企业中"看不见摸不着但又存在的东西往往是最有价值的,它有时体现为品牌,有时体现为组织方式,有时体现为企业文化"。所以建立企业大学的意义就在于给外包之后剩下的企业的核心价值找一个"运行平台",让其能够被员工理解并传承下去。

由此可见,企业大学不应该仅仅是一个从企业内部的培训部门转化而来的单纯的人才培养机构,一个培训事务处理的专家,更应该是在战略层次下建立起来的传递企业文化和价值观,提高企业员工绩效水平、员工的企业责任感以及企业核心竞争力的全新组织形态,它实际承担着企业文化传播、企业自身发展和变革的职能。我们可以从表 11-2 中的十个方面进行比较。

表 11-2　企业大学和培训部的区别

区别	企业大学	培训部
战略性	实现企业战略目标的工具	实现企业战术目标的工具
独立性	不一定隶属于企业人力资源部,组织形式相对独立	通常是依附于企业人力资源部门的、支援性质的非独立运营机构
主动性	主动为每个岗位提供一系列与战略相关的学习与解决方案,积极改善员工的工作绩效	往往是反应性的,只提供行政服务,根据主管或员工的培训要求作出反应
针对性	针对企业战略及能力需求提出学习方案,对内、对外都提供服务	只针对既定的课程,在本企业内部招收受训对象
文化性	可以协助企业统一企业文化、改革流程	很少涉及这方面内容
认同性	企业大学的建立和执行,都需要企业高层管理者及员工的全面支持和认同	认同度及配合度较低
集中性	资源集中管理	资源比较分散
全面性	提供全方位的技能课程,包括工作、学习、思考等技能	课程设计的对象为一般大众,深度有限,主题多局限于工作技能
整体性	注重整体绩效和核心能力的提升,满足企业整体经营战略上的需求	只注重个人技能的需求和提升
持续性	提倡"终身学习"的持续意识,是一个流程	提供形式固定的单一性课程,仅仅是一个工作事项

② 企业大学与传统大学商学院的区别

既然被称为大学,企业大学自然与传统的大学商学院有很多相似之处,比如,同样进行人才的培养,都拥有相对全面的教学课程体系和相对完善的学院式组织架构等。传统的大学教育更多地偏重理论教育,传授的主要是通用的知识和技术。随着新时代对人才要求的变化,传统的大学课程越来越不能满足市场的需求。现代市场对人才的需要从单一的技术、学历型向综合能力、个性化、复合型人才转化,而传统大学教育对综合能力、个性化的培养明显不足,这一点在中国的大学教育体系中尤为突出。由于特殊的国情,中国的大学教育不可能单纯地作为精英教育,也不可能对每个学生进行有针对性的培养,在大学学习的知识和实际工作中运用的知识往往有错位,所以很多大学生觉得自己所学的知识没有用。企业大学可以弥补传统大学这方面的不足,通过企业内部讲师和内部化的课程,针对企业的实际情况和特点,对受训者进行有针对性的教育。在某种程度上来讲,企业大学其实是对教育市场进行了细分,不仅满足了企业对员工培训的需求,也成为员工职场教育和终身学习的主要平台。

企业大学与传统大学并不是对立的竞争关系,它们常常以开展研究工作、培养人才为合作基础,形成一种合作互补的关系。比如:惠普商学院、西门子管理学院、摩托罗拉大学都与中科院研究生院合作开展培训项目;爱立信中国学院与复旦大学联合办学;诺基亚公司与北京大学光华管理学院合作等。综合起来,企业大学与传统大学商学院的区别主要表现在表 11-3 中的七个方面。

表 11-3　企业大学和传统大学的区别

区别	企业大学	传统大学
培训对象	以企业员工为主	社会上有学习能力的学习者,学生来源和背景更加多元化
培训内容	内容更强调实际应用,具有职业性,有很多成功经验和案例	以学历教育为主,培养学生理论知识和思维方式等通用性内容
师资力量	多来自企业高层或商学院教授,拥有丰富的业务和管理经验	大学教师
教学方式	灵活、注重实践	相对固定
自主性质	依附于企业之下	通常是自主运营的独立法人
资金来源	运营资金主要来自于企业	来自国家拨款、社会资助或学生自筹
服务范围	可以为企业提供全面解决方案,并全程追踪企业运行状况	培养通用人才

企业大学并不是自封的,需要具备以下三个关键特征。如果符合以下三个特征,则可以称作企业大学;反之,则不是真正的企业大学。

a. 有明确的职位管理体系,有明确的职业发展通道,这是企业大学建立的前提基础。

b. 建立了核心的素质模型、岗位任职资格体系和相应的评估体系。

c. 建立了基于素质模型并与员工职业生涯相对应的课程体系,以便使员工在职业生涯发展的每个阶段都能够接受相应的培训。

11.4.2　培训外包

培训外包是指将制定培训计划、办理报到注册、提供后勤支持、设计课程内容、选择讲师、确定时间表、进行设施管理、进行课程评价等核心职能外包出去的一种培训方式。它能使培训与开发活动以更低的费用、更好的管理、更高的成本效益进行,并且责任更清晰。下面介绍培训外包的程序和外包服务商的挑选。

（1）培训外包的程序

① 进行组织培训需求分析做出培训外包决定

在做培训外包决定之前，应当首先完成组织的培训需求分析，再考查培训外包的成本，之后再决定是否需要由内部进行培训。

② 合理选择培训工作外包

外包决策应根据现有工作人员的能力以及特定培训计划的成本而定。例如，公司如果正处在急速发展期且急需培训员工时，可适当考虑外包某些或全部培训活动；当公司处于精简状态时，可以将整个培训职能外包出去，或更明智的决定是只将培训职能的部分工作（如培训）外包出去。

③ 起草项目培训计划书

在做出外包培训决策之后，应当给服务商起草一份项目计划书。此项目计划书中应具体说明所需培训的类型水平、将参加培训的员工以及提出一些有关技能培训的特殊问题。项目计划书起草应征求多方意见，争取切合企业培训的要求。

④ 选择适合的服务商并寄送项目培训计划书

起草完项目培训计划书后，就要寻找适合的外包服务商并签订合同。一旦将公司人力资源开发（培训）的职责委托给公司外部的合作伙伴，就意味着要对其专业能力、文化兼容性及表达技巧有一定程度的信心。外包活动双方的这种高度匹配能确保质量，也能确保有效对接、顺畅沟通、合理成本以及最终成功。

⑤ 考核并决定培训服务商

在与培训服务商签订有关培训外包合同之前，可以通过专业组织或从事外包培训活动的专业人员来了解、考查该服务商的证明材料。在对可选择的全部对象都做过评议之后，再选定一家适合自己的服务商。

⑥ 外包合同的签订

与培训服务商签订合同是整个外包程序中最重要的一环节。在签订合同之前，应先让自己的律师审查该合同，并请专业会计或财务人员审查该合同以确定财务问题以及收费结构；且合同中必须注明赔偿条款，如培训效果不佳或不符合企业的时间要求等。签订合同时也最好让企业里一名最善于谈判的成员一起去谈判，以确保公司的利益。

⑦ 及时有效地与外包培训服务商进行沟通

计算机软件培训是最经常被外包出去的培训活动，公司必须让员工了解培训情况并为他们提供这个重要领域的及时而有效的培训。因此进行及时而有效的沟通就成了保证外包活动成功的关键。沟通应当是即时的和持续不断的，应当收集并分析员工对每项外包培训计划质量的反馈。

⑧ 监督并控制培训质量

在培训活动外包之后，还要定期对服务费、成本以及培训计划的质量等项目进行跟踪监控，以确保培训计划的效果。这需要建立一种监控各种外包培训活动质量和时间进度的机制。

（2）挑选培训服务商的标准

① 考查培训服务商的名声及经验取得相应证明人名单，对培训服务商的声誉和经验指数进行全面的调查，以确定是否与其进行合作。通过对培训服务商的信誉及经验的调查，来证明它有能力在企业确定的时间表内提供企业所需要的培训。

② 获取相关的信息、数据考查该服务商的专业及业务活动水平的情况，如：该服务商是否对本企业的项目计划书要求做出了正确和简洁的回复？是否提供了不相关的信息？要求服务商提供能说明其长期以来持续、有效益和有效率的业绩文件。

③ 确认财务稳定性

要求服务商提供信用证明，以了解该服务商在财务上是否稳定。如果所选择的培训服务商面临破产的危险，那么企业也会因此而蒙受动荡与混乱的考验，组织者不得不再经历一次提供项目计划书要求的过程，这对于公司来说是一项巨大的损失。

④ 核实培训服务商的人员招聘与培训的能力

核实该培训服务商是否拥有一个招聘和培训自己雇员的系统，因为在长期培训活动的过程中，服务商不可避免会出现人员变化，因此拥有该系统可以保证其能快速补充新人。

⑤ 具备共享价值观

要求培训服务商理解本企业的价值观和文化并进行描述。在进行培训活动时须按照企业的价值观方式实施培训计划。

随着企业的成长，新的角色和新的培训需求会不断涌现出来，对此企业不但要制定长期战略规划，还要根据该规划去评价这些培训活动，使每个合作伙伴都想要努力发展这种合作关系，使之达成互惠互助的目的。

11.5 学习型员工

福特公司CTO（首席技术官）路易斯·罗斯有一个著名的观点："在你的职业生涯中，知识就像牛奶一样是有保鲜期的，如果你不能不断地更新知识，那你的职业生涯便会快速衰落。"传统的企业管理观念所培育出来的员工一旦离开了自己的工作岗位，就基本上意味着丧失了生存能力。在知识经济时代，员工不仅是能熟练操作机器的人，而且应是能从工作中不断学习新知识并能把所学到的知识有效地应用到工作中去的"学习型"的员工。

学习型员工就是具备学习能力的员工。这种学习能力不是单纯的读书能力，它是学习行为全过程和学习与工作相联系过程中的全面的学习能力。学习能力是指个人、团队和更大的社区所具备的技巧和能力，它能帮助人们有效地学习，并取得重要的学习效果。学习能力不是强加给学习者的，而是学习者本身就有的学习愿望。彼得·圣吉所说的这种学习涉及整个思维方式的转变，它已不限于学会或学懂某一领域的某一具体知识，而是深入到哲学的方法论层次，这种学习要求改变多年来养成的思维习惯，要强制和约束自己形成新的思维方式，破旧立新，摈弃陋习，以实现心灵的感悟。

学习型员工具有如下几个特质：

（1）自我学习。自我学习是指学习者对自己的学习活动负责并自我管理，学习者根据自己的需要，设定学习目标，确定学习需要的资源，自己选择学习方法并评价自己的学习结果。自我学习以学习者为中心，而传统的学习方法则以培训专家、教师为中心。学习型员工的学习不再是跟在别人背后的学习，而是积极主动的学习，这种学习使得学习型员工建立了信心。科学管理之父泰勒说过："我时刻盼望自己多学一点东西，我常为自己见闻有限而感到不足。"

（2）自我管理。自我管理指的是员工对自己本身，对自己的思想、心理和行为表现进行的管理。学习型组织理论认为，自我管理是指组织成员能边工作边学习，并使工作和学习紧密结合的能力。通过自我管理，组织成员可以自己发现工作中的问题，自己选择伙伴组成团队，自己选定改革、进取的目标，自己进行现状调查，自己分析原因，自己制定对策，自己组织实施，自己检查效果，自己评估总结。自我管理能力要求员工具有很强的主体意识、自我意识和责任感。自我管理的能力充分体现了人的自主性。学习型员工通过自我管理，能对自己本身、自己的思想和行为表现有一个客观的清醒的认识，并能与社会规范、企业要求相对照，在自我评价、自我反省的基础上，调整或修正自己的行为方式，积极主动地参与到企业的管理工作中去，并在工作中发挥其聪明才智和创造性，从而找到一个既合乎企业发展又有利于自身全面发展的途径和平衡点。

（3）自我超越。自我超越是指学习型员工能够不断为自己订立新的愿景，并能够为之奋斗，最终突破极限，实现自我，从而取得不断的发展。自我超越以磨炼个人才能为基础，以精神的成长为发展方向。自我超越的意义在于以创造的现实来面对自己的生活和生命，并在此创造的基础上，将自己融入整个世界。自我超越是个人成长的学习修炼，是一个人朝着真正心之所向的愿景不断重新聚焦，不断自我增强的过程。高度自我超越具有以下特征：永不停止学习、有非常清晰的个人愿景、正视现实、学会心灵的自我安慰。企业应当正确地引导学习型员工建立起与企业目标相一致的愿景，只有在这个基础上，员工对个人的追求才不会增加组织的困扰，反而会强化组织。

（4）自我启发。自我启发是指员工自己加强学习，提高修养，不断开发和提高自身能力。自我启发有三种类型：

① 无意识的自我启发。这是指以本人的个性为基础所作的自我启发，是在职业训练以前就存在的，这种无意识的启发具有强烈的影响力，能在不知不觉中产生潜移默化的作用。

② 有意识的自我启发。这是了解自身的优点和缺点，为了取长补短而有意识地进行的自我启发。但由于人有强烈的自我意识，这种有意识的自我启发必须有他人对自己优缺点的评价，否则效果就会大打折扣。

③ 依据目标的自我启发。这种自我启发是指为了完成较高层次的具体目标，自行选定必要的启发课题，计划到什么时候，加工多少东西，用什么方法完成的一种自我启发。

学习型员工的自我启发属于较高层次的依据目标的自我启发。它以学习为前提，通过学习型员工不断地学习有关工作的知识和技术，同时结合自身的工作不断提出疑问，并寻求解决疑问的各种手段，以研究的态度进行的自我启发。

④ 自我经营。有良好的自我经营能力是学习型员工的一大特点。自我经营包含两

方面的含义：

从短期来看，它是指员工不仅要有扎实的理论知识、熟练的操作技能，更重要的是员工要对工作保持高度的热诚。学习型员工能够很好地理解并全面接受企业的经营理念，从而对自己的工作具有较强的使命感。学习型员工对于工作的态度不再是为了简单地获取物质上的回报，而是将工作看做是一种真正的事业来经营，将工作的成功视为自己人生的成功。

从长远的角度看，自我经营能力是员工能够根据自己的特点及社会发展的趋势，对自己的职业生涯做出很好的规划。学习型员工可以对自己做出客观、公正的自我评价，明白自己的优劣势所在。

此外，学习型员工还能敏锐地察觉到环境的变化、新知识的产生，且能够根据自身的需求迅速对其做出反应，以最快的速度学习并掌握最新的知识和技能。就是这种长远的自我经营的能力使学习型员工在这个急速变化的时代中获得了终身就业的能力，这是学习型员工区别于普通员工的关键所在。

11.6　从变化发展的角度来审视培训与开发

在组织行为学中，我们经常会遇上"变革"这一概念。为了成功地进行培训与开发，顾客（经理、高层管理人员、雇员）也必须接受这个理念。对经理和雇员而言，接受改变并非一件易事。有时，即使我们知道某个项目或计划将能带来更好的成效，但由于已熟知从前的方法而不愿轻易改变，往往会拒绝接受新的培训与开发计划。因此，实施某项培训与开发项目之前，首先应考虑如何提高人们对它的认可程度。图 11-1 展示了一种变化的模型。组织的四种构成要素间的相互作用产生了相应的变化过程。这四种要素为：任务、雇员、正式组织规范（结构、流程、系统）、非正式组织（沟通方式、价值观、准则）。如图 11-1 所示，由于组织构成要素的变化，会产生不同类型的与变革相关的问题。这些问题包括权力失衡、失控、变革的阻力以及对任务的重新界定。

公司引进新的培训技术后（利用网络进行多媒体培训），可能会导致组织权力结构的变化。与传统的培训方式相比，运用新技术会削弱经理对培训许可的控制力。因此，新系统可能会产生权力失衡问题。如果这些问题不能得到妥善的解决，经理可能会不愿接受新技术，也不愿为培训方式的转变提供支持。对任何新的培训方式而言，都必须考虑四种与变革相关的问题。变革阻力（Resistance to Change）指雇员和经理不愿发生改变。经理和雇员可能会对变化感到焦虑不安，并感到自己无法适应新的变化。他们可能不愿放弃旧的培训方式，也不能理解新方式的价值所在。控制力（Control）指经理和雇员获取或分配资源（数据、信息或资金）的能力。新的变化可能会使雇员和经理对资源的控制力降低，也可能会为其提供新的权力（选择参与哪种培训项目）。权力（Power）是指影响他人的能力。当雇员可以自由地查阅数据库或获取其他培训信息时，产品和服务的传递将更为快捷，由此经历可能会丧失对他们的影响力。雇员可以对自我导向型培训进行自我控制。任务重新界定（Task Redefinition）等网络培训方式指经理和雇员的工作角色和工作职责发生改变。雇员不仅要参与培训，还要提高培训的质量。经理则要成为辅助者和教练。

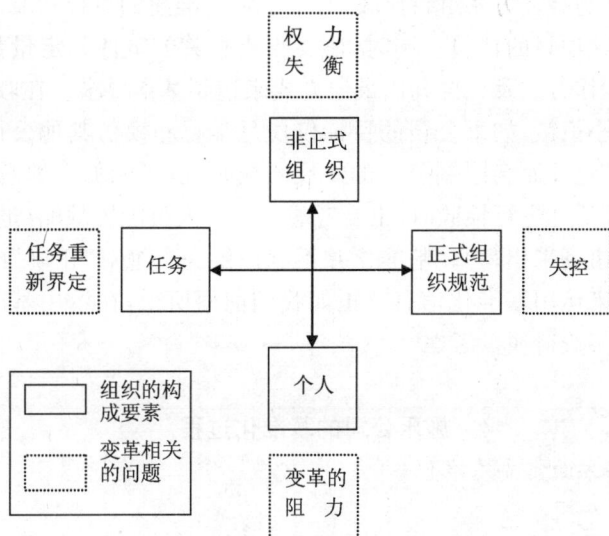

图 11-1　一种变革模式

资料来源：David A. Nadler and Michael L Tushman, "A Congruence Model for Diagnosing Organizational Behavior. "in Organizational Psychology: A Book of Readings, eds. D. Rabin and J. McIntyre (Prentice Hall, 1979), as reprinted in David A. Nadler. "Concepts for the Management of Organizational Change,"in Readings in the Management innovation, 2d ed. , eds. M. L. Tushman and N. Moore (Ballinger Publishing Co. 1998): 722.

（1）确定变革的必要性：基准化和流程再造

从系统的角度来看待培训是指公司的培训者需要了解公司的内外部环境,尤其应了解现有培训的效果及效率。培训者应对公司的情况了如指掌,以此来选择一种最佳的培训方式。基准化可以提供其他公司的有关信息,而流程再造则可以提供公司内部培训系统的效果及效率的相关信息。

① 基准化

基准化是寻求优秀的产品、服务或系统（最佳的实践方式）等案例的过程,它是公司质量战略的一个重要构成要素。培训基准化的重要性由以下几个原因决定：首先,通过了解成功企业的培训方式,可以让企业清楚自己与他人的差距。基准化还有利于雇员向他人学习。通过基准化,公司可以了解有效的培训方式,以及这些培训方式的实施过程。第二,基准化可以提高人们对新型培训方式的认可程度,并提高培训效果。第三,向其他成功企业学习还有利于经理确定本公司培训与开发的发展方向（克服变革的阻力）。最后,还可用基准化来确立培训战略及侧重点。

基准化过程包括哪些方面？以下实践启迪中列出了著名的施乐公司实施基准化过程的 10 个步骤。除了收集自身的基准化信息之外,公司还应了解其他公司的人力资源管理经验。例如,美国培训与开发协会创立了一个基准化论坛,该论坛中有 62 家会员公司规模都大于施乐公司,它们会提供有关培训费用、培训项目结构、培训设计和培训传递方式等有关信息。这些信息可由各会员公司共享。而其他有兴趣的公司则可以购买有关的报告摘要。据统计,《财富》杂志前 500 强中 70％的企业都经常使用基准化方式。

当实施基准化时,培训人员要认真考虑以下几个方面的问题：培训者必须收集有关内部流程的信息,并与最佳方式进行比较;必须了解基准化的目标和基准化的对象;要获得高层管理人员对该项目的认可。同时,还要收集有关的定性和定量数据,了解项目的有关说明,项目的运作方式及怎样利用最佳方式来达到基本要求。在收集本行业和其他行业的信息时应谨小慎微,如果公司的目标仅仅是学习和模仿其他公司,而不是考虑自身的改进,那么基准化反而会限制公司的发展。同时,也不能孤立地看待人力资源管理实践。例如,对培训活动进行检验时,也要考虑公司的人员配置战略(通过内部劳动力市场还是外部劳动力市场来招聘)。基准化并不能提供一个绝对"正确"的答案,因此应按照公司的具体情况来运用基准化信息。正如我们前面所说,在运用基准化信息时,应从组织变革的总体框架进行通盘考虑。

【实践启迪】

施乐公司的基准化过程

1. 确定在哪些方面需要基准化
2. 选取参照性公司
3. 确定数据收集的方法,并收集相关数据
4. 明确目前的绩效水平
5. 预测未来的绩效水平
6. 阐明基准化的成效,并使基准化成果获得认可
7. 设定业务目标
8. 制定行动计划
9. 实施行动计划,并监控实施过程
10. 对基准进行调整

② 流程再造

培训人员需要了解企业目前的培训实践和流程并对其进行评价,从而确定需要在哪些方面作出调整。再造(Reengineering)就是对关键流程进行彻底考察,并重新设计这些流程,从而使其更有效率,更富有成效。再造直接影响着人们对新型培训与开发项目的认可程度。当培训中需要引入新技术时,再造尤为重要。当需要精简管理过程,并对培训部门为"顾客"提供的服务加以改进时,也有必要进行再造。具体包括课程注册、收取学费及让雇员回顾其培训记录等过程。如果一门课程注册手续过于繁琐,那么采用新技术不仅不能提高效率或绩效,而且会带来产品或服务成本的增加。

流程再造可以用来考核培训部门的职能及流程,也可用来考核某一特定的培训或开发项目(如职业生涯管理系统)。图 11-2 列出了流程再造的 4 个步骤,即确定需要改造的流程、充分了解该流程、重新设计该流程和运用新流程。

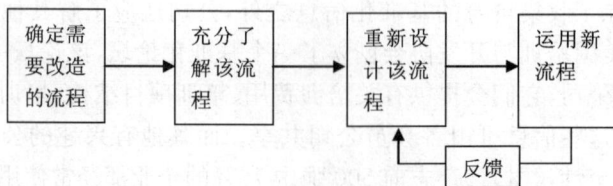

图 11-2　流程再造程序

（2）确定需要改造的流程

首先要确定负责整个流程或流程分项职能的管理人员和培训人员（流程主管），并要求其参与到流程再造小组中。小组成员应包括流程的内部人员（通过其来提供专业知识）或外部人员，以及受流程影响的内外部顾客。

（3）充分了解该流程

对一个流程进行评估时，需要了解以下几个方面问题：

① 是否可以把某些任务（如课程登记和培训前评估）综合起来？

② 我们是否可以为雇员提供更大的自由度？通过对该流程进行精简，我们是否可以把决策和控制融合进去？

③ 流程中的所有步骤是否都是必需的？

④ 该流程是否包括了多余的数据，或不必要的检测和控制？

⑤ 需要应付哪些意外情况？

⑥ 流程的所有步骤是否按照其自然序列排序？

⑦ 理想的结果是什么？所有的任务是否都是必需的？该流程的价值何在？

为了更好地理解该流程，需要运用多种技术。数据流程图（Data Flow Diagrams）展示了不同部门间的数据流向。例如：雇员往往需要很长一段时间才能获得学费补贴。为了调查其原因，培训人员需要调查培训部门（由其批准学费补贴）和会计部门（由其开出支票）间的关系。数据实体关系图（Data Entity Relationships Diagrams）列出了某一业务部门所用的数据类型及不同类型数据间的关系。当需要对培训人员在雇员的培训记录中填写培训需求所需的时间和人员进行调查时，这些图表尤为重要。而通过设想方案分析（Scenario Analysis），数据的最终用户则可以了解对真实状况的模拟。这些最终用户要了解如何运用新技术来处理某些特殊情形，以及处理这些情形所需的数据。调查人员和调查组要知道某一职能领域数据的收集、使用和储存状况、所需时间及数据处理的要求。同时还要求使用者对某一职能领域某些任务的重要程度、发生频率以及紧急程度作出评价（例如，在追踪系统中记录雇员外语流利程度具有多大的重要性）。并对在完成任务中是否使用了自动系统、软件及其他手段分别进行成本—收益分析比较。分析应包括：人员、时间、材料及资金的费用；软件和硬件的预期费用；劳动力、时间和材料的费用。

（4）重新设计该流程

工作小组应该开发一种模型，对其进行检测，选择一种原型，并考虑如何将其用于组织。

（5）完善流程

在将该流程推广到整个公司之前，公司应在小范围内先试用该流程。

11.7　实施变革管理

变革管理是指确保新的培训方式为雇员和管理者所接受和使用的过程。变革管理（Change Management）包括四个步骤：克服变革的阻力、对转变过程进行管理、获取高层支持、通过培训来了解新任务。

（1）克服变革的阻力

通过影响人们对变革的态度，奖励所赞赏的行为等措施，则可以克服变革的阻力。经理必须把新方式的运用过程分为若干简便易行的步骤，使雇员了解怎样通过新的培训方式来帮助其达到需求。这些需求包括提高培训的质量、快速了解培训计划的说明、把培训与报酬联系起来、获得更重要的培训机会或通过个人电脑来参与培训项目。

（2）对转变过程进行管理

对变革进行管理的策略包括对未来作一个清晰的构想和为转变提供合理的组织援助（援助人员、援助热线）。让新旧方式并存也许是一种较好的方式。因为雇员由此能看到新方式的优点，并可以解决相关的问题。当公司最初引进新技术时往往会采取这种方式。

（3）获取高层支持

经理需要从核心权力层（包括正式和非正式的领导）获取支持。成功的多元化管理需要最高层的积极参与和支持。他们不仅需要对多样性进行管理，还要积极参与指导计划，设立正式的委员会和相关职位，并对经理在多元化方面的努力给予奖励。

【观点聚焦】

经理对培训的误解

- 培训没有价值。
- 培训是一种耗费，而非一种投资。
- 任何人都可以成为培训教师。
- 培训部门是业绩不佳者的工作处所。
- 培训应由培训人员负责。

有些支持性部门与设计、制造、产品和服务的运送部门不直接相关，经理若要获得这些部门的支持，就应该成为其业务搭档。以上观点聚焦列出了某些经理对培训所持的一些误解。这些误解可能是由于对培训部门的职能和价值缺乏了解所引起的。

为了消除这些误解，并获得其他业务部门主管的支持，培训人员需要采取以下几项行动。他们需要确保培训能促进公司业务的发展，能与业务部门经理建立良好的关系，并在公司内部形成良好的声誉。通过帮助部门经理解决有关的培训问题，评估培训绩效，为部门经理提供高水准的服务（及时提供信息并完成任务），培训部门就可以实现以上目标。

（4）通过培训来了解新任务

在很多情况下，不仅服务或流程的方式会发生改变，雇员和经理的角色也会发生变化，因此必须要进行培训。通过对经理和雇员进行培训，可以让其了解职务设计（团队）、绩效管理（使用全方位反馈系统）、甄选系统（结构性面试）或新技术（一个计算机化新型制造体系）等各种新系统。

例如，一家柴油机制造商在引进计算机柔性制造系统时运用了以上原则，从而大获裨益。这套柔性制造系统通过计算机可以给出满足顾客需要的指令，并能将指令传送到加工中心。然而生产工人不愿使用该种计算机。他们的理由是不会操作，而且他们的工作性质导致了双手总是油腻不堪，无法操作计算机。为了能让生产工人接受新系统，公司采取了以下几个步骤:首先,在自助餐厅里安置了一个电子支持系统,为雇员解答该系统的有关问题;第二,在工人试用该系统原型后,公司向其征询有关建议;第三,调整了触摸屏系统,使工人可以用脚来操作,从而避免了工人双手油腻的烦恼。引进新型制造系统 20 个月之后,该系统已被人们所广泛接受。

11.8　培训部门加强对智力资本的存储和运用

　　企业内部网(公司自身的网络系统)等新技术的开发,以及对创建学习型组织的日益重视,说明公司正在试图通过各种方式来把雇员的知识(智力资本)转变为公司的共享资产。培训人员和培训部门还可能要增加某些职能,来管理知识和协调组织学习。例如,辛格那公司是一家财产和意外事故保险商,它要求其总部的经理设计一个知识库软件,可以让保险公司每个职员通过该软件来掌握有关知识。当获取新的信息时(例如投诉部门的反馈或保险公司职员的建议),经理应对这些信息进行评价并将其收进数据库。惠普公司有一个内部咨询小组(产品流程组织)为各业务部门提供咨询服务。产品流程组织负责收集各种以往的案例、"战争故事"以及各种最佳的练习,把它们收进公司的网址内。那么该如何运用这种知识网呢?假设一名经理正在寻觅其他公司的有关实践信息,她就可以通过这种方式来了解都有哪些公司开展了这些活动,他们是如何做的。阿瑟·安德森公司是位于芝加哥的一家咨询公司,它通过两个层面来获取知识。AA 在线是一个提供信息的网站,它由知识经理进行监控。当知识经理发现某条具有利用价值的信息时,他们会将其收进专用数据库,从而来储存各种信息(如绩效标准、全球最佳实践)。同时,许多公司还设立了一些新的职位,如知识经理等。知识经理的职责就是挑选有价值的知识并将其传递给每个雇员。

本章精要

　　随着培训与开发技术和理念的不断发展,在员工培训与开发上逐步呈现出了新的发展趋势,了解这些发展趋势有助于更好地把握未来组织与员工的发展。

　　在培训理念上,打造学习型组织成为企业培训的目标,企业培训从知识更新型为主向智能增强型为主转变,企业培训从大众普及型向个性化方向转变。在培训方式上,E-Learning成为培训方式的主流之一,培训由实体化向虚拟化转变,自我培训将受到更多的重视。在培训内容上,企业文化成为必不可少的培训内容,跨文化培训成为主要的培训内容之一,培训是进行职业生涯管理的必要途径。在培训模式选择上,企业大学和培训外包将成为主流。

　　发展学习型员工,是未来组织在培训与开发上必须重视的一个重要方面。学习型员工的基本特点包括:自我学习,自我管理,自我超越,自我启发,自我经营。

　　未来的培训与开发必须从变化发展的角度来审视,主要包括以下步骤:第一,确定变革的必要性:基准化和流程再造;第二,确定需要改造的流程;第三,充分了解该流程;第四,重新设计该流程;第五,完善流程。

　　变革管理将成为未来组织必须研修的重要的一项持续性技能。变革管理包括以下四个步骤:克服变革的阻力;对转变过程进行管理;获取高层支持;通过培训来了解新任务。

此外,培训部门还必须加强对智力资本的存储和运用。

复习思考

1. 员工培训与开发未来将呈现哪些新的发展趋势?

2. 什么是企业大学?它是如何起源的?建立企业大学有何意义?企业大学有哪些类型?如何建立企业大学?

3. 简述基准化和业务流程再造的内涵、特征与流程。

4. 什么是学习型组织?它的特征有哪些?

5. 学习型员工有何特点?

案例分析

GE:成就学习型企业的十一步

韦尔奇刚刚接任 CEO 的时候,GE 的总市值为 130 亿美元,2000 年春 GE 已经成为世界上最值钱的公司,达到 5 960 亿美元的天价(不过,2001 年和 2002 年股票市值大幅度下滑)。毫无疑问,韦尔奇的学习型文化在将 GE 从一家老迈的制造业官僚机构改造为世界上最大、最有价值的跨国企业之一的过程中起到了显著的作用。

1. 在开始着手全面培育学习型文化这样的事情之前,韦尔奇最优先的措施是夯实公司的财务根基。1981 年的 GE 拥有 2.5 万位经理人员和好几十个管理层级。韦尔奇认为,除非公司有强大的财务基础,否则建立学习型文化会很困难,甚至会对生产率的提高产生负面影响。

2. 确定权威的战略方向,确保向企业所有的人解释清楚战略构想。1986 年,韦尔奇花了 60 亿美元购买了美国无线电公司(RCA),从而为公司购得了国家广播公司(NBC),使 GE 成为全国最大的服务公司之一。这是将 GE 从一个年迈的工业制造商改造成一个增长潜力巨大的、灵活的服务提供商的关键步骤(GE 资本基金作为公司金融服务的臂膀,2002 年为公司贡献了大约一半的利润)。一个重要之点是:韦尔奇将公司的一切都纳入他的改组行动之中。许多企业内部人对他的大规模变动很不高兴,但是他们都理解他的构想,能够理解即将到来的更大前景。韦尔奇也作了一些其他的战略决策。其中最重要的一点是他的"必须居全行业领先"的战略,提高了 GE 所有业务的门槛。他公开宣扬,他的唯一目标是让 GE 成为世界上最具竞争力的企业。

3. 确保公司有一套确定的价值观。价值观念充当了 GE"宪章"的角色,有助于指导公司顺利应付在韦尔奇领导下经历的变化。这种价值观有时被修正用以反映 GE 最新的优先事项或全公司的首创精神。例如,1985 年通用电气的价值观包括"变化是持续的"、"自相矛盾是一种常态"等话语。与之相对照的是,2002 年通用电气宣传的价值观包括"对消费者要有感情"(这是第一位的)、"每个人、每个思想都是有价值的"、"要有进取精神"。韦尔奇将这些价值观视为企业文化蓝图中的关键部分,他说,经理人如果不能做到,就要被解雇,即使他们实现了自己的财务目标。

4. 建立一个信任和开放的环境。韦尔奇总结道,经理不能倾听工人的意见(他知道经理与工人之间如果没有有意义的对话),那么形势就很难有很大改观。

5. 创建一个"无边界组织"(Boundaryless Organization)。到1989年,韦尔奇已经了解到经理人员不与雇员对话的情况,他知道需要实施一个项目或创意来结束这种状况。韦尔奇认为,做这项工作的人对怎样办好事情有很好的想法。这是韦尔奇文化创意"群策群力"的推动力。"群策群力"活动期间(一般持续3天),工人们可以向经理们提出改进生产过程等重要工作流程的建议,经理们必须说"是"、"不是"或"我将在某某时间内去找你"。结果如何? 经理们80%以上会说"是"。"群策群力"活动是使企业成为更加符合韦尔奇企业理念的一个工具,他称之为"无边界",拆除了传统在经理与雇员、市场营销与产品制造、员工与消费者之间的墙。20世纪80年代后期到20世纪90年代中期,"无边界"运动开展得如火如荼。

6. 速度、灵活性、创新是无边界组织的三大特征。如果你的管理团队成员没有使用这些词汇描述你的公司,那么就说明你在通往无边界的道路上还有一些距离。多年来,韦尔奇一直强调他要把小公司的工作精神逐渐输入GE这样机构庞大的大型公司。他坚信,小公司更明白在市场中行动迟缓、犹豫不决带来的后果,GE就应像小公司那样在市场中迅速、准确地做出反应。

7. 确保企业中的每个人都受到鼓励,随时准备去寻求最佳方案。韦尔奇多次指出,能够从某处获得好的建议是一种荣誉的象征。例如,他是第一个接受六西格玛的人,但是最初并不是由他或通用电气开发出来的,而是由摩托罗拉提出来的。关键是确保企业中的人从每一个地方,特别是竞争对手那儿搜寻到新思想。在一个学习型企业里,学习并不断调节环境使之适应新思想,是每一个员工的责任。

8. 实施最优执行计划。最优执行是实现目标的最有效途径,是学习型组织的关键所在。在韦尔奇指导下,通用电气开始系统地周游世界,从世界上最优秀的公司那里学习做事情的更好途径。1989年底,韦尔奇发起了一场全面的最优执行运动,持续了3个工作日。为了加强确保通用电气能够向优秀的公司学习,他布置下任务,要求公司一位高级业务开发经理寻找世界级公司加以学习(福特和惠普是首批被研究的公司)。韦尔奇将GE描述为"精神饱满具有无限求知欲的企业",一家致力于寻找最优秀的人和"开发员工无限求知欲的企业"。

9. 对那些促进学习型文化的行为和行动给予褒奖。韦尔奇认为,与公司目标相配套的公司报酬和奖励制度至关重要。相应地,他督促GE高级管理人员要做到褒奖与结果相称,他是这样要求别人的,自己也一直是这么做的。他成为首席执行官的时候,股票期权只给予几百个公司高级管理人员。他离任的时候,已经有3万个GE经理人员参加了公司盈利颇丰的股票期权计划。

10. 建立充分利用学习收益的基础设施。为了确保学习和治理能够让企业各部门分享,需要有计划地举办会议、评论、培训等活动。每年为GE培训7 000多名经理人员。韦尔奇以身作则,不仅频繁地到GE的学习机构中接受培训,而且还到那里任教。

11. 利用遍及全公司的创新活动传布福音。任期内,韦尔奇发动了五项遍及全公司的创新举措,永久改变了韦尔奇称之为 GEDNA 的东西。这些创举包括:全球化、改进管理方式(公司唯一的文化创新)、服务、六西格玛(一项质量计划)和数码化(电子商务)。为了实施这些综合项目,韦尔奇创造了影响深远的方法,促进有关最新创举和培训经理的信息的传播。让每个人都参与到学习型文化中去是提高生产率的真正关键所在,这是韦尔奇担任 CEO 最后一年思考出来的结论。

案例讨论题:

1. GE 成就学习型企业有哪些可取之处? 对你有何启发?
2. 你认为构建学习型企业重要的步骤有哪些? 请结合你所在企业进行分析。

参考文献

［ 1 ］［美］雷蒙德·A.诺伊.雇员培训与开发.徐芳,译.北京:中国人民大学出版社,2001

［ 2 ］［美］雷蒙德·A.诺伊.人力资源管理:赢得竞争优势.刘昕,译.北京:中国人民大学出版社

［ 3 ］［美］杰克·菲利普斯.培训评估与衡量方法手册.李元明,等,译.天津:南开大学出版社,2001

［ 4 ］［美］杰克·菲利普斯.寻找隐性收入——培训投资回报率评估方法.蒋龙琴,江涛,译.北京:人民邮电出版社,2004

［ 5 ］［美］詹姆斯·W.沃克.人力资源战略.吴雯芳,译.北京:中国人民大学出版社,2001

［ 6 ］［美］爱尔文·戈尔茨坦,凯文·伏特.组织中的培训.常玉轩,译.北京:清华大学出版社,2002

［ 7 ］［美］加里·德斯勒.人力资源管理.刘昕,吴雯芳,等,译.北京:中国人民大学出版社,1999

［ 8 ］［美］斯蒂芬·P.罗宾斯.组织行为学.孙健敏,李原,译.北京:中国人民大学出版社,2001

［ 9 ］［美］杰里·W·雷吉.组织学习、绩效与变革.康青,译.北京:中国人民大学出版社,2002

［10］［美］彼得·圣吉.第五项修炼.郭进隆,译.北京:三联书店,1998

［11］［美］杰瑞·W.吉利,安·梅坎尼克.超越学习型组织.北京:机械工业出版社,2002

［12］［英］莱斯利·瑞.培训效果评估.北京:中国劳动社会保障出版社,2003

［13］赵曙明.中国企业集团人力资源管理战略研究.南京:南京大学出版社,2003

［14］萧鸣政.人力资源开发的理论和方法.北京:高等教育出版社,2005

［15］彭剑锋.人力资源管理概论.上海:复旦大学出版社,2003

［16］徐芳.培训与开发理论及技术.上海:复旦大学出版社,2005

［17］张德.人力资源开发与管理.北京:清华大学出版社,2001

［18］石金涛.培训与开发.北京:中国人民大学出版社,2002

［19］李燕萍.人力资源管理.武汉:武汉大学出版社,2002

［20］关培兰,等.如何做培训.大连:大连理工大学出版社,2000

［21］谢晋宇.人力资源开发概论.北京:清华大学出版社,2005

［22］杨蓉.人力资源管理.大连:东北财经大学出版社,2005

［23］郑晓明.人员培训实务手册.北京:机械工业出版社,2002

［24］颜世富.培训与开发.北京:北京师范大学出版社,2007

［25］于虹. 企业培训. 北京：中国发展出版社，2006

［26］金延平. 人员培训与开发. 大连：东北财经大学出版社，2006

［27］李伟德. 人力资源培训与开发技术. 北京：科学技术出版社，2006

［28］汪群，王全蓉. 培训管理. 上海：上海交通大学出版社，2006

［29］唐建光，刘怀忠. 企业培训师教程. 北京：北京大学出版社，2008

［30］姚裕群，文跃然. 人力资源管理教学案例精选. 上海：复旦大学出版社，2009

［31］顾英伟. 人力资源培训与开发. 北京：电子工业出版社，2007

［32］罗锐韧. 哈佛管理全集（上、下卷）. 北京：企业管理出版社，1998

［33］张岩松，李健，等. 人力资源管理案例精选精析. 北京：经济管理出版社，2005

［34］周文，谈毅，方浩帆. 培训管理体系的建立. 北京：中国纺织出版社，2005

［35］张再生. 职业生涯开发与管理. 天津：南开大学出版社，2002

［36］俞文钊. 人力资源管理心理学. 上海：上海教育出版社，2004

［37］刘超. 企业如何建立培训中心. 北京：机械工业出版社，2009

［38］郑茂雄. 体验式培训——公共部门人力资源开发的新视角. 广西社会科学，2005(2)

［39］人才强国战略课题组. 人力资源开发的基本理论与基本方法. 国家行政学院学报，2004(3)

［40］杨大鹏. 企业人力资源开发动力机制分析. 市场周刊，2005(2)

［41］王顺平，陈孝顺. 人力资源开发与企业文化建设. 开发研究，2004(5)

［42］曾晨. 知识密集型部门人力资源的管理与开发——GH 电子科研中心案例分析. 人口与经济，2001(10)

［43］龙立荣. 职业生涯管理的结构及其关系研究. 武汉：华中师范大学出版社，2002

［44］Abiodun, E. J. A. (1999) Human Resources Management, An Overview. Concept Publication, Shomolu, Lagos. P. 110-121

［45］Akintayo, M. O. (1996) "Upgrading the Teachers Status Through inservices Training by Distant Learning System" (DLS) Unpublished. A Public Lecturer at the Second Convocation Ceremony of NTI, NCE by DLS

［46］Oguntimehin, A. (2001) "Teacher Effectiveness: Some Practical Strategies for Successful Implementation of Universal Basic Education in Nigeria" African Journal of Educational Management Vol. 9, No 1, P. 151-161

［47］Derek Torrington, Laura Hall, and Stephen Taylor (2004). Human Resource Management. Pearson Education. pp. 363. ISBN 0273687131

［48］Thomas N. Garavan, Pat Costine, and Noreen Heraty (1995). "Training and Development: Concepts, Attitudes, and Issues". Training and Development in Ireland. Cengage Learning EMEA. pp. 1. ISBN 1872853927

［49］McGehee, W. & ThayerP. W(1961). ,Training in Business and Industry[M]. New York:John Wiley&Sons,Inc. , 184-192

［50］James W. Walker(1992). Human Resource Strategy[M]. McGraw-Hill,Inc.

［51］Goldstein I. L(1980). Training in Work Organizations[J]. Annual Review of Psychology,31:229-272